U0597030

Gaozhi Yuanxiao Guanli Xinlun

高职院校管理新论

——基于营销学范式的研究

江苏大学出版社

图书在版编目(CIP)数据

高职院校管理新论:基于营销学范式的研究/李大洪
著.—镇江:江苏大学出版社,2009.11
　ISBN 978-7-81130-115-1

　Ⅰ.高… Ⅱ.李… Ⅲ.高等学校:技术学校－学校管理－
研究－中国 Ⅳ.G719.2

中国版本图书馆 CIP 数据核字(2009)第 213054 号

高职院校管理新论：基于营销学范式的研究

著　　者/李大洪

责任编辑/许　龙

出版发行/江苏大学出版社

地　　址/江苏省镇江市梦溪园巷 30 号(邮编：212003)

电　　话/0511-84446464

排　　版/镇江文苑制版印刷有限责任公司

印　　刷/丹阳市兴华印刷厂

经　　销/江苏省新华书店

开　　本/890 mm×1 240 mm　1/32

印　　张/9.75

字　　数/260 千字

版　　次/2009 年 11 月第 1 版　2009 年 11 月第 1 次印刷

书　　号/ISBN 978-7-81130-115-1

定　　价/30.00 元

本书如有印装错误请与本社发行部联系调换

序

在我国,规模化的高等职业教育起始于 20 世纪 80 年代初期。经过近 30 年的快速发展,高等职业教育已名副其实地撑起我国高等教育的半壁江山,为我国高等教育大众化目标的实现作出了突出贡献。

当前,我国高职院校在面临良好发展机遇的同时也面临严峻的挑战。一方面,经济快速持续发展对高等职业人才产生了巨大的社会需求,各级政府均将发展高等职业教育作为一项重要的战略任务,人民群众日益增长的高等教育需求也促进了高等职业教育的发展;另一方面,随着我国高等教育体制改革的不断深化和高等教育大众化时代的到来,在招生生源和毕业生就业两大市场上的"买方市场"格局日益显现,高职院校面临的竞争日趋激烈,尤其是在与普通本科院校的竞争中,高职院校常常处于相对不利的处境;此外,综观国内高职院校管理的现状,不少高职院校在追求办学规模扩张的同时,对学校的科学管理重视不够,致使学生和用人单位的满意度以及学校的招生录取率、新生报到率、毕业生就业率不高,学校的持续发展面临危机。

上述形势表明,高职院校必须与时俱进,创新管理理念,抓住发展机遇,应对市场挑战,不断适应社会需求,提高人才培养质量及社会满意度,从而在激烈的市场竞争中赢得一席之地,实现可持续发展。

在我国高等职业教育近30年的快速发展历程中,有关高等职业教育和高职院校管理的研究也十分活跃,并取得了丰硕的成果,相关著述可谓是汗牛充栋。然而,这其中从营销学角度所做的研究及其著述却不多,特别是缺少对高职院校营销管理的系统研究。

现代社会正进入"全面营销时代",营销理论的研究和应用已不再是发达的市场经济国家的专利,而在全球范围内得到普遍关注,其应用领域也不再仅仅局限于营利性的企业,而且被广泛应用于教育机构等非营利组织。在国外,自20世纪70年代起营销理论就被应用于高等教育领域,并引起广泛重视。20世纪90年代末,我国也有学者开始对高等教育领域的营销理论和实践进行研究、探索,但迄今为止仍然处于起步阶段,特别是关于营销理论在高职院校管理中的应用研究很少,而且缺乏系统性。

李大洪同志所著的《高职院校管理新论——基于营销学范式的研究》一书,从营销学相关理论出发,论述了将营销理论引入高职院校管理的背景及必要性和可行性,对高职院校营销管理的特点和环境、高职院校的两类顾客及其购买行为、高职院校的竞争者等进行了分析,在此基础上,对高职院校的市场细分策略、目标市场选择策略、市场定位策略和产品策略、价格策略、渠道策略、促销策略等进行了研究和探讨，并运用营销学前沿的顾客价值理论对高职院校顾客价值的内涵与构成进行界定、分析，利用统计学方法对高职院校顾客价值评价模型及其应用进行了实证研究。该书的出版对高职院校的管理创新无疑具有重要意义，它为高职院校管理的理论研究提供了新的视角，为高职院校的管理实践提供了新的思维、新的方法和新的工具，将有助于高职院校在日趋激烈的市场竞争环境中，把握市场需求，培育竞争优势，提高教育教学质量和人才培养质量，更好地满足学生和用人单位的需求，从而推动高等职业教育和高职院校的又好又快发展。

相信这本书能对高等职业教育的研究者和高职院校的管理者有所启发或借鉴，也希望本书作者能够在这一领域进一步精耕细作，取得更有价值的研究成果。

镇江高等专科学校党委书记　　　　　　研究员
江 苏 大 学 博 士 生 导 师

2009 年 10 月

目　　录

第一章

相关营销理论概述

营销学是一门古老而又新兴的学科,说它古老,是因为营销思想自古有之;说它新兴,是因为作为一门学科,它的产生只有一百年左右的历史。它产生于 20 世纪初的美国,是随着市场经济的发展,从卖方市场转为买方市场时出现的产物。但其最初仅限于推销术和广告术,二战后随着经济的蓬勃发展、买方市场的全面形成,营销实践和理论有了重大突破,西方称之为"营销革命"。今天,营销理论已传遍全球,其应用领域也不仅仅局限于企业组织,在包括大学等非营利机构在内的各种规模、各种类型的组织中,营销理论得到了普遍关注和广泛应用。可以说,现代社会正进入一个"全面营销时代"。高职院校作为处于市场竞争中的一类组织,对相关营销理论进行研究并加以应用,是其适应市场需要并实现自身发展的重要任务和重要课题。

第一节　营销基础理论

一、营销及其核心概念

(一) 营销的定义

目前,在营销学领域对营销概念的表述有许多种,其中最具代表性、得到业界普遍认可和采用的主要有两种。一是美国市场营销协会(American Marketing Association,简称 AMA)在 1985 年所下的定义:"市场营销是关于构思、货物和服务的设计、定价、促销和分销的规划与实施过程,目的是创造能实现符合个人和组织目标的交换。"二是营销大师菲利普·科特勒(Phlip Kotler)于 1996 年给出的定义:"营销是个人和集体通过创造,提供出售,并同别人交换产品和价值,以获得其所需所欲之物的一种社会和管理过程。"

综合上述两种定义,对营销的概念内涵进行分析,可以得出以下几点结论:第一,营销是一种满足顾客需要的创造性行为。第二,营销的本质目的是促使交换的实现。第三,营销所追求的交换不仅仅是产品的交换,更是营销双方价值的交换。第四,营销活动是一种系统的社会和管理过程,这个过程就是对产品的设计、定价、促销和分销活动进行规划与实施。

（二）营销的核心概念

根据菲利普·科特勒的观点,要正确理解和把握营销概念的本质内涵,必须理解以下几个核心概念:需要、欲望和需求;产品;价值、成本和满意;交换和交易;关系和网络;市场;营销者和预期顾客。

1. 需要、欲望和需求

人类的各种需要和欲望是营销思想的出发点。需要是指没有得到某些基本满足的感觉状态。例如,为了生存,人们需要食物、衣服、住所以及安全、归属和受尊重。这些需要都不是社会和营销者所能创造的,它们取决于人的生理要求及其周围环境。欲望是对具体满足物的愿望。人类的需要并不多,而他们的欲望却是很多的。各种社会力量和机构不断地激发人类形成和再形成种种欲望。需求是指有能力购买并且愿意购买某个具体产品的欲望。当具有购买能力时,欲望便转化成需求。营销者不仅要估量有多少人想要其产品,更重要的是,应该了解有多少人真正愿意并且有能力购买。

2. 产品(商品、服务和创意)

人们靠产品来满足他们的需要和欲望。产品是任何能用以满足人类某种需要或欲望的东西。产品既包括有形的实体产品,还包括无形的服务产品。在考虑实体产品时,其重要性不仅在于拥有它们,更在于它们所提供的服务。所以,实体产品实际上是向我们传送服务的工具。事实上,服务的传送还可以通过其他途径,如人、地方、活动、组织和创意等。如果人觉得烦闷,可以到夜总会去看一位演员的演出(人);到温暖的度假胜地去旅游(地方);进行一些体操运动(活动);参加某个俱乐部(组织);或者接受另一种生活哲学(创意)。服务与服务业的迅速发展是当前社会的一个主要趋势。

如果制造商关心产品甚于关心产品所提供的服务,那就会陷入困境。制造商钟爱自己的产品,往往就忘了顾客购买产品是为了满足某种需要。营销者的任务是推销实体产品中所包含的利益或服务,而不能仅限于描述产品的形貌。如果营销人员把注意力集中在产品上而不是顾客需要上,就被称为患了"营销近视症"。

3. 价值、成本和满意

产品是用来满足人们需要的,那么在可能满足某一特定需要的一组产品中,顾客将如何进行选择? 在这里,指导性的概念是价值、成本和满意。价值是顾客对产品满足各种需要的能力的评价。成本是顾客为获得和使用产品而必须付出或放弃的东西。顾客在选择产品的过程中,既要考虑价值,又要考虑成本。通常情况下,顾客将选择备选集合中单位成本价值最高的产品。在购买之前,顾客会对所选定产品的单位成本价值产生预期,购买之后也会对所购产品的单位成本价值进行评价,如果购后的评价值与购前的预期值相当,或购后的评价值大于购前的预期值,顾客对所购的产品就会产生满意。

4. 交换和交易

交换就是通过提供某种东西作为回报,从他人那里取得所要东西的行为。交换的发生,必须符合5个条件:第一,至少要有两方;第二,每一方都有被对方认为有价值的提供物;第三,每一方都能沟通信息和传送提供物;第四,每一方都可以自由接受或拒绝对方的提供物;第五,每一方都认为与另一方交易是适当的或称心如意的。交换能否真正发生,取决于买卖双方能否找到交换的条件,即交换以后双方都比交换前好(或至少不比交换前差)。

交换应被看成是一个过程而不是一个事件。如果双方正在谈判,并趋于达成协议,这就意味着他们正在进行交换。一旦协议达成,我们就说发生了交易行为。交易是交换活动的基本单元。一次交易包括几个可度量的实质内容:至少有两个有价值的事物,买卖双方所同意的条件,协议时间和协议地点。

从最广义上讲,营销者追求的是诱发另一方的某种反应。为了促使交换成功,营销者必须分析参与交换的双方各自希望给予什么和得到什么。

5. 关系和网络

传统的营销关注一次具体的交易及短期利益,将赢得顾客及实现交换视为营销的核心,营销视野主要集中于顾客群体,而不重视顾客的长期保留和顾客以外的其他群体的利益,通常将这种理念指导下的营销称为交易营销。

随着营销理论研究的深入和营销实践的创新,人们发现,通过与利益相关者建立良好的关系,企业可以更好地获得顾客的信任和忠诚,可以增强企业及其产品的知名度、美誉度,建立良好的产品形象和企业形象,提升品牌价值,可以建立有利的内外部竞争环境,而且可以减少交易成本,从而增强企业的竞争能力和盈利能力。通过建立良好的关系网,使得竞争不再是在企业之间进行,而是在网络之间进行,一个建立了更好的关系网的企业将比竞争对手获得更大的竞争优势。因此,关系营销应运而生。

关系营销是与利益相关者,如顾客、供应商、分销商、内部员工、外部公众等,建立长期满意的关系,目的是保持长期的成绩和业务。关系营销的最终结果是建立起公司的最好资产,即一个营销网。营销网是营销者与所有的利益相关者建立的互利关系网络。这样,企业不再仅仅是一个自治的实体,而是嵌入在一定的关系网络之中。处于这种关系网络之中的企业间的竞争有别于单个企业间的竞争。竞争对手要对某个企业展开战略攻势,不仅要分析该企业本身的竞争实力,而且要对其所拥有的关系网络及其在网络中的地位进行分析。拥有良好关系网络并在网络中占据重要地位的企业往往对竞争对手具有威慑作用,在一定程度上避免竞争对手的进攻。而当企业遭到竞争对手攻击时,也可以及时利用所拥有的关系网络组织资源进行反击。所以,良好的关系网络能为企业带来难以模仿的资源和能力,从而使企业在市场竞争中获得更大的自主权,并获取相对于网络外企业更大的竞争优势。

6. 市场

交换概念引申出市场概念。一个营销学意义上的市场,是由那些具有特定的需要或欲望,而且愿意并能够通过交换来满足这种需要或欲望的全部潜在顾客所组成。也就是说,市场的概念包含三个要素:具有某种需要的人、为满足这种需要的购买能力和购买欲望。

在营销者看来,卖主构成行业,买主构成市场。行业与市场的关系如图 1-1 所示。

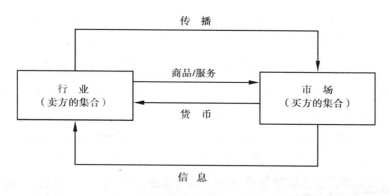

图 1-1　一个简单营销系统中的行业与市场

7. 营销者和预期顾客

营销就是以满足人类的需要和欲望为目的,通过市场变潜在交换为现实交换的活动。如果一方比另一方更主动、更积极地寻求交换，就把前者称为营销者，另一方称为预期顾客。营销者是寻找一个或更多能与他交换价值的预期顾客的人。而预期顾客是指营销者所确定的有潜在愿望和能力进行价值交换的人。

　　在正常情况下，营销者是面向竞争者、服务于市场的组织。图1-2 展示了在一个现代营销系统中的要素。

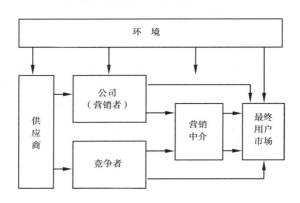

图1-2　现代营销系统中的主角和力量

二、营销观念

　　营销作为人类的一种有目的、有计划、有组织的活动，总是在一定的哲学思想指导下进行的。在营销学发展的历程中，一般认为，有5 种营销观念指导了企业的营销活动：生产观念、产品观念、推销（销售）观念、营销观念和社会营销观念。

（一）生产观念

　　生产观念就是以生产为中心的观念，是指导卖方行为的最古老的观念之一。它认为,消费者喜爱那些可以随处得到的、价格低廉的产品。生产导向型组织总是致力于获得高生产效率和广泛的分销覆盖面。生产观念产生和适用的条件是:市场上产品需求大于供给,因而顾客关心的是能否得到产品,而不是关注产品的细小特征;顾客购买力低下,而产品成本很高,必须通过提高生产率、降低成本和价格来扩大市场。

(二) 产品观念

产品观念就是以产品为中心的观念,认为顾客最喜爱高质量、多功能和具有某些特色的产品。"只要质量好,不怕卖不了;只要有特色,不愁无顾客。"

产品导向型组织总是致力于生产优质产品,并不断改进产品,使之日臻完善。它们在设计产品时,也通常不让或很少让顾客介入。它们相信自己的工程师知道该怎样设计和改进产品。它们甚至不考察竞争者的产品。产品观念会引发"营销近视症"——过分注重产品本身,而忽视顾客的真正需求。

生产观念和产品观念在本质上都是以生产为中心,区别只在于:前者注重以量取胜,追求"价廉";后者注重以质取胜,追求"物美"。二者都未把市场需要放在首位。

(三) 推销(销售)观念

推销观念(或称销售观念)是以销售为中心的观念。它认为,顾客通常表现出一种购买惰性或者抗衡心理,如果任由顾客自然选择的话,他们不会足量购买某一组织的产品,因此,该组织必须主动推销和积极促销,劝说顾客购买和多买自己的产品。销售导向型组织常常致力于利用一系列有效的推销和促销工具去刺激顾客大量购买。

虽然推销观念在许多情况下仍被一些组织所采用,如它被大量运用于非渴求商品和非营利机构。许多公司在产品过剩时,也常常奉行此种观念。但它与生产观念、产品观念一样,在本质上也是以生产为中心,是"以产定销",即推销自己能够生产的产品,而不是生产市场需要的产品。

(四) 市场营销观念

市场营销观念是以顾客需要为中心的观念。它认为,实现组织诸目标的关键在于正确确定目标市场的需要和欲望,并且比竞争对手更有效、更有利地传送目标市场所期望的东西。

市场营销观念是作为对上述诸观念的挑战而出现的一种全新的经营理念,它的核心原则直到20世纪50年代中期才基本定型。哈佛大学教授西奥多·李维特(Theodore Levitt)对推销观念和市场营销观念作了深刻的比较:推销观念注重卖方需要;市场营销观念注重买方需要。推销以卖方需要为出发点,考虑如何把产品变成现金;而营销则考虑如何通过产品以及与创造、传送产品和最终消费产品有关的事情,来满足顾客的需要。

科特勒认为,市场营销观念基于4个主要支柱,即目标市场、顾客需要、整合营销和盈利能力,并将其与推销观念进行对比,如图1-3所示。推销观念采用由内向外的顺序,从工厂出发,以公司现存产品为中心,并要求通过大量的推销和促销活动来获得盈利性销售。市场营销观念采用由外向内的顺序,从明确的市场出发,以顾客需要为中心,协调所有影响顾客的活动,并通过创造性地满足顾客需要来获利。

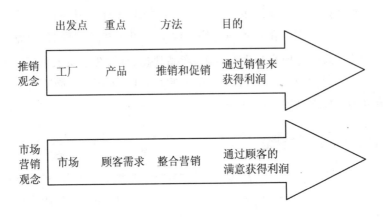

图 1-3　推销观念和市场营销观念的对比

　　目标市场是组织在市场细分的基础上,综合分析细分市场吸引力及组织自身的资源和能力后决定进入的细分市场集合。一个组织不可能在每个市场经营和满足各种需要,只有为每个目标市场仔细定义和制订适当的营销方案时才能更有效地实现经营目标。

　　满足顾客需要是组织在目标市场上赢得顾客、留住顾客的关键。一个组织即使能为它的目标市场下仔细的定义,仍不能说就已有了顾客导向思想。虽然人们认识到营销是盈利性地满足需要,但实际上要真正认识顾客的需要并非易事。有些顾客对自己的需要并不一定有意识,或者他们不能准确描述他们的需要。仅对顾客表述的需要作出反应有时会曲解顾客的真实需要。顾客导向思想要求组织从顾客观点出发来确定顾客需要,这就需要做好顾客调查。

　　整合营销简单地讲就是一个组织的所有职能都要整合到满足顾客需要上来,它包含两个方面的含义:第一,各种营销职能——销售、广告、产品管理、营销调研等必须从顾客观点出发彼此协调;第二,营销部门必须与其他部门很好协调。为了激励所有部门的团队精神,组织既要进行外部营销,又要进行内部营销。外部营销是对组织以外的人的营销,而内部营销是指成功地雇用、训练和尽可能地激励员工很好地为顾客服务的工作。事实上,内部营销必须先于外部营销,如果一个组织内部的职能和人员还没有统一到满足顾客需要这个中心上来,它也就不可能真正地满足顾客需要。

盈利能力就是指一个组织通过满足顾客需要而获得利益的能力。市场营销观念的最终目的就是要使组织通过比竞争者更好地满足顾客需要来达到其目标。

(五) 社会营销观念

面对日益突出的环境恶化、资源短缺、贫富分化、道德意识淡化、社会责任被忽视等问题,人们开始对工业化和现代化进行反思。在营销领域,人们也在思考:市场营销观念是不是一个适当的组织目标呢? 这个问题意味着,一个在了解、服务和满足个体消费者需要方面干得十分出色的企业,是否必定也能满足广大消费者和社会的长期利益? 市场营销观念回避了顾客需要、顾客利益和长期社会福利之间隐含的冲突,因此需要一种新的观念来修正或取代市场营销观念。这样,就出现了许多新的提法,如"人本观念"、"生态观念"、"社会责任观念"等,这些都是从不同的角度探讨同一个问题,可将其统称为"社会营销观念"。

社会营销观念强调,组织的任务是确定诸目标市场的需要、欲望和利益,并以保护或者提高消费者整体利益和社会福利的方式,比竞争者更有效、更有利地向目标市场提供所期待的满足。社会营销观念要求营销者在营销活动中考虑社会与道德问题。

社会营销观念与市场营销观念的主要区别在于:市场营销观念强调顾客利益和公司利益的平衡,而社会营销观念强调顾客利益、公司利益和社会公众利益的平衡。

三、营销管理过程

(一) 分析市场机会

对营销管理者而言,营销过程所面临的第一个任务就是分析市场上的各种机会。所谓市场机会,就是未满足的市场需要。但市场机会未必就是某个组织的营销机会。一个组织的营销机会,就是对这个组织的营销具有吸引力、组织在此能享有竞争优势的环境机会。

为辨认和评价市场机会及组织的营销机会,必须设计和建立营销信息系统,以满足管理营销信息的需要。营销信息系统由人、机器和程序组成,它为营销决策者收集、挑选、分析、评估和分配需要的、及时的和准确的信息。一个完善的营销信息系统一般由 4 个子系统组成:内部报告系统、营销情报系统、营销调研系统和营销决策支持系统。

内部报告系统是营销信息系统中最基本的子系统,它是一个报告订单、销售额、价格、存货水平、应收账款、应付账款等的系统。通过分析这类信息,可以发现重要的机会和问题。

营销情报系统是营销管理人员用以了解有关外部环境发展情况和趋势信息的一整套程序与来源。该系统通过对组织外部环境要素的观察、跟踪以及信息收集,为组织识别市场机会与环境威胁提供第一手资料。营销情报系统的信息收集工作主要包括:征询顾客、公众、供应方、营销媒介等各方对组织营销策略及其执行情况的意见与建议;收集本组织的员工从市场上带回的信息;获悉竞争者的营销活动意图,包括收集其对外宣传、新闻发布、报表、广告中所包含的信息;收集政府立法和宏观政策方面的信息;收集与本组织有关的科技工艺发展情况的信息;收集关于社会时尚、文化价值观念变化方面的信息;收集经济环境发展趋势的信息等。

　　除了内部信息和日常市场情报外,营销管理者常常需要对某个特定问题或机会进行重点研究,他们可能需要做一个市场调查、一个产品偏好试验、一个地区的销售预测或一个广告效果研究等,这就需要进行营销调研。营销调研系统就是调查、收集与组织有关的某个特定营销问题的信息和提出研究结论。营销调研是现代营销不可或缺的组成部分。常见的营销调研通常包括确定市场特征、估量市场潜力、分析市场占有率、销售分析、商业趋势研究、短期预测、竞争产品研究、长期预测、价格研究和现有产品测试等。

　　营销决策支持系统由先进的统计步骤和统计模式构成,它通过软件与硬件支持,协调数据收集、系统、工具和技术,解释组织内部和外部的有关信息,把它转化为营销活动的基础,以支持、帮助营销决策的制定。

　　营销信息系统的目的是管理与组织及其营销环境相关的有用的和连续的信息,这些信息来源于组织内部及其外部环境。一个组织的营销环境包括微观环境和宏观环境。微观营销环境包括所有帮助或影响组织生产或销售的角色,具体包括供应商、销售中间商、顾客、竞争者和各类公众等。宏观营销环境包括影响组织经营的人口环境、经济环境、技术环境、政治法律环境、社会文化环境等。收集营销信息的重要性还在于能衡量市场潜量和预测未来需求。如果组织的销售面向个体或家庭用户,它就要了解消费者市场及其功能。它需要掌握:有多少消费者计划购买? 谁在购买和为什么购买? 顾客注意何种产品特色,能够接受何种价格? 顾客希望通过何种渠道在何处购买? 顾客对不同品牌的印象如何? 如果组织还面向业务市场出售产品,如公司、商行、零售商、政府部门及其他社会机构和团体等,它就需要了解和分析业务市场的特点和组织购买者的购买方式。收集营销信息还必须密切注意识别和监视竞争者,必须预见竞争对手的可能行动和了解怎样迅速地作出决定性的反应。一个组织在分析了营销机会后,就可准备选择目标市场。

(二)选择目标市场(STP 策略)

通常情况下,一个组织不可能为某一大市场的全体顾客服务,因此它必须挑选它的目标市场并为其提供有效的服务,即要开展目标营销。在目标营销活动中,营销管理者区分主要的细分市场,把一个或几个细分市场作为目标,为其定制产品开发和营销方案。

目标营销主要包括 3 个步骤:市场细分(Segmentation)、目标市场选择(Targeting)和市场定位(Positioning)。

市场细分是在分析市场结构的基础上,从不同角度对顾客群进行划分,即按照顾客需求的差异性把某一产品(或服务)的整体市场划分为不同的子市场。市场细分是 1956 年由美国营销学家温德尔·斯密(Wendell R. Smith)首先提出的一个概念和理念,它是营销理论和观念的一大突破,也是现代营销的基础理论和方法。首先,从根本上说,消费者需求存在广泛而深刻的差异性,市场上的消费者各不相同,他们的需求日益丰富化、多样化,这是市场细分的内在条件。其次,从市场环境来看,市场上产品数量大量增加,导致产品供过于求,使卖方市场逐步转化为买方市场,这就要求组织在营销活动中进行市场细分,并针对不同性质的细分市场采取相应的营销策略,也只有这样才能打造竞争优势,充分适应和满足顾客需求。再次,一个组织拥有的资源毕竟有限,它既不可能满足所有消费者的整体需求,也不可能找出一个典型的或标准化的消费者作为营销活动的依据,因此任何一个组织在制定营销决策时,都必须首先确定那些最具吸引力并有能力为之提供最有效服务的市场部分作为自己的目标市场,以此提高营销活动的效率和效益。顾客的需求、购买动机以及购买行为的差异性,是市场细分的客观依据。营销学分析顾客的需求,是以特定的产品去满足特定顾客的特定需要为依据的,这是实现交换的重要条件。

目标市场是组织在细分后的若干子市场中决定要进入的市场。目标市场选择就是根据组织自身的资源条件,选择一个或几个子市场作为自己的服务对象。为选择适当的目标市场,组织必须对细分市场的吸引力及自身的目标和资源进行评估分析。首先,要评估细分市场是否有适当规模和增长潜力,以及市场竞争情况如何。有无足够的规模涉及到组织能否在其获得期望的利润,而市场成长性如何,会影响到组织销售和利润的增长。市场上的竞争状况如何也会影响到组织的获利。如果某个市场上已有为数众多、实力强大或者竞争意识强烈的竞争者,该市场就失去了吸引力;如果某个市场可能吸引新的竞争者进入而且市场进入壁垒不高,那么新的竞争者会大量涌入并争夺市场占有率,这个市场也没有吸引力;如果某个市场存在现实的或潜在的替代产品,也会影响到该市场的吸引力;如果某个市场购买者的谈判能力很强或正在加强,他们强求降价或对产品与服务苛求不已,并强化买方的力量,那么这个市场也就缺乏吸引力;如果市场上的供应商对组织具有强大的要挟能力,能够随意提高供应价格或降低服务质量或减少供应数量,该市场也同样会失去吸引力。其次,组织还要对自身的目标和资源进行分析评估。有些市场虽然规模适合,具有较好的成长性和吸引力,但如果不符合组织的长远目标,或者组织不具备在该市场获胜的能力和资源,那么这样的市场也只能放弃。

市场定位是组织在目标顾客心目中为自己的产品确立一定位置,形成一定的特色,即在目标市场上树立一定的产品形象和企业形象,以区别于竞争者。市场定位的基本出发点是竞争,是一种帮助组织确认竞争地位、寻找竞争优势的方法。许多同类产品在市场上品牌繁多,各有特色,广大顾客都有着自己的价值取向和认同标准,组织要想在目标市场上取得竞争优势和更大效益,就必须在了解购买者和竞争者两方面情况的基础上,确定本组织的市场定位,为组织树立形象,为产品赋予特色,以独到之处取胜。市场定位与差异化密切相关,其核心内容是设计和塑造特色或个性,通过差异化建立独特的市场形象,区别于竞争对手,并赢得顾客的认同。

(三)设计营销组合

营销活动的实质就是利用自身可控因素来应对不可控环境因素的活动。组织对可控因素的选择运用就构成了组织的营销组合。营销组合,是组织从目标市场寻求其营销目标的一套营销工具,即根据目标市场的需要和自己的市场定位,对自己可控制的各种营销因素的优化组合和综合运用,使之协调配合,扬长避短,发挥优势,以取得更好的经济效益和社会效益。

关于营销组合策略的最常用、最经典、影响最深远的理论是1960年美国密执安州立大学教授杰罗姆·麦卡锡(Jerome McCarthy)提出的4Ps营销组合理论。该理论将各种营销要素归纳为产品(Product)、价格(Price)、地点(Place)、促销(Promotion)4大类,如图1-4所示。

在麦卡锡之后,科特勒又发展了4Ps理论。他认为,企业能够影响自己的营销环境,而不应单纯地顺从和适应环境,因此营销组合要素除"4Ps"以外还应再加上两个"P",即权力(Power)和公共关系(Public Relations),这就是所谓的6Ps理论,即"大市场营销"理论。此后,他又提出还应加上战略营销的"4P",即探查(Probing)、分割(Partitioning)、优先(Prioritizing)、定位(Positioning),从而形成一个比较完整的10Ps营销组合理论。

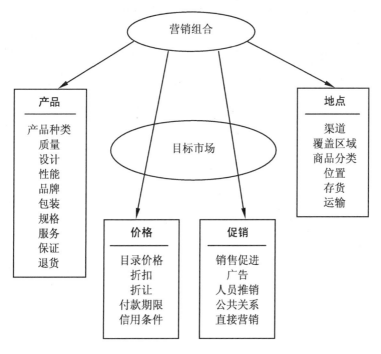

图 1-4　营销组合的 4Ps

　　随着市场竞争的日趋激烈和营销理论的发展,4Ps 理论因被认为更多地站在卖方的立场而受到质疑。1990 年,美国营销学家罗伯特·劳特朋(Robert Lauteerborn)提出了基于顾客导向的 4Cs 营销组合理论,即顾客期望与需求(Consumer wants and needs)、购买成本(Cost)、便利(Convenience)、沟通(Communication)。在 4Cs 组合中,顾客是组织一切经营活动的核心,组织重视顾客要甚于重视产品,强调创造顾客比开发产品更重要,满足顾客的需求和欲望比产品功能更重要。成本是指顾客需要获得满足的成本,或是顾客满足自己的需要和欲望所愿意付出的成本价格。4Cs 组合将价格因素延伸为生产经营全过程的成本(包括组织的生产成本和顾客的购买成本),把顾客接受价格列为决定因素,认为新的定价模式为:顾客接受的价格 – 适当的利润 = 成本上限。因此,组织要在顾客接受的价格限度内增加利润,就必须努力降低成本。便利就是购买的方便性,就是为顾客提供全方位的服务。与传统的营销渠道策略相比,4Cs组合更重视服务环节,强调企业既出售产品,也出售服务;顾客既购买到产品,也购买到便利。沟通是指与顾客的沟通。4Cs组合强调组织应重视与顾客的双向沟通,以积极的方式适应顾客的情感和欲求,建立基于共同利益之上的新型的企业、顾客关系。企业营销不仅仅是对顾客提出承诺、单向劝导顾客,更重要的是沟通信息,融合感情,培养忠诚的顾客。

随着关系营销的兴起,1999 年美国营销学家唐·舒尔兹(Don E. Schultz)提出了 4Rs 营销组合理论,即关联(Relevancy)、反应(Respond)、关系(Relation)、回报(Return)。4Rs 营销组合理论从长远的角度来看待组织与顾客之间的交易行为,强调同顾客建立长久持续的关系,实现顾客价值最大化,同时还注重与利益相关者之间的关系。这是与以 4Ps 为代表的理论所倡导的短期交易行为的最大不同之处。4Rs 营销组合理论突破传统目标营销战略只限于目标市场利益的不足之处,强调组织同顾客、供应商、中间商、竞争者、政府、员工之间的关系,从传统营销单向的、单赢的交易关系改变为交互的、多赢的营销战略。

(四)管理营销活动

营销过程的最后一个环节是组织营销资源及执行和控制营销计划。组织必须根据其整体战略和营销调研分析情况,编制营销计划,分解营销目标,统筹营销资源,落实营销活动的具体策略、措施和步骤。

组织的各项营销活动,通常要按产品线或品牌作出具体安排或规划,即营销计划。营销计划在具体内容上通常包括以下方面:① 执行概要和要领,关于本计划的主要目标和建议事项的简短摘要；②当前营销状况,提供关于市场、产品、竞争、分销和宏观环境的背景数据；③机会和问题分析,在SWOT分析的基础上概述组织主要的机会和威胁、优势和劣势；④目标,包括财务目标及由财务目标转化而来的营销目标,确定计划所要达到的销售量、市场份额、利润等；⑤营销战略,描述为实现计划目标而采用的主要营销方法；⑥行动方案,详细分段阐述营销战略的每个要素,回答应该做什么、谁来做、什么时候做、需要多少成本等问题；⑦预计的损益表,概述计划所预期的收入和支出情况；⑧控制,说明如何监控该计划。

为了实施营销计划,必须设计一个能够有效实施营销计划的组织。营销机构必须与组织的规模和管理任务相适应,在实践中可以有多种不同的组织形式,并且应当根据客观需要随时调整。

在实施营销计划的过程中,可能会出现许多意外情况,为此组织必须建立一套反馈和控制程序,以确保营销诸目标的实现。营销控制主要有年度计划控制、盈利能力控制、战略控制等。通过这些控制系统,可及时发现计划执行中存在的问题或计划本身的问题,诊断产生问题的原因并及时反馈,以便及时采取适当的纠正措施。

第二节　非营利组织营销理论

一、非营利组织的概念

西方经济学界认为,社会经济结构应划分为三大部门,即第一部门为政府组织（Government Organization），第二部门为营利组织（Profit Organization），第三部门为非营利组织（Non-profit Organization，缩写为 NPO）。这就是现代社会所谓的"三元结构"。第一部门（政府组织）进行宏观调控和制定重大方针政策；第二部门（营利组织）从事生产、运输、贸易等经济活动，以营利为目的；第三部门是非政府非营利组织的集合，在志愿的基础上进行公益活动，不以营利为目的。非营利组织在现代社会经济发展中正发挥越来越重要的作用，已经成为社会经济舞台上的重要角色。

目前，国内外对非营利组织的概念还未形成统一的共识。对非营利组织特点的研究，是对其定义进行界定的基础，国外许多学者对非营利组织的特点进行了归纳。美国非营利组织研究专家莱斯特·萨利蒙（Lester M. Salamon）认为，非营利组织的共同点有 6 个关键的特征：正规性、非私有性、非营利性、自治性、志愿性和公共利益性。惠伦（Thomas L. Wheelen）和亨格（J. David Hunger）通过研究人们与组织的关系，概括出非营利组织区别于营利性组织（企业）的特点：服务对象对组织决策的影响较为复杂；非营利组织服务目标呈现多元化的现象。纽曼（W. Newman）和瓦伦德（H. Walleder）指出，在研究非营利组织战略管理工作时必须注意其所具有的 5 个特征：一是非营利组织提供的服务往往是无形的，因此难以度量；二是服务对象的影响一般较弱；三是组织的雇员一般具备丰富的专业知识，以及对组织的强烈献身精神；四是资金来源的提供者——资助者或政府，可能会对组织的内部管理工作进行干扰；五是组织的奖惩措施应主要依据前 3 个特征的内容制订。

我国许多学者也在非营利组织的概念界定这一问题上进行了大量研究。陈晓春在《市场经济与非营利组织研究》一书中认为，非营利组织是指独立于营利机构和政府机构之外的社会组织。换言之，所谓非营利组织是指不以获取利润为目的，为社会公益或公众服务的，提供准公共产品的独立机构。清华大学 NPO 研究所邓国胜认为,非营利组织是指那些有服务大众的宗旨,不以营利为目的,组织所得不为任何人牟取私利,组织自身具有合法免税资格和提供捐助人减免税的合法地位的组织。上海交通大学安泰管理学院的王方华等学者对非营利组织作了如下界定:不以营利为目的而从事社会公益事业的机构、组织和团体,它们可以是现有的政府事业单位和教育机构、注册的民办科技机构等。从国内外学者对非营利组织的研究不难看出,他们着重强调非营利组织的一些共同特征,如在分配上具有非利润性、在行为上具有志愿性、价值取向上具有公共利益性和法律上具有法定性等特征。

非营利组织是一个巨大的制度空间,包含形形色色的组织。由于对非营利组织的界定方法不同,因而对它的划分也就有不同的标准,根据不同的角度,非营利组织可以有不同的分类方法。其中,较为全面完整的是由美国霍普金斯大学非营利组织比较研究中心协调 13 个国家的专家学者组成的非营利组织国际分类体系(The International Classification of Nonprofit Organization,简称 ICNPO)的分类方法。ICNPO 根据经济活动的领域,将非营利组织分成 12 大类:文化与休闲;教育与科学研究;卫生;社会服务;环境;发展与住房;法律与推进、政治;慈善中介与志愿行为鼓动;国际性活动;宗教活动和组织;商会、专业协会、工会;其他。另外从经费来源看,又主要有 3 种类型的非营利组织:自给自足型、部分收费型和无偿提供型。不管从哪个角度划分,教育机构都是非营利组织的一个重要类型。因此,本书所研究的高职院校也属于非营利组织的范畴。

二、非营利组织营销的必要性和现实意义

在现代市场竞争中,非营利组织与营利性企业一样面临着来自

环境变化和竞争者的压力。非营利组织面临着在市场经济条件下，如何根据外部环境的变化以寻求自身发展的问题，即非营利组织能否按照营销观念采取某些策略性行动以争取更多公众的理解、支持与合作的问题。市场营销可为非营利组织与其环境之间的联系架起桥梁，是组织摆脱官僚特性，对环境变化和顾客需求及时做出反应，以确保组织目标和战略实现的一个有效工具。尽管目前我国非营利组织较之以前有了巨大的发展，但与发达国家相比仍有明显的差距。非营利组织的发展与国家的政治经济文化发展程度密切相关。我国进入市场经济时期后，非营利组织才有了独立的可能和必要，但其发展存在着很多障碍，发展进程中所必要的法律制度、社会支持、文化背景和经济基础等不够健全，主要存在缺乏资金、人才，组织内部管理不善，发展不平衡等几个方面的问题。无论是世界上其他国家还是我国的非营利组织的发展都面临严峻的挑战。

营销应用于非营利组织的思想始于1969年至1973年科特勒、安德里亚森（Alan R. Andreasen）等撰写的一系列文章。1970年前后的非营利组织营销的启动很缓慢，到20世纪70年代后期，在发达国家的非营利组织发展进程中，随着各国和地区社会经济的进步及非营利组织的发展，一部分非营利组织认为，实现其宗旨和目标需要应用营销理论。1980—1990年，美国的非营利组织营销思想达到了其生命周期的成熟阶段，营销在教育、艺术、社会服务、图书馆和公共服务等非营利组织中越来越显示其重要性，期间出现了关于非营利组织营销的几个不同版本的教科书以及许多出版物，总结了非营利组织营销的理论和实践经验。其中具有代表性的出版物包括科特勒和安德里亚森的《非营利组织战略营销》，标志着非营利组织营销理论的里程碑式进步。管理大师彼得·德鲁克（Peter F. Drucker）指出了将营销策略运用到非营利组织的必要性，他于1989年在《哈佛商业评论》中指出："特别是在战略领域及有效发挥董事会作用的领域，非营利管理者实践着大多数美国商人所鼓吹的事情。……现在,他们大都认识到非营利组织需要营销管理,甚至超过了商业的需要,因为他们没有底线原则。当然,非营利组织仍然致力于'做善事'。但是他们意识到好的意图不能代替管理与领导,不能代替责任、绩效和成果。"营销大师科特勒认为营销是"生活标准的创造和传递",这是对市场营销活动的一种远见卓识的观点。市场营销并非营利企业的专利,其思想同样适用于非营利组织。

非营利组织营销是一个社会管理过程,在这个过程中第三部门通过创造、提供及与他人交换有价值的准公共产品而满足自身的需要与欲望。非营利组织之所以要像营利性企业那样引入以交换为主线的营销理念,其必要性和现实意义在于:

第一,非营利组织营销是社会经济发展的内在规律所决定的。现代工业的发展促进了社会进步,同时导致国家活动的增加,财政支出的相对规模也随之提高。马斯格雷夫(Richard A. Musgrave)和罗斯托(Walt W. Rostow)等经济学家认为,一旦经济达到成熟,公共支出将从基础设备支出转向不断增加的对教育、保健与福利服务的支出,且这方面的支出增长将大大超过其他方面的增长,也会快于 GDP 的增长速度。随着科学技术的进步,生产效率的提高,物质产品的丰富,人们会要求非营利部门提供更加丰富的公共产品与准公共产品,通过市场经济条件下的交换到达消费者手中。交换愈频繁,需求量也越大,就越能推动非营利组织的发展与经济的成长。可见,社会经济的发展与人们对准公共产品的需求都要求非营利组织开展营销活动。

第二,营销是非营利组织获得资源的有效手段。非营利组织要筹集资金,解决制约非营利组织生存发展及达成社会使命的"资金瓶颈"的问题,必须考虑用什么样的方法与手段来获得资金。非营利组织应遵循平等、互惠、互动的原则,满足捐赠者的特定的需要和利益,通过交换来获得资源。非营利组织应给以捐赠者所付出价值相应的价值作为交换,才能持续地获得社会各界的支持。因此,非营利组织要对社会各界的捐赠者进行动机分析与调查,挖掘其隐藏在捐赠背后的动机与心理,与之进行有效的沟通并满足其需要。科特勒指出:"为什么有些人愿意捐赠?非营利机构必须很好地理解捐赠的动机,才能使集资更为有效。所谓'利他主义'的答案掩盖了隐藏在捐赠和帮助行为之中的复杂动机。最好的有说服力的假设:这些人'给出'资金是为了得到某种东西作为回报。"

第三,营销可以防止"搭便车"的行为。从消费心理看,人们普遍存在坐享其成的心理,都希望有"免费的午餐",享受由国家、集体免费或半免费地提供医疗、福利、娱乐等服务,这种现象被称之为"搭便车"。非营利界由于组织宗旨的规定,往往免费或半免费地向受益者提供准公共产品与服务,所以容易助长"搭便车"行为。为此,非营利界必须导入市场机制,对享受非营利组织服务的人,要求其在时间、资金、物资等方面给予补偿,分摊一定的准公共产品的成本,这样可以有效防止"搭便车"行为。非营利组织的这种交换可以通过多种形式来进行,不仅要注意货币交换,也要注重时间、情感等非货币的交换。这种交换,实际上也是一种营销过程。

第四,营销是非营利组织可持续发展的需要。非营利组织要实现可持续发展,并且在发展的基础上,不断推出新的准公共产品与服务项目,为社会作贡献,就必须拓宽收入来源渠道,不能只依靠捐赠与政府的免税来维持组织的日常运转。要通过组织成员的努力与创造,发挥其聪明才智,运用其所掌握的知识、技能、创意等文化资本来参与社会经济活动,通过多种经营的方式,获取比较稳定的收入,并将此部分盈余用于社会公益事业及非营利部门的扩展事业。非营利组织通过营销还能及时了解顾客的愿望与需求,可以改进与提高自身的准公共产品的质量,根据顾客需求提供新的服务项目,从而使非营利机构进入新的循环,实现持续发展。例如,国外许多大学运用市场营销原理分析自己所处的环境、所面对的市场和所服务的顾客及其特性,评估现有资源状况及资源趋势,明确使命、目标及市场定位。通过对市场、资源及使命的分析运作,不少大学作出了明确的营销决策,运转更加顺利。这说明一个非营利机构是一个带有双重基本目标的单位,既要肩负社会使命,又必须具备良好的财政状况,而政府的财力是难以满足非营利机构的资金需求的。因此,大学等非营利部门必须走出象牙塔,以市场为导向,积极开展准公共产品的营销工作,拓宽资金来源的渠道,创造更多收益,使非营利部门的双重基本目标得以顺利达成,从而实现持续协调发展。

第五,营销促使非营利组织提高核心竞争力。营销的理论、策略和方法越来越多地被应用于非营利组织的运行中,从而帮助非营利组织较好地实现自己的社会目标,进而增强了非营利组织的核心竞争力。曾经,非营利组织进行"营销"是令人感到不可理解的。而现在,为了目标群体的利益,非营利组织通过营销来提高"使命"的凝聚力和向心力,更新经营理念,提高管理效率,在强化内部组织文化的同时,塑造一个良好的组织形象。不论任何组织,包括非营利组织在内,只有目标却没有适当的管理与领导,是得不到期望中的绩效和成果的。因此非营利组织需要营销管理,在有些时候这种需要甚至超过了商业组织。从理论上讲,开展市场营销活动的目的,是通过与重要的顾客建立有特定价值倾向的关系,提高顾客满意度。在实际运作中不难发现,营销部门自身往往无法达到这个目的,它必须与组织内部其他部门密切配合,并且与其整个价值传递系统内的其他组织合作,才能向顾客提供价值。因此,非营利组织要实现其宗旨和目标,需要运用营销理论来增强其核心竞争力,要求组织内部每个成员都站在顾客的角度思考,尽其所能营造出优质的、顾客所需的使用价值和满意度,并将其交付给顾客。在营销上,非营利组织应把重心放在顾客价值和满意度上,建立一条能呼应其偏好的通道,并借此为组织和顾客双方带来更长期的价值。

三、非营利组织营销和营利组织营销的区别

营销理论主要研究的是企业如何"有利润地满足需要",但将其导入非营利组织则是营销理论应用边界的一次扩展。由于非营利组织和企业组织的性质和使命不同,所以非营利组织营销和以企业为代表的营利组织营销是有区别的。

非营利组织营销与企业营销相比具有不同的特征。1978 年,勒夫洛克(Christopher H. Lovelock)和温伯格(Charles B. Wemberg)在《公共及非营利销售》一文中将其特征归纳为 5 个方面:

第一,服务对象的多重性。非营利组织至少有两大服务对象,一是顾客,二是捐助者。前者涉及资源配置问题,后者涉及资助吸引问题。

第二,目标的多重性。不同于企业的一切以追逐利润为中心,非营利组织倾向于追求多种目标,须从中选择较为重要的目标,以便有效地配置资源。

第三,提供的是服务而不是具体商品。例如,人学提供的服务是教育,教育本身就是无形的,它与教育服务提供过程中的一些具体人员(如教师)紧密相连,不同人员的参与往往导致教育质量各不相同。而且,服务的生产过程与消费过程是同时进行的,服务不能贮存,这与其他实体商品的营销存在很大区别。

第四,要接受公众的检查监督。因为非营利组织提供的准公共服务是享受公众资助和政府免税的,其经营活动须服从或服务于公众利益。所以从某种意义上说,非营利组织所承受的政府压力和公

众压力不小于市场压力。

第五,伦理性。"济危解困"作为古老的伦理观,一向被视为美德,特别在中国,自古至今都很受推崇。现代医疗、教育、福利、科技等非营利活动,无不受到伦理的制约与影响。因此,非营利组织应要求其员工具备高度的责任感和综合的个人道德,不应忘记非营利组织的"道义性",实现义利共生。

相比之下,企业营销理念虽然经历了生产观念—产品观念—推销观念—市场营销观念—社会营销观念的演变,越来越注重企业的经营伦理,但其根本目的在于,通过创造并传递优质的顾客价值来实现顾客满意和顾客忠诚,从而最终获得利润。所以说,非营利组织营销和企业营销的区别是多方面的,如表 1-1 所示。

表 1-1　企业营销和非营利组织营销的区别

项目	企业营销	非营利组织营销
目标	利润最大化	目标多重性 (组织利益和社会利益)
服务对象	顾客	顾客、捐助者
提供物	产品和服务	服务
资金来源	股东投资、经营利润	政府财政补贴、会费收入、 社会资助和捐赠
经营导向	市场和竞争导向	使命和伦理导向
公众监督程度	一般	较高

由此可见,非营利组织营销在实施过程中,必须把握其与企业营销的区别。将用于营利组织的营销理论导入非营利组织是为了更有利地满足市场需求,使非营利组织自身获得竞争力,但不能模糊非营利组织的基本使命和社会责任,使命和责任才是非营利组织存在的意义所在,不能因现实的功利目标而有辱组织的形象和使命。

非营利组织不能以营利为目的,但并不是说不可以盈利。非营利组织和营利组织(企业组织)的重要区别在于如何处置盈余。企业将其用于分配红利,非营利组织将其用于扩大向社会所提供的服务数量和提高服务质量,而不能用于经营者和管理者中饱私囊。所以说,非营利组织营销需要把握一定的原则和方法,使之更好地服务于组织的使命和履行社会责任。

四、非营利组织营销的原则和方法

社会营销观念认为,组织的任务是确定目标市场的需要、欲望和利益,并以保护或者提高消费者社会福利的方式,比竞争者更有效、更有利地向目标市场提供所期待的满足。社会营销告诉我们,非营利组织要以交换为媒介,在保护消费者利益与提高社会福利的基础上,满足目标市场的需要。因此非营利组织营销应坚持以下原则:

第一,非营利组织营销的出发点是通过交换满足需求。非营利组织存在的价值,在于提供的准公共产品能够满足消费者的需要,双方平等、自愿地交换。非营利组织营销应在符合社会道义和组织使命的前提下进行,非营利组织进行营销是为了更好地搜集市场信息,从而满足市场需求,赢得客户和公众的信任和忠诚。

第二,非营利组织营销应在满足消费者利益的基础上扩大消费需求,拓宽消费领域。非营利组织消费者的利益,包括经济和非经济方面,具体要素如:感官利益、心理利益、场所利益、时间利益和金钱利益等。非营利组织应不断通过经营理念和技术的创新,为消费者提供更方便、更优质的准公共产品与服务,拓宽消费领域,改善消费环境。

第三,非营利组织营销过程中的交换应在人、社会、自然共生的基础上进行。非营利组织市场营销交换关系比企业更为复杂。企业营销中市场交易明显占支配地位,交换过程的本质可以用钱物交换的公理来描述,能够通过上述交易关系呈现出的特征证实。非营利性组织的交易过程可以通过完全不同的控制机制表现出来。市场控制应用于他们向会员或者第三方以最低(全部)成本提供(销售)的服务。

非营利组织营销实践正是体现了上述特点和原则,在保证实现组织使命的前提下,在充满变化与竞争的环境里,谋求组织的长期生存和发展。非营利组织营销理念对包括高职院校在内的高等学校的营销管理具有重要的启示。

第三节　顾客价值理论

随着市场竞争的日趋激烈和顾客权力的日益增强,营销管理者越来越认识到,赢得顾客并长期保留顾客对组织的生存和发展至关重要。因此,顾客导向已成为指导现代营销的核心理念,顾客价值管理越来越成为一个组织营销管理不可或缺的重要内容和重要工具。

一、顾客价值理论的产生与发展

20世纪70年代,质量管理首先在日本兴起,这一手段的应用使得日本企业得以在市场上战胜美国企业,并唤起了美国的管理学者对质量改进的重视。这个时期以戴明（William Edwards Deming）为代表的质量管理学家将精力集中于制造环节,提倡通过对制造过程的持续改善来提高经营绩效,管理上的焦点是克服产品的主要缺陷,降低次品比率。

但是人们逐渐认识到,产品质量的完善并不足以留住公司的顾客。于是,管理者们意识到,公司内部的质量完善是不够的,要留住顾客,就必须制造顾客想要的产品。他们开始将目光转向公司外部,"倾听顾客的呼声",致力于发现"顾客想要什么",将顾客的要求带进公司内部,以顾客定义的标准指导公司的质量改进。起初,这种"倾听顾客呼声"的工具就是顾客满意调查,公司询问顾客对产品或服务在某些方面的满意情况,侧重于改善顾客表示不满意的方面。

然而,以顾客满意为指导的管理也为公司带来了困惑:许多表示对公司产品或服务满意的顾客却转向了竞争者企业;虽然顾客表示对公司满意,但公司的市场业绩还是下降了。于是,管理者们开始寻求更好的反映顾客要求的工具,致力于发现顾客忠诚的根源。20世纪80年代末期至90年代初期,泽瑟摩尔（Valarie A. Zeithaml）、盖尔（Bradley T. Gale）等人提出了"顾客价值"的概念,指出顾客并不是因为满意才购买,而是要将可选择范围内的产品（或品牌）的价值进行对比,最终选择顾客认为能为其提供最大价值的产品（或品牌）。因此,顾客忠诚的根源在于顾客价值,顾客价值是"倾听顾客呼声"的最有效的工具。于是顾客价值的相关研究逐渐成为学术界的焦点,并被积极地运用到企业实践中,成为新的竞争优势的来源。

20世纪80年代中期以来,具有重大影响的顾客价值理论主要包括波特（Michael E. Porter）的买方价值理论,泽瑟摩尔的顾客感知价值理论,格朗鲁斯（Christian Gronroos）的顾客价值关系理论,伍德鲁夫（Robert B. Woodruff）的顾客价值认知理论,科特勒的顾客让渡价值理论。

（一）波特的买方价值理论

1985 年,波特从竞争优势角度,提出了他的买方(顾客)价值理论。他认为价值是顾客愿意支付的价钱。一个公司,可以通过采取提高买方效益或者减少买方成本的方式,为买方创造他们需要的价值。而买方的成本不仅包括财务成本,还包括时间和方便的成本。他将买方的购买标准分为两种类型:一种是使用标准,它源于公司影响实际买方价值的方式,更倾向于与公司的产品、发货、后勤和服务活动相关联;另一种是信号标准,它产生于买方推测或判断公司的实际价值所使用的方法,常常与公司的市场营销活动有关。波特认为使用标准是衡量什么创造买方价值的具体尺度,信号标准是衡量买方怎样认识显现出的价值尺度。

由此可见,波特的买方价值理论中价值的内涵是公司收入概念。对于买方成本,他突破了财务成本概念,引入了时间、方便等因素。就价值创造而言,波特只将实际价值与之关联,而信号标准则仅仅作为顾客对实际价值外显的认识、推测及判断的线索。在公司与顾客之间,波特更倾向于从公司角度去检视顾客对价值的认识、推测及判断。而且,他将使用标准与信号标准视为价值的"测量仪",这在一定程度上揭示了顾客价值的构成,从而为公司创造实际价值和影响顾客对实际价值的认识确立了方向。然而,波特对顾客价值的研究是静态的。

（二）泽瑟摩尔的顾客感知价值理论

1988 年,泽瑟摩尔从顾客心理的角度,展开了她的顾客感知价值理论。她将顾客感知价值定义为顾客所能感知到的利益与其在获取产品或服务时所付出的成本进行权衡后对产品或服务效用的总体评价。她认为,在企业为顾客设计、创造、提供价值时,应该从顾客导向出发,把顾客对价值的感知作为决定因素。顾客价值是由顾客而不是由企业决定的,顾客价值实际上是顾客感知价值。泽瑟摩尔通过大量的实证研究得出了一些结论:价值中收益成分包括显著的内部特性、外部特性、感知质量和其他相关的高层次的抽象概念;感知价值中所付出的包括货币成本和非货币成本;外部特性是"价值信号",能够在一定程度上取代顾客在收益与成本之间进行的费神权衡;价值感性认识依赖于顾客进行估价的参照系统,即依赖于进行估价的背景。

可以看出,泽瑟摩尔通过引入心理学元素(如感知、权衡、评价)和经济学元素(如收益、成本、效用),丰富了价值概念。她将顾客而非企业置于决定性地位,完全站在顾客角度去审视公司为顾客设计、创造、提供的价值,强调了顾客导向和顾客对价值能否感知的重要性。泽瑟摩尔将"价值信号"引入到价值概念中,并发现价值感性认识具有情景特性。她对收益与成本的细分极大地扩展了顾客价值构成的研究。不过,泽瑟摩尔对顾客价值的研究仍然是静态的。

(三) 格朗鲁斯的顾客价值关系理论

1996 年以来,格朗鲁斯是从关系营销的角度论述顾客价值的。他认为,顾客感知价值是在公司提供物的核心价值之上以关系中额外要素的附加价值作正向或负向调整的结果。在关系中,顾客感知价值是随时间发展的,而顾客对附加价值的感知也随着关系的发展而有所变化。由于关系是一个长期的过程,因此顾客价值在一个较长的时间内出现,格朗鲁斯将此称为价值过程。他认为,价值过程是关系营销的起点和结果。关系营销就是使顾客必须感知和欣赏到持续关系中所创造的价值。在紧密的关系中,顾客可能会将评价重点从独立的提供物转向作为整体的关系。

可见,格朗鲁斯通过在顾客价值概念中增加关系要素,将顾客感知价值划分为核心价值和附加价值,并且提出由关系中额外要素产生的附加价值可能强化或者削弱核心价值。所以,他补充了顾客价值构成的研究。在公司和顾客之间,格朗鲁斯似乎更注重平衡用力,从双向角度去分析顾客价值的互动。而且,对于价值过程的重视,使他意识到了顾客价值的动态研究的意义,可惜他并未深究,而仅仅停留在关系过程之中。此外,他注意到了不同关系类型中顾客价值重心的个体差异。

(四) 伍德鲁夫的顾客价值认知理论

1997年,伍德鲁夫从顾客价值认知变化的角度阐述了顾客价值。他认为,顾客对价值的认知是随时间而变化的。在购买前,顾客首先对价值进行预评价,然后在预评价的基础上产生购买,购买后又对价值作出评价,同时这一评价成为下次购买前的预评价。并且,在购买过程的不同阶段,顾客对价值的认知可能存在差异,如当对价值的预评价是正向时,顾客就会购买;而在购买过程中要花费金钱,顾客对价值的评价可能为负向的。伍德鲁夫根据"手段—目的链(Means—End Chain)"原理,构建了由属性到结果再到最终目标的顾客价值层级。

显然,伍德鲁夫不仅以动态的方式来研究顾客价值,而且完全站在顾客角度去考察顾客对价值的认知。他把顾客价值认知变化视为一个由评价和购买这两个环节交替出现的连续过程,并且以价值层级来反映顾客对价值认知的心理过程,从而进一步深化了顾客价值构成的研究。不过,伍德鲁夫并未对顾客价值期望和顾客价值认知予以区分。

(五) 科特勒的顾客让渡价值理论

营销学权威科特勒是从顾客让渡价值角度来剖析顾客价值的。他认为:"在一定的搜寻成本和有限的知识、灵活性和收入等因素的限定下，顾客是价值最大化的追求者。他们形成一种价值期望，并根据它行动。他们会了解供应品是否符合他们的期望价值，这将影响他们的满意和再购买的可能性。"

科特勒提出了"顾客让渡价值"概念，并把它定义为总顾客价值与总顾客成本之差。总顾客价值是顾客从某一特定产品或服务中获得的一系列利益，它包括产品价值、服务价值、人员价值和形象价值等。而顾客总成本是指顾客在评估、获得和使用该产品或服务时引起的顾客预计费用，包括货币成本、时间成本、精力成本和体力成本。他认为，公司可以通过两种途径提高顾客让渡价值，即增加总顾客价值或者减少总顾客成本。

由是观之，科特勒在提出顾客是价值最大化的追求者时，有一系列假设前提。他导入了价值期望，给顾客总成本的定义赋予了预计的内涵，这是顾客价值研究的一大进步。他将顾客让渡价值划分为正向调整的总顾客价值和负向调整的总顾客成本，并对总顾客价值和总顾客成本进行了细分，从而充实了顾客价值构成的研究。在公司与顾客之间，科特勒似乎倾向于从顾客角度去研究公司让渡给顾客的价值。

综上所述，顾客价值理论经历了不断发展的过程，学者与企业对顾客价值的认识也不断变化。不过，即使到今天为止，顾客价值理论仍未定型，学者们也莫衷一是，众说纷纭。然而，至少有一点是肯定的，即企业必须以顾客为导向，从顾客的角度去审察所传递的价值，这种价值是由顾客而非由企业决定的。

二、顾客价值的含义及其构成

上述各种顾客价值理论中对顾客价值的认识是存在差异的，在其他市场营销和消费者行为研究的相关文献中，"顾客价值"也有不同的内涵。概括起来，主要有以下几种观点：第一种观点认为，顾客价值是"顾客对公司的价值"，即顾客对公司的意义、重要性、必要性；第二种观点认为，顾客价值是"公司传递给顾客的价值"，即公司为顾客选择、创造、提供的价值；第三种观点认为，顾客价值是"顾客对价值的看法"，即在顾客看来，公司的提供物能为其带来多少利益，这些利益是否重要、是否必要等。这3种不同的观点，是由于研究者所选择的研究角度和出发点不同而产生的。尽管不同的学者可以选择不同的研究角度，但对顾客价值概念的界定是十分必要的。

顾客导向是现代营销学的核心，现代营销学强调从顾客出发，因此从营销学角度对顾客价值进行研究时，对"顾客价值"这一概念的界定当以第三种观点为宜，即："顾客价值是公司的顾客对公司所提供价值的看法"。这也是目前多数学者所持的观点。而对第一种和第二种观点，我们可以分别用"顾客意义"、"传递价值"去定义。

既然，顾客价值是指顾客对公司所提供价值的看法，那么顾客价值在构成上应包括哪些内容呢？在对顾客价值及其理论的深入研究和分析之后，我们认为，顾客价值是顾客利益与顾客成本之差。顾客利益就是顾客从公司传递的供应物中期望、认知、评价、获得、体验的一系列利益，包括由产品、服务、人员、形象、关系等载体所提供的利益。顾客成本就是顾客在评估、接受、使用公司提供物过程中预计或已经付出的成本，包括货币成本、时间成本、精力成本和体力成本等。

三、顾客价值与顾客满意、顾客忠诚

（一）关于顾客满意和顾客忠诚的研究回顾

1. 顾客满意

自 1965 年美国学者卡多索（Richard N. Cardozo）将顾客满意管理引入营销领域以来，学术界对顾客满意进行了大量的研究，众多学者从不同角度对顾客满意提出了多种理解和认识。归结起来讲，目前学术界对顾客满意的定义主要有两种观点：一种观点是从状态角度来定义顾客满意，认为顾客满意是顾客对购买行为的事后感受，是消费经历所产生的一种结果。如霍华德（John A. Howard）和谢思（Jadish N. Sheth）1969 年提出，顾客满意是"顾客对其所付出的代价是否获得足够补偿的一种认知状态"；奥利弗（Richard L. Oliver）和琳达（G. Linda）1981 年提出，顾客满意是"一种心理状态，顾客根据消费经验所形成的期望与消费经历一致时而产生的一种情感状态"；威斯布鲁克（Robert A. Westbrook）和莱利（Michadl D. Reilly）1983 年提出，顾客满意是"一种情感反应，这种情感反应是伴随或者是在购买过程中产品陈列以及整体购物环境对消费者的心理影响而产生的"；科特勒则认为顾客满意是"指一个人通过对一个产品的可感知的效果与他的期望值相比较后形成的感觉状态，是感知的效果和期望值之间的差异函数"。另一种观点是从过程的角度来定义顾客满意，认为顾客满意是事后对消费行为的评价。如亨特（Keith H. Hunt）1977 年提出，顾客满意是"消费经历至少与期望相一致时而作出的评价"；恩格尔（James F. Engel）和布莱克维尔（R. D. Blackwell）

1982 年提出,顾客满意是"顾客对所购买产品与以前产品信念一致时所作出的评价";谢(David K. Tse)和威尔顿(Peter C. Wilton)1988年则提出,顾客满意是"顾客在购买行为发生前对产品所形成的期望质量与消费后所感知的质量之间所存在差异的评价"。无论是从状态角度定义,还是从过程角度定义,大部分学者所强调的重点是消费者对某一消费过程的期望与实际消费经历的比较结果。

2. 顾客忠诚

关于顾客忠诚的定义,不同的学者从不同角度提出了不同的观点,归结起来,也有两种基本定义方法:行为方法和态度方法。从行为角度看,顾客忠诚被定义为对产品或服务所承诺重复购买的一种行为,这种形式的忠诚可以通过诸如购买份额、购买频率等指标来测量。基于态度的观点把顾客忠诚视为对产品和服务的一种偏好和依赖,这种方法认为,描述顾客忠诚仅考虑顾客的实际购买行为还不够,需要分析顾客的潜在态度或偏好,测量指标有购买意愿、偏好程度等。

3. 顾客满意与顾客忠诚的关系

关于顾客满意与顾客忠诚的相互关系也存有多种观念。有的学者认为,顾客满意与顾客忠诚之间存在较为直接的相关关系,随着顾客满意度的提高,顾客忠诚度也会提高。科特勒曾指出,顾客的满意程度越高,则购买的量越多,对公司及其品牌的忠诚越持久。阿斯克特(James L. Haskett)等人明确提出顾客满意直接导致顾客忠诚。有的学者则认为,顾客满意与顾客忠诚之间的关系是非线性的。奥里瓦(Terence A. Oliva)、奥利弗和麦克米伦(Lan C. MacMillan)认为,只有当满意度达到一定水平后,忠诚度才会迅速增加。哈特(Christopher W. Hart)和约翰逊(Michael D. Johnson)通过对施乐公司的研究,发现了"质量不敏感区"的存在,即基本满意和满意的顾客忠诚度都很低,只有非常满意的顾客才表现出极高的重复购买率和口碑传播意愿。雷奇汉(Frederick F. Reichheld)的实证研究也发现,顾客满意和顾客忠诚虽然存在正相关关系,但却不是线性相关。还有一些研究认为,顾客满意和顾客忠诚之间的关系更为复杂。有学者甚至提出,顾客满意和顾客忠诚之间几乎没有关联,顾客满意难以确保顾客忠诚。赫斯克(James Heskett)等人研究发现,90%的"跳槽顾客"对他们以前获得的服务表示满意,满意顾客并不总是比不满意顾客更多地购买,也不一定比不满意顾客更加忠诚。《哈佛商业评论》的一份报告也表明,有65%~85%表示满意的顾客会毫不犹豫地购买替代品或竞争对手的产品。按照这些研究的结论,企业如果一味追求顾客满意,就有可能掉进"满意陷阱"。

(二)基于顾客价值的顾客满意和顾客忠诚

尽管不同学者在顾客满意与顾客忠诚的研究方面存在许多观点的不一致,但几乎所有的学者都认为,顾客价值是顾客满意和顾客忠诚的重要来源。既然如此,我们可以尝试从顾客价值角度对顾客满意和顾客忠诚的形成机理进行探究。

1. 基于顾客价值的顾客满意

在不考虑其他约束条件的情况下,从本质上讲,顾客的购买活动总是围绕顾客价值展开的。顾客的每一次购买都是为了寻求一定的价值,而且,通常情况下,顾客都是价值最大化的追求者。因此,在实际购买行为发生之前,顾客会对其拟购买产品或服务的顾客价值产生预期,这种"顾客预期价值"(Customer Expected Value, CEV)是在顾客综合分析来自于各种渠道的信息后所产生的,是对产品或服务的顾客价值的预先评估。通过对备选集合内产品或服务的顾客预期价值的比较,顾客选择预期价值最大的产品或服务。在购买完成并使用产品或服务的过程中,顾客对所购产品或服务形成顾客感知价值(Customer Perceived Value, CPV),并将顾客感知价值与顾客预期价值相比较,比较的结果决定了顾客的满意程度。如果感知顾客价值小于预期顾客价值,顾客会不满意;如果感知顾客价值与预期顾客价值相当,顾客就满意;如果感知顾客价值大于预期顾客价值,顾客就会高度满意。上述过程可用图1-5来描述。

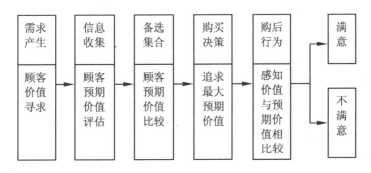

图1-5 基于顾客价值的顾客满意形成过程

设顾客购买前的备选集合内共有 n 个备选对象, CEV_i ($i = 1$, $2, \cdots, n$)为备选集合内各备选产品或服务的顾客预期价值, CEV 和 CPV 分别为选定购买对象的顾客预期价值和顾客感知价值,则顾客满意的形成机理可描述为:

$$CEV = \max\{CEV_i\}, i = 1, 2, \cdots, n$$

若 $CPV \geqslant CEV$,则顾客满意;若 $CPV < CEV$,则顾客不满意。

基于这一分析,我们可将顾客满意(Customer Satisfaction)定义为:在一次购买过程中,顾客将购后的感知顾客价值与购前的预期顾客价值比较后所形成的愉悦或失望的感觉状态。而顾客满意度(记为 CS)即是指"感知顾客价值与预期顾客价值之比",即: $CS = CPV/CEV$, $CS \geqslant 1$ 表明顾客满意, $CS < 1$ 表明顾客不满意。

2. 基于顾客价值的顾客忠诚

顾客忠诚是基于顾客价值比较的重复购买行为。在不考虑其他约束条件的情况下,当顾客面临一次新的购买决策时,会将前次所购产品或服务的顾客价值与备选集合内其他产品或服务的顾客价值(顾客预期价值或顾客感知价值)进行比较,然后选择他认为顾客价值最大的产品或服务。因此,只有当前次购买所产生的顾客价值优于备选集合内所有其他产品或服务时,重复购买行为才会发生。有时,这种重复购买行为发生在顾客多次变换购买选择之后。经过多次变更购买选择,顾客对备选集合内的多数(或所有)产品或服务的顾客价值进行比较,最后将重复购买行为集中在他认为顾客价值最大的产品或服务上。对某一品牌 A 而言,基于顾客价值的顾客忠诚形成过程如图 1-6 所示。

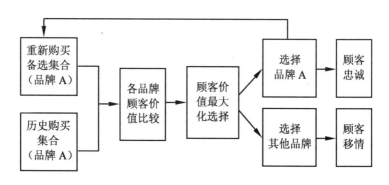

图 1-6　基于顾客价值的顾客忠诚形成过程

设 $CPV_i (i = 1, 2, \cdots, n)$ 为备选集合内各备选产品或服务的顾客感知价值,CPV 为其中某一特定对象的顾客感知价值,则在一次新的购买过程中的顾客忠诚形成机理可描述为:

若 $CPV = \max\{CPV_i\} (i = 1, 2, \cdots, n)$,则重复购买行为发生,形成顾客忠诚;若 $CPV < \max\{CPV_i\} (i = 1, 2, \cdots, n)$,则重复购买

行为不会发生,出现顾客移情。

由此,我们可将顾客忠诚(Customer Loyalty)定义为:根据顾客价值最大化的原则,顾客在对备选集合内产品或服务的顾客价值进行比较后而形成的重复购买行为。而顾客忠诚度(记为 CL)则可用"顾客的多次购买经历中对某一产品或服务的重复购买比率"来描述。

3. 顾客价值与顾客满意、顾客忠诚的关系及启示

通过上述分析和研究,我们可以得出如下结论和启示:

(1)顾客价值是顾客满意和顾客忠诚的基础与源泉,而顾客满意和顾客忠诚则是顾客价值在实际中的两种应用,是从两个不同角度对顾客价值进行度量的工具。顾客满意是对一次购买中某一产品或服务的顾客价值进行纵向度量的结果,即购后顾客感知顾客价值与购前顾客预期价值比较的结果,它最终体现为顾客对该产品或服务的态度(满意或不满意)。顾客忠诚是对备选集合内多个产品或服务的顾客价值进行横向比较的结果,它最终体现为顾客对某产品或服务的行为(重复购买或放弃,即忠诚或移情)。由此可见,作为一次购买过程纵向比较结果的顾客满意与作为多次购买过程横向比较结果的顾客忠诚,两者并没有必然的直接联系。因此,顾客满意并不一定导致顾客忠诚。只有当某一产品或服务比备选集合内其他所有产品或服务更令顾客满意时,才可能导致顾客忠诚。

(2)顾客满意和顾客忠诚只是顾客价值发挥作用的两种形式,因此,在我们经营、管理顾客关系的过程中,不能停留在顾客满意和顾客忠诚这些外在的表象上,而必须透过这些表象,看到顾客价值这一内在的驱动要素,积极主动地关注、研究顾客价值,实施顾客价值管理,这才是创造顾客满意、赢得顾客忠诚、实现企业持久生存和永续发展的关键。

(3)顾客忠诚意味着重复购买,而顾客保留与企业的绩效密切

相关。有关实证研究的结果表明,争取一名新顾客所花费的成本是保留一名老顾客的 4～6 倍,顾客忠诚度每增加 5 个百分点,企业利润可增长 25%～85%。因此,提高顾客忠诚度是提升企业绩效的重要利器,也是企业实施顾客价值管理的重要目标以及评价顾客价值管理效果的重要指标。

(4) 顾客满意并不一定导致顾客忠诚,如果企业过分强调顾客满意或仅仅停留在顾客满意的层面,往往容易陷入"满意陷阱"。但也不能因此而忽视顾客满意的作用,对顾客满意的研究和关注依然重要。研究表明,某品牌的顾客满意度高低与新一次购买中该品牌能否进入顾客的备选集合关系密切。顾客在确定拟购备选集合时,通常有一个满意度接受水平,只有当某一品牌的满意度超过顾客的接受水平时,它才能进入顾客的备选集合。同时,顾客满意还是顾客价值在实际应用中的一种度量工具。因此,关注并努力提升顾客满意度具有现实意义。

(5) 顾客价值是在不断变化的,由此驱动的顾客满意和顾客忠诚也在变化。随着影响顾客价值的诸要素以及外部环境的变化,原先满意的顾客可能会变得不再满意;原先忠诚的顾客可能会"移情"。因此,要有效管理顾客满意和顾客忠诚,企业必须建立相应的动态管理体系和机制,及时跟踪、评价企业产品或服务的顾客满意度和顾客忠诚度,并有针对性地采取积极措施,以不断提升顾客满意度和顾客忠诚度。

四、顾客价值管理

(一) 顾客价值管理的概念及内涵

"顾客价值管理指的是一整套建立顾客忠诚度,并将顾客需求变成业务设计的一部分,从而得到更多市场份额的方法。它的目标是通过一个结构完善、久经考验的系统,把业务标准、改进项目、企业能力、流程、机构和框架等与顾客界定的价值联系起来,从而为顾客提供最佳价值。它可以实现每个企业的目标:为顾客提供他们所需要的服务。"科塔达(James W. Cortada)等人的这一定义,对顾客价值管理的内涵作了较全面的描述。顾客价值是组织竞争优势的重要来源,而顾客价值管理则是组织获得竞争优势的重要手段。

实施顾客价值管理就是要通过一套系统化的方法,对顾客价值的构成内涵进行分析,并对其进行跟踪监测,据此对管理组织、管理流程等进行改进或创新,以提高顾客价值,从而实现自身价值的最大化。重点要抓好以下几个环节:

(1)识别顾客价值的主要属性。顾客价值是顾客对购买某一产品或服务所获价值的看法,它通过一系列的属性来体现。这些属性与产品或服务本身有关,也与顾客的偏好、情感等密切相关,是由顾客感知的,而不是由产品或服务的提供方决定的。因此,必须通过顾客调查,确定顾客在购买产品或服务时希望从中获得哪些利益。

(2)评价不同属性的重要性。通过顾客调查,对顾客所关注的各种属性按重要性大小进行评定和排序。如果顾客在评价中分歧甚大,就应将其分为不同的顾客细分市场。在此基础上,利用统计分析方法,构建顾客价值评价的层级结构模型。

(3)对本组织及竞争者的顾客价值进行对比分析。通过顾客调查,了解顾客对本组织及各竞争者所提供的产品或服务在各个属性方面的性能有何看法,进行对比分析;同时,可根据调查所收集的数据,利用所构建的层级模型,对本组织及竞争者的顾客价值进行综合评估和对比分析。根据分析的结果,有针对性地制定竞争战略。

(4)监测不断变化中的顾客特性。顾客的评价在短期内可能是相对稳定的,但随着时间的推移,市场环境的变化,顾客的评价会发生变化。为此,要想在战略上取得成功,必须能及时觉察到这种变化,并对顾客价值和竞争者地位作出重新研究。

（5）围绕顾客价值改进和创新组织管理。组织的一切经营和管理活动都应围绕提高顾客价值这一核心而进行。要通过对顾客价值的跟踪分析,改进和创新组织管理,从而有效地提高顾客价值。

（二）顾客价值评价的方法与模型

20 世纪 90 年代中期以来,许多学者先后进行了顾客价值评价研究。其中较有代表性的顾客价值评价模型包括盖尔的顾客价值图、伍德鲁夫的顾客价值层级模型和科特勒的顾客让渡价值模型。

1. 盖尔的顾客价值图

盖尔是最早提倡顾客价值管理的学者之一。他发现了传统的顾客满意测量的缺陷,提出顾客价值才是顾客购买和顾客忠诚的根源。

盖尔认为,顾客基于认知到的价值进行购买,价值建立的基础是顾客对预期得到的利益与预计要支付的成本的比较,顾客对他们可选择的产品进行这种利益和成本的比较,然后选择利益对成本比率最高的产品或服务。那些总能在市场上提供相对较高价值的公司便能增加收益,取得市场份额,这些结果又增加了利润和顾客忠诚。

基于以上观点,盖尔将顾客价值区分为两大维度:质量（利益）和价格（成本）。质量维度下包括促使顾客进行购买的产品属性;成本维度下包括顾客支付的真实的成本和认识到的成本。将顾客价值看作是质量与价格之比是盖尔进行顾客价值评价的基本理论假设。

盖尔进行顾客价值评价的具体步骤和采用的方法如下:

（1）识别质量维度下的分维度;

（2）让顾客将 100 分依重要性在质量下的分维度中分配,这个重要性指的是对顾客购买决策的影响程度;

（3）让顾客在 10 分制量表下对不同品牌的产品的绩效打分；

（4）计算本企业产品相对于竞争者企业在质量的每一分维度上的相对得分，即

$$某一分维度上的相对得分 = \frac{本企业在这一维度上的得分}{竞争者在这一维度上的得分}$$

（5）运用同样的方法对价格进行测量，最终得到本企业在价格的每一分维度上的相对得分；

（6）计算本企业提供的顾客价值，即

顾客价值 = Σ（某质量分维度上的相对得分 × 该维度的重要性
　　　　得分）+ Σ（某一价格分维度上的得分 × 这一维度
　　　　的重要性得分）

在以上测量的基础上，盖尔以质量和价格分别为横坐标、纵坐标，绘制了价值图，如图 1-7 所示，依行业中每一企业提供的质量与价格比将其定位在图中。在图 1-7 中，45°的斜线表示的是质量与成

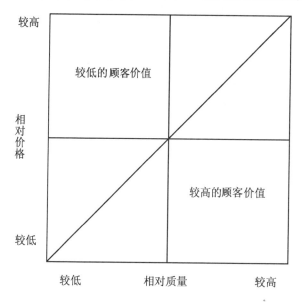

图 1-7　盖尔的顾客价值图

本相等的点,落于左下区域和右上区域的企业可在保持价格不变的条件下扩大市场份额,落于左上区域内的企业提供的顾客价值较低,落于右下区域内的企业提供的顾客价值较高。

盖尔在顾客价值评价方面的主要贡献包括:① 提供了一种直接比较企业与竞争对手提供的顾客价值的方法——价值图,基于比较的结果,企业就可以预测其市场份额的变化(盖尔之所以关心这一比较结果,源于他这样的理论假设:顾客总是选购能为自己提供最大价值的产品或服务);② 以企业相对于竞争者在质量和成本上的得分来代表企业提供的顾客价值的方法,实现了顾客导向与竞争导向的结合;③ 认识到不同维度的重要性是不同的。

盖尔的顾客价值评价仍存在以下缺陷:① 盖尔对质量只测量了产品属性的有关方面,还没有认识到产品使用的结果对顾客价值的作用;② 盖尔将顾客价值应用到竞争分析中,对比本企业在提供顾客价值方面与竞争者的差距,但是,盖尔让顾客对不同品牌进行打分的方法是不可取的,因为在通常情况下,同一顾客不可能对所有品牌都有使用的经验;③ 盖尔测量价值维度重要性的方法有很大的局限性,当价值维度的数量增多时,这种固定总数量分配的方法就不适用了;④ 质量和成本两大维度的划分停留在理论假设层面,还未得到实证,而对于质量和成本下的若干分维度的确定,盖尔并没有给出详尽的方法描述。

2. 伍德鲁夫的顾客价值层级模型

伍德鲁夫根据"手段—目的链"的原理,构建了顾客价值的层级结构,如图1-8所示。图中由下至上的过程是:顾客首先是对产品或服务的有关属性形成预期和感知,这些属性使顾客在消费产品或服务的过程中产生使用的结果,而正是这些结果的产生实现了顾客一定的需求目标。这一结构中由上至下的联系是:依结果对最终目标的贡献可决定不同结果的重要性,即权重;依产品或服务的属性对结果的贡献可决定不同属性的权重。

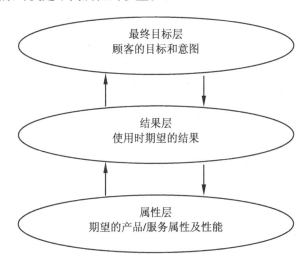

图 1-8　伍德鲁夫的顾客价值层级

顾客价值的层级结构是伍德鲁夫进行顾客价值评价的理论依据。在进行顾客价值评价的过程中,伍德鲁夫将顾客满意测量应用进来,具体地可大致分为两个阶段。

第一阶段的目标是按照顾客价值构成的层级结构,对顾客价值的构成要素进行揭示。伍德鲁夫认为这是一个"剥洋葱"的过程,由顾客常会谈及的产品或服务的"属性"层开始,一层层追问下去,直到最终目标,最后便可得到顾客关心的属性层、结果层和目标层中的各要素的集合。这一阶段所采用的方法是定性的,包括营销研究中常用的观察法、焦点小组访谈和深度访谈法。每种方法的适用范围各不相同,各有利弊。特别地,伍德鲁夫通过其研究实践提出了深度访谈中可采用"阶梯法"和"全程法"。所谓"阶梯法",就是一层层追问的办法,通过追问将价值层级中的各层要素揭示出来。"全程法"是一种间接揭示顾客价值层级的方法,访谈者让受访者讲述自已购买或使用某一产品或服务过程中的连续细节,通过对顾客购买或使用的"全程"分析,找到顾客价值构成要素。

第二阶段的目标是量化顾客对企业在价值要素上绩效的感知,伍德鲁夫是通过顾客满意测量来实现这一目标的。在第一阶段研究的基础上,将发现的重要的价值维度放进顾客满意问卷,通过让顾客对企业这些方面的绩效进行评价得到顾客在这些方面的感知价值。然后,通过回归分析和判别分析得到各价值维度的权重。

伍德鲁夫在顾客价值评价研究领域的突出贡献是提出了顾客价值的层级结构,这一结构正逐渐为学术界所认可,其对顾客进行价值评价和选择的心理过程的模拟和契合也在为学术界所接受。同时,伍德鲁夫在揭示顾客价值构成要素阶段提出的"剥洋葱"的比喻,对顾客价值构成要素的揭示研究具有一定的启发意义,其应用的"阶梯法"、"全程法"成为较好的揭示顾客价值层级结构的定性方法。

伍德鲁夫在顾客价值评价研究方面的局限在于:① 顾客价值要素的权重指的是这一要素对上层(如属性层对结果层)要素的重要性,而非对总的顾客价值的重要性;② 虽然伍德鲁夫认为其构建的顾客价值层级既能解释顾客预期价值的形成,也能解释顾客感知价值的形成,但在其研究实践中,却只对顾客感知价值进行了研究,并未涉及顾客预期价值的评价;③ 伍德鲁夫忽略了顾客对不同品牌的感知差异方面的测量;④ 顾客价值层级的构成并未经过实证研究的检验;⑤ 在方法上,虽然在定性研究中进行了积极的探索,但并未将定量研究深入下去。

3. 科特勒的顾客让渡价值模型

前面曾提及,科特勒是用"顾客让渡价值"这一概念来定义顾客价值的,并具体提出了顾客让渡价值的构成要素。科特勒认为,顾客让渡价值由总顾客价值和总顾客成本组成,总顾客价值包括产品价值、服务价值、人员价值和形象价值4个部分,而总顾客成本包括货币成本、时间成本、精力成本和体力成本,如图1-9所示。科特勒的这一框架对顾客价值评价具有重要的指导作用,然而科特勒没有进一步做深入的指标研究,顾客价值让渡模型缺少可量化的指标。

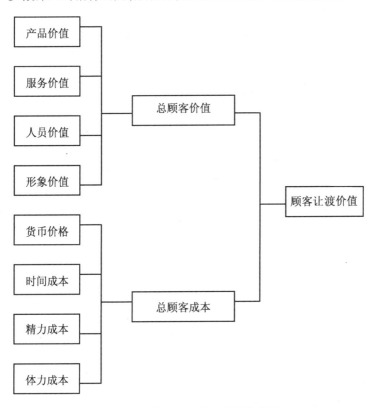

图1-9　科特勒顾客让渡价值的构成要素

除此以外,前面述及的格朗鲁斯的顾客价值关系理论对顾客价值评价也具有重要的指导意义。其中最重要的就是关系营销视角或理论范式的出现,认为顾客在感知价值时除了关注企业供应物以外,还关注相互间的整体关系;顾客价值不仅来源于核心产品加附加服务,还应包括维持关系的努力,可以通过发展良好而持续的顾客关系来创造价值。

　　在对盖尔、伍德鲁夫、科特勒和格朗鲁斯等人的研究成果进行深入分析后,可以发现这些研究存在以下两点局限性:都是基于一定的假设或逻辑分析事先对顾客价值的维度进行了划分,而不是从顾客角度得出的;在实证研究中对顾客价值的构成要素评估重视不够,从而缺少了可操作的方法或可量化的指标。

4. 国内学者的研究

　　关于顾客价值的评价问题,国内学者做了大量积极有益的研究和探索。如为了弥补盖尔、伍德鲁夫、科特勒和格朗鲁斯等人的提出的评价模型的局限,强调顾客导向和实证评价的可操作性,罗海青、柳宏志提出了顾客价值评价模型的建构方法,其框架结构如图 1-10 所示。

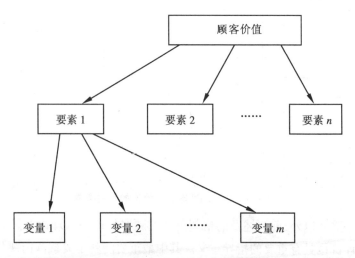

图 1-10　罗海青等人提出的顾客价值评价模型

　　这一模型区别于前人研究的特点在于:不事先划分顾客价值的构成要素的维度,而是通过调查,经过一系列的实证步骤从顾客角度对其进行归纳。该模型从顾客角度进行研究,最终目标是要得到可操作和量化的顾客价值评价体系,其主要方法和研究过程大体可分为4个步骤:

第一步:确定研究目标和研究对象,搜集所有可能的变量(题项),形成最初的量表。

第二步:收集数据,通过问卷设计和一定方法的抽样进行调查。

第三步:统计分析,进行相关性分析和因子分析,得到顾客价值的解释因子。

第四步:因子解释,形成顾客价值构成要素的层级结构。

第二章

营销理论引入高职院校管理的背景

营销是市场经济发展的产物,是组织为谋求自身生存和发展而主动满足市场需求、应对环境变化的活动,营销理论适用于市场竞争中的任何组织。我国高等职业教育经过近 30 年的快速发展,办学体系基本完善,产业格局趋向成熟。高职院校在面临良好发展机遇的同时,也面临巨大的竞争压力和来自内外部环境的诸多挑战。因此,明确自身的定位和目标,认清所处的形势和环境,将营销理论成功引入自身管理,对高职院校实现可持续发展具有十分重要的意义。

第一节　高等职业教育的定位及其内涵

　　发展高等职业教育已成为当前我国政府及整个社会普遍关注的一大热点问题。近 10 年来,我国高等职业教育规模快速增长,已经成为高等教育中的重要力量,为政治经济建设和社会发展作出了重要贡献。但是,长期以来,人们对高等职业教育的内涵和定位还缺少统一的、清晰的认识,在此,有必要对其进行探讨。

一、我国相关文献对高等职业教育的阐释

　　1985 年颁布的《中共中央关于教育体制改革的决定》中明确提出:"积极发展高等职业技术院校……逐步建立起一个从初级到高级、行业配套、结构合理又能与普通教育相沟通的职业技术教育体系。"·

　　1991 年颁布的《国务院关于大力发展职业技术教育的决定》,对职业技术教育的性质、地位、作用以及方向、任务、措施等都作了明确规定,并再一次重申建立初等、中等、高等职业教育体系问题,也再一次提出积极发展高等职业技术教育的任务。

　　1994 年,全国召开了教育工作会议,会后国务院发布了《关于〈中国教育改革和发展纲要〉的实施意见》。会议明确指出我国教育今后发展的两个重点:一是基础教育(重中之重),二是职业技术教

育。《纲要》明确指出："职业教育是现代教育的重要组成部分,是工业化和生产社会化、现代化的重要支柱。"《纲要》的实施意见提出,"有计划地实行小学后、初中后、高中后三级分流,大力发展职业教育,逐步形成初等、中等、高等职业教育和普通教育共同发展、相互衔接、比例合理的教育系列","积极发展多样化的高中后职业教育和培训。通过改革现有高等专科学校、职业大学和成人高校以及举办灵活多样的高等职业班等途径,积极发展高等职业教育"。

1996 年,全国召开了职业教育工作会议。同年,全国人大通过并颁布了《中华人民共和国职业教育法》。职业教育工作会议提出,通过三级分流大力发展职业教育,通过"三改一补"(高等专科学校、职业大学、成人高校改革;中等专业学校办高职班作为补充)大力发展高等职业教育。同时,《职业教育法》的颁布使职业教育走向了依法治教的道路,其中第 13 条指出:"职业学校教育分为初等、中等、高等职业学校教育……高等职业学校教育根据需要和条件由高等职业学校实施,或者由普通高等学校实施。"

1998 年,全国人大通过并颁布了《中华人民共和国高等教育法》。《高等教育法》中明确指出:"本法所称高等学校是指大学、独立设置的学院、高等专科学校,其中包括高等职业学校和成人高等学校。"这里非常明确地把高等职业学校作为高等教育的一部分确定了下来。

1999 年 6 月,全国教育工作会议召开,中共中央、国务院颁布了《关于深化教育改革全面推进素质教育的决定》。《决定》指出:"高等职业教育是高等教育的重要组成部分。要大力发展高等职业教育,培养一大批具有一定理论知识和较强实践能力的技术应用型人才。"

2006 年 11 月,教育部《关于全面提高高等职业教育教学质量的若干意见》指出:"高等职业教育作为高等教育发展中的一个类型,肩负着培养面向生产、建设、服务和管理第一线需要的高技能人才的使命,在我国加快推进社会主义现代化建设进程中具有不可替代的作用。"

至此,我们可以将高等职业教育概括为:它是高等教育的一个类型和重要组成部分,是职业教育的高等阶段。

二、ISCED 的相关内容

从国际教育分类来看,联合国教科文组织(United Nations Educational Scientific and Cultural Organization,简称 UNESCO)1997 年颁布的《国际教育标准分类法》(International Standard Classification of Education,简称 ISCED)新版本中将教育分为 7 个等级:学前教育为 0 级;小学教育为 1 级;初中教育为 2 级;高中阶段教育为 3 级;高中阶段与大学阶段之间有一段补习期教育为 4 级;大学阶段教育为 5 级;研究生阶段教育为 6 级。ISCED 将大学教育(5 级)分为学术性为主的教育(5A)和技术性为主的教育(5B)。ISCED 对学术性为主的教育(5A)描述为:"课程在很大程度上是理论性的,目的是为进入高级研究课程和从事工程要求的职业作充分的准备。"ISCED 对技术性为主的教育(5B)描述为:"课程内容是面向实际的,是分具体职业的,主要目的是让学生获得从事某个职业或行业或某类职业或行业所需的实际技能和知识,完成这一级学业的学生一般具备进入劳务市场所需的能力和资格"。从 ISCED 可以看出,5B 教育与我国所讲的高等职业教育是基本一致的。

参照新版 ISCED 中有关 5B 的说明,高等职业教育的核心内涵可归结为以下 4 个方面:

（一）教育对象

5B 的生源，是完成 3B 或 4A 课程者。所以接受高等职业教育者，其理论基础并不一定要求达到完全高中毕业，但其高中阶段的课程应侧重职业导向，强调专门学科；纯为就业作准备的中等职业技术学校毕业生要升入高等职业技术院校，则可通过补习过渡课程实现。因此，高等职业教育的教育对象应考虑文化理论基础与职业实践基础两方面的要求。当然，高等职业教育的招收对象面可以扩大到整个高中阶段（第 3 层次教育）的各类不同学校的毕业生，但重要的是必须首先切实抓好各类不同生源各自的补习阶段（第 4 层次教育），缺什么补什么。

（二）培养目标

主要是使求学者获得某一特定职业或职业群所需的实际能力（包括技能和知识等），提供通向某一职业的道路。由于 5B 的课程计划属于介于普通学科型和直接就业型之间的中间型，其培养目标也就相应地介于学科研究型和直接操作型之间的中间技术型。

（三）学习年限

5A 的累计教学持续时间从理论上讲至少相当于全日制 3 年，但标准学制是 4 年或更长些；而 5B 至少有相当于全日制 2 年的持续时间，但通常为 2 至 3 年。5B 通常比 5A 短些，但这并不是说 5B 就仅仅局限于较短的学制。事实上，5B 的学习年限也如 5A 一样，有 5 种需要考虑的学制：2 年和 3 年以下；3 年和 4 年以下；4 年和 5 年以下；5 年和 6 年以下；6 年以上。如实行学分制，则需将时间与强度合计后作出比较。可见，高等职业教育的学习年限应视具体专业要求不等，虽然强调 2 ~ 3 年的短周期，但并不仅限于此，而也应按专业需要考虑较长的学程。

（四）授予学历

由于新版 ISCED 第 5 层次将原版中的专科、本科及硕士几个层次合一，故高等职业教育也应同普通高等教育一样根据不同的学习年限而有多个学历层次，至少应包括本科和专科两个层次在内，而不是仅仅局限于单一的专科层次，更不是比普通专科再低一层的补充学制。我国目前的高等职业教育一般仅限于专科学历层次，而对本科层次的高等职业教育发展无论是决策层还是操作层认识都普遍不足，这一问题在明确了高等职业教育的定位与内涵之后应予解决。

在上述四方面的核心内涵中，最关键的应是培养目标。某一类型教育的培养目标必须与社会人才结构体系中的某一系列和层次的人才相对应。否则，不仅不符合国际教育标准分类，而且更重要的是难以明确地表述高等职业教育的地位和作用，最终必然导致对高等职业教育概念理解的混乱。

三、我国高等职业教育定位

在我国许多学者关于高等职业教育定位的研究中，教育部职业技术教育中心研究所姜大源 2008 年发表的《高等职业教育的定位》一文的表述较为全面。该文从类型、层次和作用三方面对我国的高等职业教育进行了定位：

（一）教育类型定位

从教育类型上看，高等职业教育属于高等教育范畴，但与其他普通高等教育类型不同。在我国，高中教育阶段有普通高中和职业高中,以及中等专业学校或技工学校等教育机构,这意味着基于机构的普通中等教育和中等职业教育的教育活动,是两种类型的中等教育,是高中阶段教育的两种不同的教育类型。同样,高中后的高等教育阶段,有学术性大学、工程性大学,以及应用性大学、职业性大学,如职业技术学院等。如果把学术性大学和工程性大学统称为普通高等教育的话,那么职业技术学院这样的职业性大学则被称为高等职业教育。从人才培养目标的本质考虑,倘若把应用性大学也纳入高等职业教育范畴的话,那么在高等教育阶段,也存在着基于机构的普通高等教育和高等职业教育这两种教育活动。

教育类型不同的第一标志,在于培养目标的不同。高等职业教育是就业导向的教育,因此,对高等职业教育来说,就业导向这一培养目标是显性存在的。同样,对普通高等教育,就业导向这一培养目标,却是非显性存在的。由此,培养目标指向"高技能人才"培养的高等职业教育,应遵循基于职业属性的教育规律:融职业性的社会需求与教育性的个性需求于一体。由这一目标决定的教育规律,既体现在校企合作、工学结合等宏观层面,又体现在专业建设的职业分析、课程开发的工作过程导向、教学实施的行动学习、实习实训的职业情境、学习评价的需求定向和师资培养的"双师"素质等微观层面。

教育类型不同的第二标志,在于课程内涵的不同。高等职业教育的规律集中体现在致力于实现职业教育培养目标的实施计划——课程结构的特征之中。形式为内容服务。职业教育基于工作过程系统化的动态的课程结构,不同于普通教育基于学科知识系统化的静态的课程结构,它同样具有普适性意义。联合国教科文组织1997年推出的ISCED,将高等教育阶段面向"理论基础、研究准备、进入从事高技术要求的专业"的普通高等教育,称之为5A教育,与之相应的是基于知识储备的课程;而将面向"实际的、技术的、职业的",即"定向于某个特定职业的"高等职业教育,称之为 5B 教育,与之相应的是基于知识应用的课程,这两类教育是以课程为依据分类的。

(二) 教育层次定位

从教育层次上看,高等职业教育是我国职业教育系统的高层次部分。在我国,已经构建了一个涵盖初等、中等和高等职业教育的系统。初等职业教育是属于义务教育的初中阶段的职业教育,这是因为中国作为一个发展中的大国,经济发展的梯度性决定了在老少边穷地区,为使部分适龄初中毕业生具有一定的职业技能,还需开办一定数量的初等职业学校。高中阶段的中等职业教育,是中国培养技能型人才的主体,目前在校生已占高中阶段的 42% 。而高等教育阶段的高等职业教育,则是培养高技能人才或技术应用型人才的摇篮,近年来发展迅速,学校数已占高等学校总数的三分之二左右。世界上这独一无二的由纵向递进的 3 个层次组成的职业教育系统,清晰地表明,职业教育作为一种教育类型,存在着因循自身进化规律的运行时空。这就是所谓职业教育类型中的教育层次的概念。

教育层次不同的第一标志,在于教育功能的差别。就业导向的职业教育的培养目标,以其鲜明的职业属性,诠释了职业教育的教育功能的层次,与劳动分工的层次之间所存在的天然而紧密的联系。职业活动的专业化,使得工作岗位对从业人员的能力要求呈现层次性的特点。这种层次性集中表现为工作过程的复杂程度。高等职业教育的教育功能比中等职业教育"高",高就高在高等职业教育的毕业生所从事的工作岗位的综合、全面程度及其所显现的责任、价值功能,高于中等职业教育毕业生所从事的工作岗位,实质上反映了工作过程复杂程度的高低。也就是说,高等职业教育与中等职业教育在教育活动的功能层次上的差别,本质上是真实职业活动功能层次的本源性映射。

教育层次不同的第二标志,在于教育内容的差别。就业导向的职业教育的课程内涵,以其鲜明的职业属性,显现了职业教育的教育内容的层次,与工作范畴的层次之间所存在的必然而具体的联系。职业活动的作用域和集成度,使得工作岗位对从业人员的活动范畴呈现层次性的要求。这种层次性集中表现为工作过程的深度、广度。高等职业教育的教育内容比中等职业教育"高",高就高在高等职业教育毕业生要有能力驾驭策略层面的工作过程,而中等职业教育的毕业生一般只需有能力把握经验层面的工作过程。经验层面的职业活动往往是"点"和"线"的,策略层面的职业活动则常常是"面"和"体"的,实质上反映了工作过程深广程度的大小。也就是说,高等职业教育与中等职业教育在教育活动的内容层次上的差别,本质上是真实职业活动内容层次的整合性迁移。

(三)教育活动中的作用定位

从在教育活动中的作用看,职业教育与职业培训相区别。

职业培训,是一种按照不同职业岗位的要求对受培训者进行职业知识与实际技能培养和训练的社会活动。根据受培训者的身份及其培训目标,可将职业培训分为职前培训和职后培训两大类:其一是定位于职前范畴的,旨在使没有职业经历的青年适龄者培养、训练成为具备一定的文化基础知识和技术技能能力的合格劳动者的职业培训;其二是定位于职后范畴的,旨在使具备一定职业经历的在职劳动者训练、提升成为适应新的职业岗位工作任务需要的劳动者的职业培训。为使论述更加清晰,这里把职前培训作为辨析的重点。基于此,职业培训的基本目标是职业性的,主要是指向委托培训的社会组织(如企业)的需求的,因此,对受培训者来说,是指向社会组织需要的适应性"有业"。

职业教育,则是一种使受教育者获得某种职业或生产劳动所需要的职业知识、职业技能和职业道德的教育;或者更精确地说,"职业教育是终身教育体系中在基础教育之上为引导部分学生掌握在某一特定职业或职业群中从业所需的实际技能、知识和认识的教育服务","职业教育是部分人终身教育和人的全面发展的一个方面、一个阶段、一个重点"。这表明,职业教育的基本目标既是职业性的,也是教育性的:其一,受教育者要借此获得从业资格;其二,受教育者也要借此得以全面发展。因此,对受教育者来说,这既是指向社会组织需要的适应性"有业",更是指向个性发展需要的主体性"乐业",尤其是设计性"创业"。

因此,职业培训与职业教育的质性差异是:职业培训指向职业性就业,而职业教育既指向职业性就业,又指向教育性发展。仅仅满足职业资格的需要,仅仅满足工作岗位的就业需要,或者说,要实现社会需求的功利性目标,职业培训完全能做到。而职业教育作为一种教育,还必须满足职业变动的需要,必须满足个性发展的就业需要。或者说,要实现个性需求的人本性目标,职业培训很难做到而职业教育却能做到。然而必须指出,个性需求的满足必须建立在社会需求满足的基础之上,亦即职业教育人本性目标的实现必须建立在职业培训功利性目标实现的基础之上,直白地说,个体发展必须建立在个体就业的基础之上。

第二节　我国高等职业教育的办学体系

我国规模性的高等职业教育主要起步于 20 世纪 80 年代初期,

经过近 30 年的发展,已成为我国高等教育不可或缺的重要组成部分,名副其实地撑起我国高等教育的半壁江山。在近 30 年的发展过程中,我国高等职业教育的办学体系也不断充实、完善,由最初的单一主体发展到目前多种主体并存、各具特色、互相补充的办学体系。

一、我国高等职业教育办学体系的发展过程

我国高等职业教育的产生和发展,一方面因应了各地经济建设对高级应用型人才的迫切需要,另一方面促进了我国高等教育的结构改革。改革开放以来,我国高等教育取得了举世公认的成就,为经济建设培养了大批专门人才,但同时也暴露出一些与社会需求不相适应的问题,比如办学模式单一,偏重理论教学而轻视实践教学,学生理论基础扎实但实际能力薄弱等。为此,从 20 世纪 80 年代开始,我国高等教育进行了结构调整,加快了教学领域的改革,除涌现出一大批职业大学外,普通专科学校、成人高校及普通大学也通过深化教学改革,积极探索培养应用型人才的办学模式,取得了明显的改革成果,为中国高等职业教育的发展注入了新的生机。

从改革开放至今,我国高等职业教育办学体系的发展大致经历了 3 个阶段。

(一) 起步创立阶段(1980—1985 年)

实行改革开放以后,我国各地经济快速发展,急需高等专业人才,特别是应用型的高等技术人才。为缓解经济发达地区人才紧缺的矛盾,国家教委于 1980 年批准成立了金陵职业大学、合肥职业大学、江汉大学、西安大学、成都大学、洛阳大学等 13 所职业大学。这

批职业大学构成了我国高等职业教育办学体系的最初雏形。

1982年,针对当时我国经济发展速度明显加快,人才供需矛盾日趋突出的状况,五届全国人大五次会议提出:"要试办一批花钱省、见效快、可收学费、学生尽可能走读、毕业生择优录用的专科学校和职业大学。"

1985年《中共中央关于教育体制改革的决定》颁布以后,教育部先后批准建立了92所职业大学,以发展高等职业教育。这批职业大学主要在省会城市和经济发达城市,如广州大学、太原大学和昆明大学等。又在原国家重点中专基础上成立和发展了一批专科学校来发展高等职业教育,例如,在原上海电机制造学校的基础上成立了上海电机高等技术专科学校,在国家地震学校的基础上成立了防灾高等技术专科学校,在西安航空工业学校的基础上,成立了西安航空高等技术专科学校。此外,国家教委还批准了3所中专校改办为初中后四年制中专与初中后五年制高职相依并存的"技术专科学校"。在校名上加"技术"二字是为了有别于一般的高专学校。这3所学校招生时均以中专名义招收初中毕业生。学生入学后,前两年只具有中专学籍。两年后,按学生志愿和学习成绩,择优进入大专层次,再学习3年,期满后,经考核合格者,发给大专毕业证书。入学两年后未能升入专科学习者,继续按中专教学计划学习两年,完成四年制中专学业,毕业时发给中专毕业证书。这就是后来所说的"一校两制,四五套办"。五年制专科的培养目标定为"高级的技术员"。

这一时期是我国高等职业教育办学体系的起步创立阶段,高等职业教育的举办主体主要包括新成立的一批职业大学、部分专科学校以及少数中专校。职业大学的迅速兴起,是教育结构改革中的一件大事,它对高等教育的改革和职业教育的发展,具有极其深远的影响。但由于当时指导高等职业教育发展的方针不明确,对高等职业教育发展的认识不足,所以,大部分职业大学都办成普通高等教育,只有极少数的学校坚持自己的办学特色。

(二) 基本形成阶段(1986—1997年)

1986年,国家召开了全国职业教育工作会议。会议提出,高等职业学校和一部分广播电视大学、高等专科学校,应该划归高等职业教育。会议向国务院呈送的《报告》把已有的118所职业大学明确称之为高等职业技术学院。当时,国家还从世界银行争取到3 500万美元的贷款,集中支持17所职业大学的建设。1987年,国务院批转的国家教委《关于改革和发展成人教育的决定》明确提出"职工大学、职工业余大学、管理干部学院应当利用自己同企业、行业关系紧密的有利条件,结合需要,举办高等职业教育。"

进入20世纪90年代,我国开始实施社会主义市场经济,高等职业教育得到了长足的发展。1991年颁发的《国务院关于大力发展职业教育的决定》,再次提出要"积极推进现有职业大学的改革,努力办好一批培养技艺性强的高级操作人员的高等职业学校"。1993年颁布的《中国教育改革和发展纲要》指出,职业技术教育是现代化教育的重要组成部分,是工业化和生产社会化、现代化的重要支柱,明确强调"要积极发展高等职业教育"。

在这一阶段,我国对高等职业教育进行了有益的探索和大胆实践。职业大学从1980年的13所一度发展到128所;到1989年,高职高专学校招生数占高校招生总数的50%。许多学校积极进行应用型人才培养模式探索,为高等职业教育的改革与发展积累了宝贵的经验。

1994年召开的全国教育工作会议明确提出:"通过现有职业大学、部分高等专科学校、独立设置的成人高校改革办学模式,调整培养目标来发展高等职业教育;在仍不能满足时,经批准可利用少数具备条件的重点中等专业学校改制或者举办高职班的方式作为补充发展高等职业教育。"这就是高等职业教育办学体系发展过程中的"三改一补"方针,即对职业大学、普通高等专科学校和独立设置的成人高校进行改革、改组、改制来发展高等职业教育,办出高等职业教育的特色,在不能满足经济发展需要时,在部分条件较好的国家重点中专试办高职班和转制作为补充。1994年10月,国家教委批准了10所重点中专校开办初中后五年制高职班。1996年6月,国家教委再次批准8所重点中专校开办初中后五年制高职班。此外,1995年起,在一些省份也陆续出现了由省政府自行安排在重点中专校开办的初中后五年制高职班。

1995年国家教委印发的《关于推动职业大学改革与建设的几点意见》,正式确认职业大学是我国高等教育的一种办学形式。1996年《中华人民共和国职业教育法》正式实施,规定职业教育分为初等、中等和高等三级教育,这是我国历史上第一次把高等职业学校教育以法律的形式固定下来,标志着我国高等职业教育的发展从此走向法制化的轨道。1997年国家教委为明确高等职业学校的发展方向和规范校名,提出新建高等职业学校一律定名为"××职业技术学院"或"××职业学院"。

至此,我国高等职业教育办学体系基本形成,其办学主体主要包括职业大学、职业技术学院、高等专科学校、独立设置的成人高校,以及部分重点中专举办的招收初中毕业生的五年制高职专科。

(三)发展完善阶段(1998年以来)

1998年,新组建的教育部高度重视高等职业教育,提出了"三多一改"方针,即多渠道、多规格、多模式发展高等职业教育,重点是进行教学改革。多渠道的含义是:除"三改一补"中提到的学校可以举办高职外,在本科院校也可以通过二级学院举办高职,民办高校也可举办高职。多规格的含义是:专业宽一点也可以,窄一点也可以,学制长一点也可以,短一点也可以,学历教育也可以,非学历教育也可以,总之,根据经济和社会发展需要来确定。多模式的含义是:高职既可以政府办,也可以民间办;既可以公办民助,也可民办公助;理论教学与实践教学多种形式;要按新的模式和运行机制办学,招生计划是指导性计划,招收多少由省级政府确定;毕业文凭教育部不验印,派遣证发不发、户口转不转由省级政府自己确定;学费标准可以高一点,高多少由省级政府自己确定。

为贯彻"科教兴国"战略,1999年初国务院批准施行《面向21世纪教育振兴行动计划》,它是进一步实现跨世纪教育改革和发展的宏伟蓝图。《行动计划》对改革和发展职业教育、成人教育提出了新任务、新要求、新举措,明确了此后3~5年乃至21世纪初职业教育和成人教育改革与发展的方向。要求从各地实际出发,积极发展中等职业教育、高等职业教育和成人教育,努力建立符合国情特点的职前教育与职后培训相互贯通的体系。同时,《行动计划》还提出:"除对现有高等专科学校、职业大学和独立设置的成人高校进行改革、改组和改制,并选择部分符合条件的中专改办(简称'三改一补')之外,部分本科院校可以设立高等职业技术学院。"1999年6月,中共中央、国务院《关于深化教育改革全面推进素质教育的决定》中进一步明确指出:"支持本科高等院校举办或与企业合作举办职业技术学院或职业学院。"

1999年1月,教育部等部委印发《试行按新的管理模式和运行机制举办高等职业技术教育的实施意见》,并在当年高校招生计划中安排10万人专门用于高职教育招生,高职教育得到了跨越式发展。教育部还将原有的高职、高专和成人高校合称为"高职高专教育"进行统筹,以形成培养技术应用型人才的合力。

1999年11月召开的第一次全国高职高专教学工作会议,明确了高职高专教育人才培养工作的思路和工作目标。第一次全国高职高专教学工作会议以后，高等职业教育出现迅速发展的局面，一批条件成熟的中等技术学校升格为职业技术学院。

2000 年，国务院将高职院校审批权下放到省级政府，这一年中，经省级政府审批、报教育部备案的高等职业院校 235 所。到 2001 年，全国共有高职高专院校 627 所，约占普通高校总数（1 225 所）的 51.2%，其中高等职业学院 327 所。

进入 21 世纪以后，我国经济建设不断加快，市场经济体制的逐步完善，经济结构的战略性调整，对职业教育提出了进一步加快发展的要求。2002 年 7 月，国务院召开了第四次全国职业教育工作会议，会议提出要建立和完善人才培养的"立交桥"，沟通中等职业教育与高等职业教育、职业教育与普通教育的渠道，要建立并逐步完善"在国务院领导下分级管理、地方为主、政府统筹、社会参与"的高等职业教育管理体制。这次会议与其后颁发的配套文件，构成了我国新世纪初高等职业教育发展的基本政策思路和总体改革方向。这次会议以后，我国高等职业教育改革发展进入了新阶段，具有中国特色的高等职业教育体系得到进一步发展和完善。2007 年，我国共有普通高校1 908所，其中高职高专院校 1 168 所（含高等职业院校 1 015 所），民办高校 295 所。全国普通高等教育本专科招生总数 565.92 万人，其中专科 283.82 万人；在校生总数 1 884.90 万人，其中专科 860.59 万人；毕业生总数 447.49 万人，其中专科 248.20 万人。成人高校 413 所，成人本专科共招生 191.11 万人，其中专科 109.03 万人；在校生 524.15 万人，其中专科301.43万人；毕业生 176.44 万人，其中专科 108.95 万人。

二、我国高等职业教育的现有办学体系

(一)高职教育办学体系的整体布局

经过改革开放以来30年的发展,我国高等职业教育已经形成了系统的办学体系,这个体系主要包含在普通高等教育和成人高等教育的两个序列中。从办学主体上看,举办高等职业教育的学校主要有职业大学、职业技术学院、普通高等专科学校、本科院校内设的高等职业教育机构(二级学院)、独立设置的成人高校、具有高等学历教育资格的民办高校,此外,还有部分中等职业学校举办的五年制高职班等。从招生方法和对象上看,主要分为四类:参加全国普通高考,对象以应届和往届高中毕业生为主;三校生(应届中专毕业生、职业高中毕业生、技工学校毕业生)采取"3＋2"方法进行对口单独招生;举办五年制高职教育的学校可以通过中考接收应届初中毕业生;全国成人高校招生。从学制和办学层次上看,除招收初中毕业生的高职教育为五年学制外,其余大多为三年学制,办学层次也主要为专科层次,少数发达地区已有本科层次的高等职业教育。

(二)高职教育体系中的办学主体

从我国高等职业教育体系的发展历程可以看出,目前我国高等职业教育已形成六路大军并进发展的局面,这六路大军是:独立设置的公办职业技术学院(职业大学)、专科学校、成人高校、民办高校、重点中专校(职业高中)所办的高职班、本科院校的二级职业技术学院。这六路大军各具优势和特色、互相补充,共同构成了我国高等职业教育的办学体系。

1. 公办职业技术学院和职业大学

在六路大军中,公办职业技术学院(职业大学)是我国高等职业教育办学体系的主力军。这不仅仅是因为它们在学校数量和学生规模方面是我国高等职业教育的主要力量,而且是因为职业大学和职业技术学院都是为适应经济发展对高级应用型人才的迫切需求而产生的,它们从办学之初,就确立了较为鲜明的办学方向,经过多年办学实践,在专业设置、培养模式、课程体系、教学过程等诸多方面确立了高级应用型人才培养的理念、模式和方法,形成了特色,取得了显著的办学成效。但是,许多职业技术学院是在原有中专校基础上升格的,在师资队伍整体素质等方面存在一定的局限,部分地区的一些职业技术学院仍然以中专的师资和条件办高职,这显然是不符合高职教育办学要求的。

2. 高等专科学校

从培养目标来讲,高等专科院校与职业大学和职业技术学院应是一致的。我国高等专科教育历史上定位不准。专科教育在我国有较长的发展历史,但是从一开始就是作为满足经济建设的迫切需要所采取的一种应急措施而建立的。由于最初的专科教育多是由普通大学举办的,所以在相当长的时期内,普通高等专科教育逐渐向本科教育靠拢,在教学计划、教学大纲,甚至教材等方面,都实行"本科压缩",造成了实际培养出来的专科人才并不能真正成为生产第一线需要的应用型人才。尤其到20世纪80年代,随着经济建设和对外开放的速度加快,这一问题暴露得更加明显。也正是这个问题,使得最初的职业大学在我国应运而生。90年代后,高等专科学校进行改革,按人才培养目标的要求进行自我调整、自我回归时,才发现高等职业教育正是高等专科学校自身应实现的教育功能。虽然普通高等专科学校与职业大学和职业技术学院的培养目标基本相同,但在从事高等职业教育方面还存在区别。一方面,普通高等专科学校一般办学较早,所以在办学条件、学校管理、师资队伍等方面优于职业大学和职业技术学院。另一方面,一些高等专科学校实行"本科压缩型"的办学模式,使其在举办高等职业教育时,又存在观念上认同、实践上不甘心的弊病。这主要表现在教学上仍向本科靠拢,有浓郁的"本科情结",不能一心一意办好高等职业教育。表现在培养的学生上就是眼高手低,理论综合素质强,实际动手能力不足,毕业后不能马上胜任生产第一线工作。近几年来,我国普通高等专科学校出现逐年减少的现象,主要是因为每年都有一些高等专科学校并入或升格为本科院校。从发展角度看,未并入或升格为本科院校的专科学校与职业技术学院和职业大学的合流将是必然趋势。

3. 成人高校

成人高等教育是以教育对象来确定的教育,而高等职业教育是由教育类型确定的教育,这是两种不同角度的教育术语,两者没有隶属关系,但在教育实体上又是相互交错的。我国成人高等教育通过多年的发展,已初步形成了多层次、多样化、多类型、多渠道和多学科的办学体系,积累了较丰富的成人高等教育办学经验,形成了一整套规范化管理的办学制度,具有一定的社会效益和经济效益,为开展高等职业教育奠定了坚实的基础。此外,成人教育的许多办学特征与高等职业教育比较接近,为积极开展高等职业教育提供了可能。如成人高等教育独特的教育职能决定了其适应性强,有着灵活的办学形式,无论是在教育观念、教学模式和教学内容上,都容易形成主动适应经济社会发展需要培养人才的理念,对高等职业教育有较高的认同感,对举办高等职业教育有很高的积极性,从而使成人高等教育开展高等职业教育具备了良好的思想基础。成人高等教育通过多年的以大专为主体层次的学历教育实践,对这一层次的培养规格、教学规律和管理运作有丰富的经验,这与目前开展的以专科层次为主体的高等职业教育在学历层次上具有一致性。事实上,许多成人高校早就承担起了高等职业教育的职能。成人高校在举办高等职业教育方面面临的主要困难是办学条件较差、师资力量缺乏、教学管理不严、办学质量不高。

4. 民办高校

我国长期以来实行的是国家办教育。20 世纪 90 年代后,民办高校得到了政府的大力支持,发展十分迅速,开始成为我国高等教育体系中的一支重要力量,是公办高等教育的重要补充。目前,我国民办高校少数举办普通本科教育,大部分是开展高等职业教育、自学考试教育以及社会培训进修课程。民办高校的办学优势在于可以灵活办学,可以及时调整专业方向,社会需要什么人才,就培养什么人才,尽管学校感召力不足,但专业有吸引力。但民办高校举办高等职业教育存在的主要问题是:追求经济效益,不重视教育规律,学校管理水平较低;师资力量弱,热门专业教师缺乏,聘任的普通高校退休教师也普遍存在知识老化的问题;办学投入不足,特别是缺少齐备的实验实训设施,难以适应培养高级应用型人才的需要。

5. 中等职业学校

1985 年 7 月,国家教委批准 3 所中等专业学校改办为初中后四年制中等专业学校与初中后五年制高职相依并存的"技术专科学校",即"一校两制、四五套办",从而启动了依托中等专业学校办高职的职业技术教育新模式的改革尝试。随着高职教育在我国教育体系发展中重要地位的逐渐确立,各类高等职业技术学院的规模不断扩大,依托中等职业学校办高职的步伐也一步一步地加快。无论是招生规模、专业类别,还是毕业生质量,都呈现健康稳步发展的态势,取得了良好的教育效益、社会效益和经济效益。中等职业教育和高职教育属于职业技术教育中的两个不同层次,人才培养规格、培养理念、培养手段等都有各自的目的要求和自身规律,但二者又具有许多共性。在依托中等职业学校办高职的过程中,一方面,凭借中等职业学校长期在职业技术教育领域的实践,可以修正我国高职高专教育尤其是高专教育长期以来仿照普通高校办学模式而形成的重理论轻实践、重知识轻技能的缺陷,使高职高专教育更具应用性,更好地培养动手能力强的高级技术人才;另一方面,高职教育又以其理论和实践方面的高标准、高规格,推动着中等职业学校师资队伍建设和实验实训场所建设,使办学水平可以得到进一步提高。这样,依托中职办高职便可以使中职教育和高职教育互相促进,共同提高。依托中等职业学校举办高等职业教育存在的主要问题是,两者的培养目标和要求不一,教师队伍的整体素质与高职教育的要求之间存在差距,从而影响教学质量。

6. 普通本科院校

1999 年,在国家政策大力支持下,普通本科院校开始进入高职教育领域。与职业大学、职业技术学院、高等专科学校、成人高校相比,本科院校举办高职教育具有如下优势:一是本科院校一般已具有几十年甚至上百年的发展历史,教学资源丰富,学科门类齐全,具有较好的办学条件。二是本科院校师资力量较强,他们既从事教学活动,又从事科学研究工作,具有较高的理论水平和丰富的教学经验。三是本科院校以良好的办学质量在社会上形成了一定的声誉和品牌效应,可以引导人们增进"高等职业教育也是高等教育的一种类型"的认识,从而吸引高质量的生源接受高职教育。同时,本科院校尤其是一些重点大学利用自身优势，易于吸引企业等社会力量参与学校设置的职业技术学院的建设，利于高职教育与行业、企业进行产学研结合培养人才，保证高职教育培养目标的实现。但毋庸讳言，本科院校办高职也面临着许多困难，存在着许多不足。高等职业教育和普通高等教育是两种不同类型的教育。从培养目标上说，普通高等教育培养的是研究型、设计型人才，而高等职业教育培养的是能适应生产、建设、管理、服务第一线需要的高等技术应用型专门人才；从教学内容看，普通高等教育注重学科教育，高等职业教育重视实践技能的培养，即以职业技术和能力为主要教育内容；从知识体系上看，普通高等教育追求知识体系的系统性、完整性和科学性，高等职业教育强调理论和知识的综合性、实用性和操作技能的实用性；从教材建设看，普通高等教育以学科理论体系为基础编写教材，高等职业教育以职业岗位的需要为尺度编写教材；从师资队伍上看，普通高等教育师资主要是学科型教师，高等职业教育需要的是"双师型"教师；从教学方法上看，普通高等教育重视理论教学，高等职业教育强调实践教学，实验、实训和实习占相当大的比例。因此，普通本科院校由于受既有办学理念、模式和方法的束缚，而对高等职业教育的规律认识不足，缺少高职管理经验，在办学过程中容易出现高等职业教育普通化倾向。此外，相对于独立举办的职业技术学院而言，普通本科院校面向生产第一线的校内外实习实训场所明显不足。

在上述举办高等职业教育的诸主体中，由于本科院校的二级学院和中等职业学校的高职班都不是单独设置，而成人高校在办学体制和管理模式上也不同于普通高校，因此，为研究方便起见，本书所论及的"高职院校"主要指独立设置的职业技术学院、职业大学、高等专科学校，即我国通常所称的"高职高专院校"。

第三节　营销理论引入高职院校管理的必要性和可行性

　　营销是市场经济发展的产物,也是市场竞争的重要手段。营销学产生和应用的客观条件是:高度发达的市场经济;全面形成的买方市场;充分竞争的市场环境;统一的国内市场和日益扩大的国际市场。现代社会已进入全面营销时代,营销理论的应用已不再仅仅局限于企业,而且被普遍运用到非营利机构等广阔的领域。对照营销学的适用条件及营销学应用领域不断扩大的趋势,将营销理论引入我国高职院校管理既有其必要性,又有其可行性。

一、营销理论在教育领域的应用和发展为高职院校营销管理提供了理论和实践基础

　　随着世界经济和营销理论的发展,全球各地各种规模和各种类型的组织,对营销管理这个课题的兴趣都越来越浓,营销理论不仅在营利性组织中得到普遍应用和广泛重视,而且也越来越受到各种非营利机构的青睐。

　　在20世纪60年代以前,市场营销常为非营利组织所忽略。但是随着市场经济的发展,面临外部环境的冲击,非营利组织自身的持续发展成为一个重要的问题。因此,非营利组织需要考虑市场问题,需要根据外部环境的变化和自身的特点,按照营销观念采取某些策

略性的行动以争取更多公众的理解、支持与合作,使组织摆脱官僚惯性,对环境变化和顾客需求及时做出反应,确保组织目标与战略的实现。20 世纪 80 年代开始,营销理论在非营利组织得到广泛应用。今天,关于非营利组织的营销已形成较为成熟的理论体系,积累了许多具有普遍意义的实践经验。

在作为典型非营利组织的教育机构特别是高等学校,营销理论同样越来越受到重视。一些高等教育发达的国家早在 20 世纪 70 年代就开始高等教育营销的研究和应用,至今已有 30 多年的历史。在我国,自 20 世纪 90 年代末开始,也有学者开始对教育领域的营销进行研究,虽然目前的整体研究现状仍处于起步阶段,但标志着营销理论在我国教育领域已得到逐步应用。这些研究和应用,为我国高职院校的营销管理提供了理论和实践基础。

二、蓬勃发展的我国高等职业教育为高职院校营销管理奠定了市场基础

随着我国教育体制改革的不断深化,我国的教育结构特别是高等教育的结构发生了深刻的变化。其中最显著的变化之一就是高等职业教育的异军突起。起始于 20 世纪 80 年代初期的我国高等职业教育,近 10 多年来得到了空前发展,并继续呈现良好发展的态势。至 2007 年底,我国独立设置的高职院校(含专科学校,下同)有 1 168 所,占全国普通高校总数(1 908 所)的 61.22%;专科(高职)类招生数 283.82 万人,占全国普通本专科招生总数(565.92 万人)的 50.15%;专科(高职)类在校生数 860.59 万人,占全国普通本专科在校生总数(1 884.90 万人)的 45.66%;专科(高职)类毕业生 248.20 万人,占全国普通本专科毕业生总数(447.79 万人)的

55.43%。我国高等职业教育的蓬勃发展,主要得益于以下几方面:一是我国经济的快速稳步增长,对高等职业技术人才产生了巨大的社会需求;二是由于认识到高等职业教育对社会发展、经济建设和科技进步的重要作用,各级政府均将发展高等职业教育作为一项重要的战略任务,为高职院校的发展提供强有力的经济、政策支持;三是随着我国高等教育大众化时代的到来,人们接受高等教育的需求越来越强,而收入水平的提高则为这种需求从潜在转为现实提供了可能;四是由于上述几个原因,使得社会各界对高等职业教育的认识有所提高,轻视、鄙薄高等职业教育的现象有所扭转。据业内人士分析,目前及今后一段时期内,我国的高等职业教育将继续呈现强劲发展的趋势。高职院校正面临难得的发展机遇。

我国高等职业教育蓬勃发展的形势表明,高等职业教育的产业市场已基本形成,高职院校具有巨大的市场发展空间,成功开展营销管理将有助于其把握市场机遇,实现自身的发展和壮大。

三、日趋激烈的市场竞争要求高职院校开展营销管理

过去那种只有少数人才能接受高等教育的"精英教育"时代已经一去不复返,高等教育的"大众化"时代已经到来。高等教育的大众化,一方面在为更多的人提供接受高等教育机会的同时,也增强了受教育者对高校的选择性;另一方面由于高校数目和招生数量的增加,高校之间为争夺生源而展开的竞争也愈演愈烈。在这场竞争中,高等职业院校面临的形势尤为严峻。

首先,与普通本科院校相比,高职院校在竞争中处于明显的劣势。我国的普通本科院校一般办学历史较长,办学经验丰富,办学资

源充裕,办学质量较高。与这些普通本科院校相比,高职院校无论在有形的办学资源还是在无形的办学资源上都存在较大的差距。此外,在我国目前社会,"重学历"的观念仍具有一定的普遍性,在社会公众和受教育者的眼中,以专科层次为主、为生产和技术等一线培养高级应用型技术人才的高职院校仍是一种"次等"的高等教育。而在人才市场上,重学历的现象仍然普遍存在,专科层次的高职院校毕业生在就业上与本科院校毕业生相比,也处于明显的不利地位。因此,在普通本科院校连年扩招的形势下,高职院校面临巨大的竞争压力。

其次,高校数量的增加,加剧了高职院校的竞争。在普通本科院校不断扩招的同时,我国的高校数量在以较快的速度增加,民间资本也逐步涉足高等教育。在这些新增加的普通高校中,占据主要部分的是两类:一类是民办本、专科院校,二是公办高职院校。如2007年全国新增加的41所普通高校中,公办本科院校为19所,民办本科院校为1所,公办高职院校为3所,民办高职院校为18所。从我国目前的招生政策看,民办本、专科院校的分数线与公办高职院校均非常接近,在生源上相互之间形成直接的竞争。从人才市场的竞争看,民办高校毕业生与高职院校毕业生的竞争也较为直接。而高职院校自身数量的增加则无疑使得高职院校相互之间的竞争更加激烈。

第三,高职院校还面临社会其他高等教育机构的竞争。由于高等职业教育主要为生产和技术等一线培养高级应用型人才,其培养目标和模式上主要强调职业性而非系统性,因此一些成人高校和其他高等教育机构对高职院校存在较强的替代性。而且从受教育者角度分析,在接受教育的自主性上,成人高校和其他高等教育机构有着较高职院校更为明显的优势。2007年,全国共有成人高校413所,民办其他高等教育机构906所;全国成人本专科招生191.11万人、在校生524.15万人、毕业生176.44万人,网络本专科招生123.34万

人、在校生 310.23 万人、毕(结)业生 82.79 万人,全国接受非学历高
等教育的学生 252.89 万人次、结业 412.61 万人次,接受各种非学历
高等教育的学生 249.56 万人次。这些无疑也给高职院校形成了巨
大的竞争压力。

　　第四,随着我国加入 WTO,我国的教育服务市场将逐步对外开
放。近年来已有许多国外教育机构涉足我国教育服务市场,较之于
其他教育形式,高等职业教育领域的这一现象尤为突出。这一实际
情况表明,我国的高职院校将首当其冲地面对国外教育资源的竞争。

　　高职院校所面临的市场竞争形势表明,只有正确把握市场态势
并及时做出卓有成效的快速反应,才能在竞争中立于不败之地,因
此,高职院校的营销管理已势在必行。

四、高等职业教育的买方市场趋势要求高职院校
　　开展营销管理

　　在高等职业教育供方竞争越来越激烈的同时,高等职业教育的
买方力量也在逐渐增强。在教育服务市场上,从高等教育的整体情
况看,与庞大的高等教育需求相比,我国高等教育的买方市场尚未形
成,但就高等职业教育来看,买方市场的趋势已开始出现。买方市场
是由消费者、用户主导的,是供给者之间比较充分和激烈竞争的市
场,它的基本表现形式是,市场上商品丰裕,供应量超过了需求量,买
方有着更大的挑选商品余地和更多的购买商品机会,卖方处于次要
地位并要为促进商品的销售而彼此间展开竞争。虽说近年来我国本
科及本科以上高等教育的招生规模不断扩大,但其基本状况仍然是
供不应求。尽管在这些层次的高等教育上,考生也有选择高校的自
由,然而这种选择更多地是为了能够更有把握地获得接受相应教育

的机会;高校之间的竞争也并非源自生源不足的危机。而在高等职业教育这一类型和层次上,情况则完全不同。虽然每年都有一定数量的愿意接受高职教育的考生不能进入高职院校就读,但这主要是由于我国目前的招生政策所限。高职院校招生计划不能如数完成以及高职院校新生入学报到率偏低已不是个别现象,受教育者对高职院校有着较强的选择性。目前高职院校的竞争也正是源自于生源不足的危机。因此,我们有理由断言,在一定范围内,高等职业教育服务的"买方市场"趋势已开始出现。而在人才市场上,包括高职院校毕业生在内的高校毕业生就业形势较为严峻,人才市场供大于求的矛盾日益显现,人才市场的买方市场格局已是不争的事实。

高等职业教育服务的买方市场趋势和高职院校毕业生就业市场的买方市场格局表明,高职院校必须通过营销管理更准确地把握顾客需求,满足顾客需求,提高顾客满意度和忠诚度,从而赢得顾客、赢得市场、赢得竞争。

五、高职院校的管理现状表明高职院校开展营销管理已属当务之急

"市场营销是计划和执行关于商品、服务和创意的观念、定价、促销和分销,以创造能符合个人和组织目标的交换的一种过程"。美国市场营销协会的这一定义,充分说明市场营销有广阔的应用领域,不仅仅限于物质产品,也不仅仅限于营利性企业。现代市场营销的中心是顾客,其核心是创造符合个人和组织目标的交换,即以满足顾客需要、提高顾客价值为宗旨,通过市场变潜在交换为现实交换。

市场竞争离不开营销。营销是市场经济高度发展、买方市场形成下的产物,在现代市场经济社会,对任何一个处于竞争中的组织而

言,营销都是其获取竞争优势、赢得市场的重要手段。如前所述,目前我国高职院校面临着愈演愈烈的市场竞争,高等职业教育的买方市场趋势也开始出现,面对这一形势,高职院校要想在竞争中取胜,必须开展市场营销活动,以顾客为中心,高度关注、认真分析并努力提高顾客价值。然而,综观我国高职院校管理的现状,在营销管理方面并未引起足够的重视。近年来,我国高等职业教育发展的速度很快,高等职业教育已成为全国上下普遍关注的重要热点之一。但无论是在高等职业教育的理论研究方面,还是在高等职业教育的实践探索方面,所涉及的往往多为高等职业教育的办学体制、人才培养规格和模式、教育教学改革、后勤社会化改革等内容,而缺少对高等职业教育从营销学角度所开展的研究。在我国目前的高职院校中,还未形成现代营销意识,满足顾客需求也往往只是停留在口头上的一句口号,并未对此给予应有的重视,如:目前我国社会仍普遍存在着鄙薄高等职业教育的现象,但高职院校却很少为扭转这种状况而做出多少努力;许多高职院校一味地追求规模的扩张,却不顾办学条件的限制,忽视人才培养质量的提高;许多高职院校专业设置与市场需求不相适应,实践性教学环节不被重视,学生所学知识和技能与相应职业群的实际需要相脱节;学校收费居高不下而且不断上涨,而相应的教育服务却未见有多大的改善;学生仍被片面地看成是加工的对象,其个体需求被忽视,等等。这一切导致了目前我国社会对高等职业教育的认同度不高,学生及其家长对高职院校的满意度较低。这些已经成为制约高职院校发展的重要因素。

高职院校的管理现状表明,目前营销管理在我国高职院校普遍没有得到重视,这与高职院校面临的市场形势及发展需要不相适应,而且已严重制约高职院校的科学发展,因此在我国高职院校中迫切需要加强营销管理。

综上所述,目前我国高职院校在迎来良好发展机遇的同时,也正面临严峻的挑战。日益激烈的市场竞争以及相对不利的市场处境，迫使高职院校在生源大战中必须使出浑身解数；逐步形成的买方市场，使得受教育者对高职院校的选择性日益增强，能否吸引顾客、留住顾客已成为高职院校能否生存与发展的生命线；而对营销管理的忽视，又使得高职院校难以找准提高其市场竞争力的切入点。对任何一个处于竞争中的组织而言，顾客是其生存的根本。那么，怎样才能吸引顾客、留住顾客？市场经济的核心是交换，而交换赖以存在的基础就是价值。只有交换的双方都能提供对方所需要的价值，交换才有可能得以实现。因此，对高职院校而言，要想赢得顾客，在竞争中制胜，最为关键的一条，就是要把握顾客需求，提高顾客价值。对高职院校营销管理的研究已成为高职院校管理中的当务之急。

第四节　高职院校营销管理的特点

一、高职院校营销管理的概念

对照美国市场营销协会和科特勒关于营销的定义以及高等职业教育和高职院校的自身实际，我们可以给高职院校营销管理的概念作如下定义：

高职院校营销管理是指高职院校以用人单位对高级应用型人才的需求和学生对高等职业教育服务的需求为中心，对人才的培养规格及其培养和输送过程、高等职业教育服务及其提供过程等进行规划并实施,以提供社会、用人单位和学生所需要的价值,满足其需求,进而实现学校自身发展目标的一系列管理活动。

这一概念包含以下几个重要内涵:

第一,高职院校营销管理是一种创造性行为,它是高职院校通过自身的创造,来寻找、发现已存在的需求和潜在的需求,并设法适应、激发、满足这些需求,进而实现自身的可持续发展。

第二,高职院校营销管理的实质是一种建立在自愿基础上的交换行为。交换的一方是高职院校,另一方是用人单位或学生,交换赖以实现的基础是双方都能为对方提供其所需要的价值。

第三,高职院校营销管理的最终目的是通过满足用人单位对高职人才的需求和学生对高等职业教育服务的需求来实现学校自身的发展目标。

第四,高职院校营销管理是一个系统性的管理过程。它不仅涉及到学校内部方方面面的每个部门、每个人、每个环节,而且还涉及到学校外部相关方面的许多机构、人员及其活动。

二、高职院校营销管理的特点

高职院校自身所具有的特点,特别是其作为培养高级应用型人才、提供高等职业教育服务的教育机构所具有的特点,决定了其营销管理活动也具有区别于其他机构营销活动的特点,归结起来,主要体现在以下几个方面:

(一) 营销主体的非营利性和产品的准公共属性

对照非营利组织的定义,无论是公办的高职院校,还是民办的高职院校,作为一种教育机构,都属于典型的非营利性组织,它既不同于政府,又不同于企业,它所提供的产品(或服务)具有准公共产品属性。这就决定了高职院校的营销管理具有一般非营利组织营销的特点,如营销目标的多重性、服务对象的多元性、公众监督的广泛性、营销产品的服务性、营销过程的伦理性等等。

(二)市场的特定性和产品的特殊性

高职院校营销面对的市场主要包括用人单位的人才招聘市场和高校招生的生源市场,所提供的产品主要包括所培养的高职毕业生和所提供的高等职业教育服务,高职院校的两类产品与一般消费品、一般工业品都不相同,两类市场在需求特征、购买过程等方面也与一般消费品市场和一般工业产品市场之间存在着较大的差异,这些差异也决定了高职院校营销管理活动区别于一般消费品营销和一般工业品营销。

(三)产品的"职业性"和营销过程的开放性

虽然高等职业教育也属于高等教育的范畴,但与其他类型的普通高等教育相比,高等职业教育更强调"职业性",高职院校所营销的"产品"职业指向性更强,它直接指向某个职业岗位(或岗位群)。因此,在高职院校营销过程中,学校的开放度和社会的参与度更高,从"产品"的设计、生产到交付的整个过程,每一个环节都离不开社会的参与,因此,高职院校的营销管理是一个更加开放的系统。

第五节　高职院校营销环境

　　任何一个组织的营销活动都是在一定的动态的环境中进行的，高职院校的营销活动也不例外。对环境的研究是营销活动最基本的课题，为此，我们首先必须对高职院校面临的营销环境进行分析。所谓营销环境，泛指一切影响、制约组织营销活动的最普遍的因素。营销环境一般又可分为宏观环境和微观环境。宏观环境是指影响组织营销活动的社会性力量与因素，如政治、经济、文化、技术等。微观环境是指与组织营销活动直接发生关系的组织与行为者的力量和因素，包括组织内部环境、供应商、经销商、顾客、竞争者等。关于高职院校的微观营销环境将在第三章、第四章及其他有关章节中作详细分析，此处主要对高职院校的宏观营销环境进行扫描和分析。

一、政治和法律环境

　　自 20 世纪 80 年代以来，为促进高等职业教育的发展，我国出台了一系列涉及高等职业教育的法律、法规和政策，这些法律、法规、政策对具有中国特色的职业教育体系的形成和我国高等职业教育的快速发展起到了积极的推动和保障作用。如 1985 年 5 月，《中共中央关于教育体制改革的决定》提出"积极发展高等职业技术院校"；1994 年，全国教育工作会议提出"三改一补"发展高等职业教育的方针;1996 年全国人大通过的《中华人民共和国职业教育法》,确立了高等职业教育和高职院校的法律地位;1997 年国家教委颁布的《关于高等职业学校设置问题的几点意见》,进一步规范了高职院校的设置;1998 年 8 月颁布的《中华人民共和国高等教育法》,进一步明确了高等职业教育在高等教育中的地位;1998 年 12 月教育部提出的《面向 21 世纪教育振兴行动计划》,进一步明确了新世纪高等职业教育的发展方向和发展战略;1999 年 1 月教育部、国家计委印发的《试行按新的管理模式和运行机制举办高等职业教育的实施意见》,1999 年 6 月颁布的《中共中央国务院关于深化教育改革全面推进素质教育的决定》,2000 年 1 月教育部下发的《关于加强高职高专教育人才培养工作的意见》《高等职业学校设置标准(暂行)》,同年 6 月教育部高等教育司下发的《关于加强本科院校举办高等职业教育管理工作的通知》,2002 年国务院颁布的《关于大力推进职业教育改革与发展的决定》,2004 年 9 月教育部等七部门联合颁布的《关于进一步加强职业教育工作的若干意见》,2005 年 10 月颁发的《国务院关于大力发展职业教育的决定》等一系列政策、法规,有力推动了高等职业教育的健康发展。

当然,这些政策、法规也存在一定的局限。对此,深圳大学高等教育研究所李均教授在其《1996—2006:中国高等职业教育政策评价》一文中作了如下的归纳:"三改一补",总体思路可取,却无法承载高职教育可持续发展的重任;"大学办高职",心有余而力不足,难以提升高职教育质量;"三不一高",方向正确却有失公允,导致高职院校招生难上加难;"示范性高职院校建设",在产生积极作用的同时,难免造成高职院校的两极分化;"限制专升本",虽具有必要性,过度限制有碍完整高职体系的形成;"就业导向",虽成效明显,但长远的负面影响不容忽视。

从总体来讲,我国高等职业教育当前正处在一个积极有利的政策法律环境中。

二、经济环境

随着改革开放的不断深入和市场经济的蓬勃发展,我国经济实现了持续多年的高速增长,创造了世界经济发展史上的奇迹。2008年,在世界金融危机的大背景下,仍实现了全年国内生产总值9.0%的增长率,继续保持良好的发展态势。在经济快速增长的同时,人民生活水平也稳步提升,2008年,农村居民人均纯收入比上年实际增长8.0%,城镇居民人均可支配收入比上年实际增长8.4%,这为高等职业教育的发展提供了良好的宏观经济基础。

随着经济的快速发展,产业结构优化升级与调整的步伐不断加快,高新技术产业发展迅速,社会对高级应用型人才的需求不断增加,用人单位越来越认识到高技术、高技能人才的重要作用,这为高等职业教育的发展提供了良好的机遇。

但是也应该看到,我国地区之间的经济水平差距较大,发展极不平衡。此外,在人们收入水平整体提高的同时,收入差别较大,贫富差距明显。这些因素对高等职业教育的发展必然造成一些不利的影响。

三、人口环境

我国是一个人口大国,虽然随着高等教育大众化进程的加快,高校招生人数逐年增加,但每年仍有大量的适龄人口不能进入高校大门接受高等教育。以高等教育资源较为丰富的江苏省为例,近两年高考录取率也只是在70%左右。而且，由于我国计划生育政策的实施，目前处于学龄阶段的青少年大多为独生子女，家庭对这些独生子女都寄予厚望，绝大多数家庭都希望他们能够接受高等教育。由此可见，包括高等职业教育在内的我国高等教育面临着庞大的社会需求，在这一庞大社会需求面前，我国的高等教育资源仍显得相对短缺，高等教育规模仍显不足。

但同时应该看到，由于独生子女政策的影响，今后几年，我国高中阶段毕业生数量将呈现下降趋势，在有些地区，这种下降趋势十分明显，下降幅度很大，这对许多高等学校特别是高职院校来说，带来的影响是较大的。

四、文化环境

在我国传统文化中，一直比较崇尚教育，"万般皆下品、唯有读书高"的观念在许多人心目中根深蒂固。特别是在目前就业竞争压力日益加大的情况下，人们将接受高等教育作为提高就业竞争力、争取就业机会的重要方式，接受高等教育已成为一种生存需要。同时，随着"科教兴国"、"建设创新型国家"等国家战略的实施，"尊重知识、尊重人才"在社会上已蔚然成风，成为国家倡导、社会流行的文化现象。这些为高等职业教育的发展提供了有利的社会文化环境基础。

但是，应该看到的另一方面是，社会上目前在相当一部分人的心目中，高等职业教育依然被看成是非正规的、"次等"的教育。在选择高校时，人们通常都首先考虑普通本科院校，仅把高职院校当成是一种不得已情况下的选择。这对高职院校来讲，无疑是一个不利的因素。

五、科学技术环境

当今世界,科学技术正以一种惊人的速度向前发展,并不断带来社会政治经济和人们生活的深刻改变,也就不可避免地对高等职业教育和高职院校的发展产生越来越重要的影响。一方面,科学技术的重要性越来越凸显,人们学习科学技术的需求越来越强烈,而接受高等教育就是学习科学技术的最好途径之一,因此带来了社会对包括高等职业教育在内的高等教育需求的增长。另一方面,科学技术的发展对教育服务本身产生了深刻影响,它丰富了教学资源和教学手段,多媒体技术目前已在各级各类教育机构得到普遍运用;它拓展了教育传播渠道,网络教育正蓬勃兴起并快速发展;它优化了学习支持体系,信息资源的获得、专业和课程的选择、教与学的交流互动、个别化学习策略的采用更为便利;它密切了学校与外界的联系,使学校越来越成为一个开放的系统而非传统的"象牙塔";等等。这些改变,对高职院校既提供了机遇,也提出了挑战,高职院校必须积极去应对。

第三章

高职院校的顾客及其购买行为分析

培养高级应用型人才是高职院校最根本的职能和使命,是其一切工作的出发点和落脚点。而培养高级应用型人才这一根本职能又可分为两大具体任务,即向学生提供高等职业教育服务和为用人单位培养输送高等职业技术人才。学生是高职院校的培养对象,没有学生存在,高职院校就失去了存在的价值。用人单位是高职院校所培养的高职人才的接受和使用单位,没有用人单位,高职院校的毕业生就没有了去向,高职院校的人才培养工作也就失去了价值。学生和用人单位是高职院校赖以存在的两大根本。因此,高职院校要面向市场开展营销活动,以满足顾客需求、实现自身可持续发展,必须从受教育者和用人单位两个角度对其需求、动机、行为进行深入细致的分析。

第一节 高职院校的顾客及其
需求特征

一、高职院校的顾客

通常意义下,顾客是指某种产品或服务的购买者或接受者。营销的目的是通过创造顾客价值及满足顾客需要来赢得顾客和保留顾客,分析顾客的构成及特征是任何一个组织营销的出发点。因此,高职院校要有效开展营销管理活动,同样必须从分析其顾客入手。

高职院校是在相当于高中阶段教育的基础上,对受教育者实施实际的、技术的、具体职业的课程计划,"其主要目的是让学生获得从事某个职业或行业,或某类职业或行业所需的实际技能和知识,完成这一层次学习的学生获得进入劳务市场所需的能力和资格",即为生产、建设、管理、服务第一线培养、输送具备某一特定职业或职业群所需综合职业能力的高等技术应用型人才。

因此,就高职院校而言,其所提供的产品和面临的顾客均具有两重性:

其一,高职院校是在高中阶段教育基础上向学生提供专门知识、技能和职业道德教育,以使学生获得适应某种职业需要的职业技能和资格的组织,高职院校所提供的这种高等职业教育服务就是其产品(服务);而购买这项产品的学生就是高职院校的顾客。从目前情况看,这类顾客主要是全日制高中阶段毕业生(包括普通高中和中等职业学校毕业生),他们以高考普招、对口单招方式进入高职院校,还包括从初中入学的五年一贯制学生,在五年中他们前三年接受的是高中阶段教育(中等职业技术教育),后两年接受的则是高等职业教育。

其二,高职院校是培养并输送适应社会发展和经济建设需要的高级应用型专门人才的组织,因而其所培养的高职人才即是产品;而接受和使用这些高职人才的用人单位就是高职院校的顾客。

为便于区别高职院校的两类顾客,我们将前者称为高职院校的"学生顾客",后者则称为高职院校的"用人单位顾客"。

二、高职院校学生顾客市场的需求特征

(一) 市场潜量固定

高职院校学生顾客市场主要由完成一定学业(如高中阶段教育)且学业成绩达到一定标准的学生组成,也就是说,这一顾客市场有一定的准入资格限制,存在进入壁垒。以通过高考而进入高职院校的学生为例,只有参加高考并且高考成绩达到规定的分数线的学生才能成为高职院校的潜在学生顾客。而且,每年国家及各地方政府对高职院校招生人数都通过招生计划实行宏观控制。因此,从这个意义上讲,每年的高职院校学生顾客潜在市场的容量是相对固定的,受国家和地方招生计划的制约,在总体上一般不存在可拓展的空间。

（二）需求弹性不大

现代中国,绝大多数家庭都属于"独生子女"型,家庭对子女的成长成才寄予厚望,"望子成龙"、"望女成凤"心切。而受传统观念影响,多数家庭都将读书上大学看成是子女成长成才的唯一路径,因而对子女教育十分重视,竭尽全力支持子女读书求学。在子女成绩达到上大学的标准后,只要上学费用在其支付能力范围内,通常不会因学习费用高而让子女放弃升学。虽然每年都有一些考上大学的贫困家庭子女因付不起学费而放弃求学,但这只是少数情况。从一般情况看,在一定的价格范围内,高职院校学生顾客市场的需求价格弹性不大。

（三）非重复性购买

人的求学过程是由低到高逐级递进的,每一个学习过程通常都不会有再次重来的机会。对高职院校的学生顾客而言,他们对高等职业教育服务的购买选择过程通常都是第一次,而且今后也基本上不存在再次购买的可能。因此,这种对高等职业教育服务的非重复性购买,在高职院校学生顾客的购买过程中体现为决策信息不充分,通常要多方收集信息、进行实地考察、反复比较,购买决策过程较为复杂,而且易受他人观点影响,特别是所谓"权威"或"专家"的意见,常常出现"从众"现象,带有一定的盲目性。

（四）偏好声誉品牌

由于对将要接受的高等职业教育服务的质量缺乏相应的了解,人们在选择过程中,常常倾向于选择社会声誉好、品牌知名度高的院校和专业,认为这样的院校和专业是优质的、可信赖的。同时,社会上普遍存在的"爱面子"、崇尚名校等习俗,以及多数用人单位在用人趋向上的名校情结,也使得人们在选择入学院校时存在普遍的品牌和声誉偏好。

(五) 决策角色多样

虽然直接接受高等职业教育服务的对象是高职院校的学生顾客,但是在入学前选择院校的过程中,作出最终决策的未必是学生顾客本人,对购买决策过程产生影响的也绝非一人。通常对学生顾客购买决策过程产生重要影响的有家长、老师、亲朋、同学、家长的同事、社会媒体,以及为学生及其家长所信任的其他"专家"、"权威"等。

三、高职院校用人单位顾客市场的需求特征

(一) 派生性需求

用人单位顾客市场对高职毕业生的需求,多数源于用人单位数量增加、规模扩大、业务拓展等因素,这些因素与整个社会经济形势密切相关。而社会经济形势的好坏,最终是由消费品市场的需求决定的。如果消费品市场疲软,宏观经济形势不好,整个社会的用人单位会出现数量减少、规模缩小或业务收缩等趋势,用人单位对高职毕业生的需求量也会减少。如果消费品市场活跃,宏观经济形势看好,就会产生新的用人单位,原有用人单位也会扩大经营规模或拓展业务领域,这些都将导致用人单位用人需求增加。因此,用人单位顾客市场对高职毕业生的需求是一种派生需求,它受社会经济形势的影响,归根到底,受消费品市场需求情况的影响。

（二）专业化购买

通常每一个用人单位都有专门的职能部门(如人力资源管理部门)负责人员的选拔、录用,这些部门根据单位经营的需求确定人才需求的数量、岗位、标准,在一定范围内通过多种渠道收集、了解有关人才供方信息,并发布人才需求信息,通过一定的程序考核、选拔、录用人才。这些部门的人员通常都受过专业化训练,具有相关的理论知识和实践经验,而且通常对相关人才的供需信息较为了解。因而,用人单位对高职人才的购买(录用)过程呈现出计划性、组织性、程序化、规范化、专业化等特点。用人单位的专业化购买特征,要求高职院校在进行高职人才营销时,应有专业化营销人员与之相对应。

（三）区域集中性

除了一些通用类专业的用人单位较为分散以外,高职院校所培养的一些专门技术人才所面向的用人单位通常呈现出一定的区域集中性。这主要是因为我国大部分地区的经济结构和产业结构具有一定的区域性。以江苏为例,高职院校培养的对外贸易类专门人才多数流向苏州一带,因为那里是全省对外贸易最为发达的地区;而数控类人才则通常流向无锡及其周边地区,因为那里是全省乃至全国的现代制造业中心。

（四）供需关系密切

在高职院校的用人单位顾客市场上,长期密切的合作关系越来越成为影响用人单位人才录用的重要因素。许多高职院校与用人单位通过校企合作,双方共同制订人才培养计划和培养方案,用人单位参与高职院校的教学计划、教学内容、教学过程设计,并为高职人才培养提供实验实训场所、实践教学师资,高职院校的师生参与用人单位产品设计、研发、生产、销售、服务等过程。在这种合作关系中,用人单位对高职院校学生的知识能力结构、人才的培养质量较为了解、熟悉,而高职院校对用人单位的人才需求也较为熟悉,培养方案具有针对性,培养的人才适销对路,因此,用人单位更倾向于接受合作院校的毕业生。这种"订单式"培养越来越成为高职人才培养的发展趋势,也是高职院校在培养、输送人才方面有别于其他普通高校的一个重要特征。

第二节　高职院校学生顾客购买行为分析

一、高职院校学生顾客的需求分析

(一)高职院校学生顾客调查的有关情况

为分析学生顾客对高职院校所提供教育服务的需求情况及其影响因素,笔者曾于2003—2004年在江苏等地选择了12所普通高级中学和5所高职院校进行了随机抽样调查。虽然这次抽样调查的时间已过去5年,高考政策、人们观念及经济社会发展等情况均发生了很大变化,但调查的结果仍能说明一些问题,对我们的分析仍具有启发意义,为此将有关调查情况列举如下。

在对高三学生的问卷调查中,共收回有效答卷757份,有关"你对高职院校的看法如何"、"你会报考高职院校吗"、"如果你的高考成绩介于本科录取分数线与高职院校录取分数线之间,你将如何选择"等方面的调查结果统计情况分别如表 3-1、表 3-2、表 3-3、表 3-4所示。

表 3-1　高三学生关于"你对高职院校的
看法如何"的调查结果统计

看　法	不如普通高校低人一等	与普通高校无差别同样有出路	优于普通高校更能学到知识和技能
人　数	491	229	37
百分比	64.86	30.25	4.89

表 3-2　高三学生关于"你会报考高职院校吗"的调查结果统计

选择项	报考	不报考	不确定
人　数	237	316	204
百分比	31.31	41.74	26.95

表 3-3　高三学生关于"你会报考高职院校吗"的调查结果分布统计

学校编号	1	2	3	4	5	6	7	8	9	10	11	12
收回问卷	64	65	68	62	70	61	65	66	57	59	64	56
"报考"人数	36	38	29	14	31	9	20	17	10	8	13	12
"不报考"人数	9	11	12	30	16	46	21	41	38	41	23	28
"不确定"人数	19	16	27	18	23	6	24	8	9	10	28	16

表 3-4　高三学生关于"如果你的高考成绩介于本科录取分数线与
高职院校录取分数线之间,你将如何选择"的调查结果统计

选择项	补习,明年再考	报高职院校	不再升学	不确定
人　数	136	511	34	76
百分比	17.97	67.50	4.49	10.04

　　在对高职院校在校生问卷调查中,共收回有效问卷 504 份,有关"你对高职院校的看法如何"、"你报考高职院校最主要的原因"、"你选择学校时主要是谁的决定"、"你对所在高职院校的满意度如何"等方面的调查情况分别如表 3-5、表 3-6、表 3-7、表 3-8 所示。

表 3-5　高职院校在校生关于"你对高职院校的看法如何"的调查结果统计

看　法	不如普通高校 低人一等	与普通高校无差别 同样有出路	优于普通高校 更能学到知识和技能
人　数	245	196	63
百分比	48.61	38.89	12.50

表 3-6　高职院校在校生关于"你报考高职院校最主要的原因"的调查结果统计

原　因	分数原因	取得文凭	就业预期	经济原因	其他
人　数	297	78	74	43	12
百分比	58.93	15.48	14.68	8.53	2.38

表 3-7　高职院校在校生关于"选择学校时主要是谁的决定"的调查结果统计

决定人	本人	家长	老师	亲友	其他
人　数	186	247	53	14	4
百分比	36.90	49.01	10.52	2.78	0.8

表 3-8　高职院校在校生关于"你对所在高职院校的满意度如何"的调查结果统计

满意度	很满意	满意	一般	不满意	很不满意
人　数	38	69	184	117	96
百分比	7.54	13.69	36.51	23.21	19.05

　　在对 93 位已毕业的高职院校毕业生的问卷调查中,有关的调查结果分别如表 3-9、表 3-10、表 3-11 和表 3-12 所示。

表 3-9　高职院校毕业生关于"你对高职院校的看法如何"的调查结果

看　法	不如普通高校 低人一等	与普通高校无差别 同样有出路	优于普通高校 更能学到知识和技能
人　数	47	42	4
百分比	50.54	45.16	4.30

表 3-10　高职院校毕业生关于"你报考高职院校最主要的原因"的调查结果

原　因	分数原因	取得文凭	就业预期	经济原因	其　他
人　数	63	16	11	3	0
百分比	67.74	17.20	11.83	3.23	0

表 3-11　高职院校毕业生关于"选择学校时主要是谁的决定"的调查结果

决定人	本　人	家　长	老　师	亲　友	其　他
人　数	29	48	11	2	3
百分比	31.18	51.61	11.83	2.15	3.23

表 3-12　高职院校毕业生关于"你对所在高职院校的满意度如何"的调查结果

满意度	很满意	满意	一般	不满意	很不满意
人　数	3	8	35	33	14
百分比	3.23	8.60	37.63	35.48	15.05

（二）影响高职院校学生顾客需求的因素分析

从以上的调查分析可以看出,影响高职院校学生顾客需求的因素是多方面的,主要可归结为以下几个方面:

1. 顾客教育消费偏好

这实际上是社会文化习俗对人们购买行为的影响。文化是人类欲望和行为的最基本的决定因素。人们在成长和社会交往过程中学到了基本的一套价值、知觉、偏好和行为的整体观念,这些观念会影响人们的购买需求。对高职院校而言,潜在学生顾客的消费偏好是影响其购买行为的一个重要因素。

崇尚教育、看重文凭是目前我们所处社会的一个普遍的文化现象。根据我国的有关政策规定,在高职院校毕业后可获得相应的高等教育专科文凭,这是相当一部分考生报考高职院校的一个重要原因,在我们调查的高职院校在校生和毕业生中,分别有 15.48% 和 17.20% 的人最主要的报考动机就是为了获取大学专科文凭。另外一个方面,目前我国社会普遍存在追求高学历的现象,在大众眼里,学历越高,就越是高级人才,其价值也就越高。用人单位在录用人员时,也特别看重学历,相当一部分单位存在着片面追求高学历的现象,在用人方面制定了很高的学历门槛,有的单位甚至提出了"非本科以上人员不予录用"的用人标准。在这种社会价值观的驱使下,大多数学生在选择高校时,总是想方设法地去上本科院校,只要能有机会升入本科院校,一般就不会去选择只属大专层次的高职院校。

对高职院校的认知程度,即人们是如何看待高职院校的? 高职院校在人们心目中的地位如何? 这是对学生顾客购买行为具有最广泛和最深远影响的因素。随着我国经济体制和教育体制改革的不断深入,高职教育与社会经济发展的关系越来越密切,大力发展高职教育已成为政府和社会普遍关注的问题。此外,随着我国融入世界经济一体化进程的加快,发达国家对高职教育的重视也深刻地影响着国人对高职教育的认识和看法,在人们的心目中高职教育的地位正逐步提高。然而,传统的观念根深蒂固地影响着人们的思想,鄙薄高职教育的现象在我国仍很盛行。在我们对拟升学的高中毕业生、高职院校在校生及毕业生 3 个组别的调查中,认为高职院校与普通高校相比是低人一等的教育的人数比例分别达到 64.86%、48.61% 和 50.54%;而在第一个组别中明确表示不报考高职院校的比例达

41.74%;即使高考成绩介于普通高校录取分数线与高职院校录取分数线之间也不选择高职院校,宁愿补习后来年再考的和不再升学的比例累计达24.57%。这些数据充分说明了人们对高职院校的看法深刻地影响着高职院校潜在学生顾客的购买行为。

2. 相关群体的影响

所谓相关群体,是指那些直接或间接地影响潜在顾客的看法和行为的群体。潜在学生顾客购买高等职业教育服务这一行为受到许多群体的影响,主要包括家庭、亲友、老师、同学、邻居等。

家庭对购买者的行为影响力很大,这些购买者从小与父母生活在一起,经济和生活上都依赖于父母,而且目前的中国家庭大多数是独生子女,这些子女对父母的依赖性很强,特别是子女上学被中国的父母当成子女的终身大事和家庭的头等大事,父母也极力去影响其子女的购买行为,因此父母的意见和看法对子女的购买行为有着巨大的影响甚至起着决定性的作用。从表3-7和表3-11可以看出,在我们的抽样调查中,有49.01%的高职院校在校生和51.61%的毕业生选择高校时主要是听从家长的意见。

老师的意见是影响学生购买行为的另一个重要因素。中国的学生多数唯师命是从,老师通常是公认的权威,多数学生在填报升学志愿时也往往征求老师的意见。表3-7和表3-11反映出在高职院校在校生和毕业生两类被调查对象中,分别有10.52%和11.83%在选择时听从的是老师的意见。

亲友、邻居等群体的意见也会对购买者的购买行为产生影响,特别是其中某些人在教育行业供职或被认为对教育行业熟悉时,他们的影响往往是巨大的。表3-6所示的调查结果中,有2.78%的高职院校在校生选择高校时亲友的意见起了主导作用。

同学的态度也是学生顾客选择院校时的重要参照。如果某位学生所在的班级或学校很少有人报考高职院校,则其报考高职院校的可能性也很小;反之,如果其所在的班级或学校有多数人表示将报考高职院校,则该学生报考高职院校的可能性则较大,这一点可以从我们调查的数据中得到佐证。在"你会报考高职院校吗"这一问题的调查结果中,选择"报考"和"不报考"的都存在同一所学校的集中性和不同学校之间的明显差异性,如表3-3所示。12所学校(每所学校发放的问卷数相近)中选择"报考"的共有237人,其中相对集中于5所学校,这5所学校中选择"报考"的有154人,占选择"报考"总人数的64.98%;而选择"不报考"的316人中,较集中的4所学校中有166人,占全部选择人数的52.53%。

3. 高考成绩(或对高考成绩的预期)

这是在现有的社会文化环境下对学生顾客的购买行为影响最大的因素。在我国现有的教育制度下,接受高等教育都必须通过高考,有一定的录取分数线,而普通本科院校的录取分数线都高于高职院校。考生由于高考成绩达不到普通本科院校录取分数线,而高职院校毕业后也能取得国民教育大专文凭,同时还有通过"专转本"考试进入普通本科院校的机会,为此多数人会选择报考高职院校。尽管其中有些人会选择参加补习,来年再参加高考,以期能够进入普通本科院校,但其中多数人由于对继续补习的预期效果不确定,或者不愿再支付补习费用,或者希望能够早点就业等方面的原因,仍会选择到高职院校就读。在我们对504名高职院校在校生和93名高职院校毕业生的抽样调查中,分别有297人和63人称他们选择高职院校的最主要原因就是高考分数问题,占总调查人数的比例分别为58.93%和67.74%。在对757名即将面临高考的高中毕业生的问卷调查中,他们对"如果你的高考成绩介于本科录取分数线与高职院校录取分数线之间,你将如何选择"这一问题的回答较为集中,有

511人表示将报考高职院校,占总调查人数的67.50%。这些数据表明,高考成绩是目前影响考生选择是否填报高职院校的最主要、最直接的原因。

4. 就业预期

教育消费者在选择高校时,考虑得较多的往往是毕业后的就业去向及其可能性。目前,我国正面临着高校毕业生就业、城镇新增劳动力就业、农村人员进城务工和下岗失业人员再就业"四峰叠加"的局面,就业形势较为严峻。人力资源和社会保障部公布的全国人才市场供求信息中,2007年一至四季度职位与求职人员之比分别为$1:2.35$,$1:2.43$,$1:2.47$,$1:2.51$。在这种激烈的就业竞争中,虽然作为"天之骄子"的高校毕业生占有一定的优势,然而其就业形势也不容乐观。随着我国高等教育"大众化"的来临和"精英教育"时代的结束,高校毕业生供给紧缺的时代已经一去不复返,大学毕业找不到工作的现象已不在少数,目前高校毕业生就业已成为国家和各级政府十分关注、着重解决的重点难题之一。与普通本科院校相比,高职院校由于学历层次低,毕业生就业通常比本科院校更为困难,因而导致不少考生不愿报考高职院校。然而这种情况不是绝对的,一些高职院校由于瞄准所在地域的社会发展和经济建设的实际办学,专业设置适销对路,毕业生就业形势看好,甚至供不应求,从而吸引了不少报考者。随着这些高职院校毕业生的就业形势看好、薪酬一路走高,其招生形势也异常喜人,重点、热门专业的分数线也"水涨船高",如江苏省许多高职专业的录取分数线远远超过了本科三批的录取线,不少还超过了一些普通高校本科二批的录取分数线。就业预期对教育消费者的购买行为的影响是显而易见的,在我们进行抽样调查的高职院校在校生及毕业生中,就分别有14.68%和11.83%的人称他们选择高职院校最主要的原因正是出于"就业预期"。

5. 家庭经济状况

在选择购买何种高等教育服务时,家庭经济状况也是影响购买者行为的一个重要因素。目前我国高校收费标准往往是名牌高校高于一般普通高校,一般普通高校又高于高职院校。特别是高考成绩处于报考学校计划外"点招"分数段的考生,要想取得入学资格,除正常学杂费外,还需要额外交纳高昂的"点招费",这对一个普通的工薪阶层的家庭而言,实在是一笔相当可观的支出。以江苏的高校为例,根据官方公布的数据,目前普通高校本科学费收费标准一般为每年4 600元,住宿费按平均每年1 000元计算,生活费按平均每年3 000元计算,书本费、资料费等按平均每年1 000元计算,4年共计约需38 000元;公办高职院校的学费一般为每年4 140元,住宿费、生活费、书本费与普通高校按同一标准计,3年共计约需28 000元,两者相差10 000多元。由于高职院校学制较普通本科院校短一年,若考虑毕业生提前工作一年的收入,两者费用差距则更大。事实上,与公办高职院校形成直接竞争的通常是一些民办本科院校,同样以江苏为例,民办院校的学费一般为每年13 000元左右,不考虑其他费用,仅学费一项,4年民办本科与3年公办高职相差近40 000元。因此费用问题在学生选择高校时成为影响其购买行为的一个重要因素。在我们所调查的高职院校在校生及毕业生中,分别有8.53%和3.23%的人称他们之所以选择高职院校,其中最主要的原因就是费用问题。

二、高职院校学生顾客的购买决策过程分析

为分析高职院校学生顾客的购买决策过程,笔者对许多高职院

校在校生进行了访谈,同时还走访了许多学生家长。通过对调查走访结果的分析,笔者认为,虽然高等教育服务是一种特殊的产品,购买者的决策过程也较为复杂,但这一过程同样可以用购买者决策过程的"阶段模式"来解释,大体上可分为 5 个阶段:购买需求产生阶段;信息收集阶段;可供选择方案的评估阶段;购买决策阶段;购后行为阶段。上述过程如图 3-1 所示。

图 3-1　学生顾客购买过程的 5 个阶段

(一) 购买需求产生阶段

即教育消费者产生购买高等教育服务欲望的阶段。其直接原因是因为学生在参加高中阶段学习,即将毕业,面临毕业后的去向选择。通常大多数高中阶段毕业生都希望能够进入高等学校学习。我国改革开放 30 年来,教育事业的地位不断提升,教育被放到优先发展的战略要位,科教兴国、科教兴省、科教兴市被列为各级政府的重要战略,人们越来越认识到教育对经济建设和社会发展的重要作用,教育得到了社会各界的高度重视,社会经济发展对劳动者的教育程度的要求也越来越高,不接受良好的教育将很难在社会中有所作为的思想已普遍形成。为了将来能有一个好工作、谋得一份好职业,多数青年人都希望能够进入高等学府学习。同时,由于我国计划生育政策的实施,目前高中阶段的学生绝大多数都是家中的独生子女,"望子成龙"的心理也使得中国的家长们为子女的升学而想方设法、竭尽全力。此外,随着我国教育体制改革的不断深化,高等教育正从过去的"精英教育"向"大众化教育"转变,人们接受高等教育的机会大大增加,这也刺激了人们接受高等教育的欲望。

当然,这里还必须区别欲望与需求的概念。人们对高等教育的欲望是指希望能够接受高等教育的心理状态,它能否转变为需求,还有赖于其他方面的条件。从营销学角度讲,需求是指对有能力购买且愿意购买的某个具体产品的欲望。人们对高等教育的欲望要转变为需求,除了愿意购买之外,还必须具备购买能力。这里的购买能力包含两个含义:一是接受高等教育是需要付费的,要能够承担得起相应的费用;二是接受高等教育需要符合一定的条件,如参加高考并且成绩在录取分数线以上。因此,绝大部分高中阶段的学生都会有购买高等教育的欲望,但他们并非都有购买需求。在确认家庭经济能够承担、学生的学业成绩可能符合条件后,购买高等教育的需求也就产生了。对经济承受能力和学业成绩的信心往往会直接影响着他们对高等教育的需求强度。需求强度的差异又往往会在购买决策中产生影响。

(二) 信息收集阶段

一个被唤起需求的消费者往往会去寻求更多的信息。我们可以把这些信息收集区分为两种状态:适度收集状态和积极收集状态。适度收集状态通常发生于购买行为发生之前相对较早的时期,消费者对诸如高考、高等学校等方面的信息会变得更加关心,他们会有意识地注意这方面的公共报道、广告宣传以及周围人的选择,会与其他人谈论相关的话题。积极收集状态一般发生于临近购买行为发生前的一段时间,在这种状态下,消费者会主动寻找有关的介绍材料,收集相关信息,积极向熟悉的人、权威机构、有关高校咨询有关情况,甚至会到有关高校实地考察。

消费者所收集的信息的主要来源可分为 4 种:个人来源、商业来源、公共来源和经验来源。个人来源是指通过家庭成员、亲友、邻居、同事、同学、熟人等获得的信息,这些信息往往会对消费者的购买决策起到重要的作用,而且这一类信息往往是营销者难以控制的。商业来源主要是指从高等学校自身广告、宣传材料等方面获得的信息，这是营销者所控制的信息，但购买者对其信任程度往往不及其他来源。公共来源主要指大众传媒的报道、政府有关部门或有关的社会团体与组织所公布的材料。经验来源是指购买决策者自身在工作、社会交往、实地考察过程中形成的体验，这类信息对购买决策的作用往往是决定性的。

（三）可供选择的方案评价阶段

通过对两个阶段、4 种来源信息的综合、分析，消费者首先会在以下几个方面进行选择：在可以选择的范围内选择哪一类高校、选择哪些地区的哪些高校、选择哪些专业等，在此选择的基础上形成几个可供选择的决策方案。然后，对这些方案进行综合评价，评价过程可用以下模型来模拟。

消费者在购买产品时都将每个产品看成是能提供其寻找的利益和满足其需要的一组属性，购买高等职业教育服务的消费者也是如此。消费者在购买高等职业教育服务时，会通过对一些属性的综合分析来评价决策方案，这些属性即构成了其进行方案评价的指标。为了弄清消费者在进行方案评价时究竟考虑哪些指标，我们对 12 所普通中学即将参加高考的学生及其家长做了问卷调查，通过对 757 份答卷的统计，我们发现这些指标主要有：高校的知名度、专业与学生兴趣爱好的相近度、专业适用性、毕业生就业率、收费标准、校园环境及后勤服务、被录取的可能性、学校地理位置及交通便利程度等。

虽然每个消费者的评价过程不尽相同，但调查显示，这些指标具有较强的共性。但由于每个消费者的自身情况不同，因此在具体评价时对每个指标赋予的权重也差异很大。根据这些指标和权重，消费者会对每个可供选择的方案给出一个综合评价值。

假设某个消费者有 4 个可供选择的方案(A,B,C,D),他对每个指标赋予的权重及对每个方案评价情况如表 3-13 所示:

表3-13 高等教育服务购买者决策方案评价模型示例

备选高校及专业	评价指标及其权重								
	高校知名度(15%)	专业与爱好相近度(10%)	专业适用性(20%)	毕业生就业率(20%)	收费标准(5%)	环境与设施(5%)	录取可能性(20%)	地理位置及交通(5%)	综合评价值
A	9	3	6	7	3	7	6	6	6.25
B	6	8	7	8	5	4	8	5	7
C	3	6	8	6	9	8	9	4	6.7
D	4	9	9	8	6	6	9	3	7.45

则 4 个方案的综合评价值分别为:

$9 \times 15\% + 3 \times 10\% + 6 \times 20\% + 7 \times 20\% + 3 \times 5\% + 7 \times 5\% + 6 \times 20\% + 6 \times 5\% = 6.25$

$6 \times 15\% + 8 \times 10\% + 7 \times 20\% + 8 \times 20\% + 5 \times 5\% + 4 \times 5\% + 8 \times 20\% + 5 \times 5\% = 7$

$3 \times 15\% + 6 \times 10\% + 8 \times 20\% + 6 \times 20\% + 9 \times 5\% + 8 \times 5\% + 9 \times 20\% + 4 \times 5\% = 6.7$

$4 \times 15\% + 9 \times 10\% + 9 \times 20\% + 8 \times 20\% + 6 \times 5\% + 6 \times 5\% + 9 \times 20\% + 3 \times 5\% = 7.45$

经过综合评价,该顾客对方案 D 的认知价值最高,因此他的购买意图将偏向该方案所对应的高校及专业。

当然顾客的评价过程是相当复杂的,而且顾客也未必如模型所描述的那样去分析、比较,但这一模型可以在大体上说明影响购买者对可供选择方案评价的因素以及购买者的心理过程。

(四) 购买决策阶段

在对可供选择的方案进行了综合评价后,购买者就形成了购买意图。但购买意图未必就是最终的购买决策。如果不存在其他任何因素的影响,购买意图与购买决策是一致的。但在购买意图确定之后、购买决策作出之前,一些可能的因素也会对购买决策发生作用而使得其与购买意图不完全一致。这些因素主要包括两个方面:一是他人态度;二是未预期的情况。

正如我们在前面曾分析过的一样,家人、老师、亲友等人的态度会对高等教育服务购买者的购买决策产生影响。在购买者形成购买意图后,如果这些人持有不同意见甚至是强烈反对意见,则购买者坚持原先的购买意图的可能性就减小了。比如说,决策者是学生的家长,在其倾向于选择方案D后,该学生坚决反对;或是决策者是学生本人,但他的购买意图不为家长所赞同;或者决策者所信得过的老师、亲友对他们的购买意图持否定态度。在这些情况下,决策者都有可能改变原先的选择,其改变的可能性取决于反对者态度的强烈程度以及他对决策者的影响力大小。

某些突发事情也可能会改变决策者的购买意图。比如决策者所选择的高校突然发生了影响极为不好的恶性事件;决策者在偶然的情况下获悉另外某所高校的某个专业从各方面综合考虑明显优于原先的几个备选方案;或者一些突发情况扩大或缩小了购买者原先选择的范围而需重新考虑备选决策方案,等等。

(五) 购后行为阶段

购买决策作出后,如果消费者进入所选定的高校和相应的专业学习,则会对所购买的高等教育服务产生直接体验。在体验过程中,学生顾客会对所购买的高等教育服务的满意程度作出评价,这种满意程度又会影响到他的购后行动。

进入高校学习后,消费者会将现实情况与原先的预期进行比较,从而产生满意或不满意的感受。如果实际体验与原先预期基本相符,或者发现一些原先未预期到的长处,则消费者则会感到满意;反之,如果在体验过程中发现许多原先未预期到的缺陷,特别是有些高校的宣传材料言过其实或者原先的承诺不能兑现,消费者则会产生不满意感,而且现实与预期的差距越大,则不满意感就越强烈。笔者曾就高职院校在校生及毕业生对就读院校的满意度进行抽样调查,调查结果如表3-8和表3-12所示,从中可见,学生顾客确实会对所选择的高校作出满意和不满意的评价,而且目前的普遍情况是学生顾客对高职院校的满意度不高。

消费者的满意或不满意感又会影响其购买后的行动。对高校的在校学生而言,购后行动主要体现在两个方面。第一个方面是其在校的表现,如果感到满意,则会增强其学习的兴趣和主动性与积极性,能够学有所成,在毕业后得到用人单位和社会的好评;如果感到不满意,则会产生懈怠情绪,学业荒废,学无所成,有的甚至会退学或出现违纪违法现象,这势必会对学校的声誉产生不利的影响。第二方面是学生会直接向社会传播他的满意或不满意感。以上这两个方面都会对学校的形象、声誉产生较大的影响,从而会影响到以后其他消费者的选择。因此,高职院校在营销过程中应对学生顾客的满意度给予充分的重视。对目前在高等教育市场的竞争中明显处于不利地位的高职院校而言,关注学生顾客的满意度是建立学校良好的声誉和形象、加强口碑营销的一个重要方面。

三、高职院校学生顾客购买行为分析的基本结论

通过对高职院校学生顾客购买行为的影响因素和购买决策过程的分析,可以得出如下基本结论:

（1）高等职业教育有其特定的市场,高职院校有其特定的学生

顾客,这些顾客主要由那些已完成一定学业、学业成绩达到高职院校入学标准、希望接受高等职业教育、能够支付相应费用的学生群体组成。

（2）目前,我国社会特别是高职院校现实的和潜在的学生顾客中,对高职院校的认同度不高,鄙薄、轻视高职院校的现象仍然存在,绝大多数潜在顾客仅将高职院校作为不能录取到普通本科院校后的次级选择。因此,高职院校必须将扭转这一局面作为其营销活动的重点之一。

（3）在学生顾客购买高等职业教育服务的过程中,最主要的决策者是家长,其次是学生本人。高职院校应将这两类对象作为其营销活动最主要的目标受众。

（4）就业预期是影响学生顾客购买行为的一个重要因素,高职院校应将毕业生就业工作作为其营销活动的一个重要内容。

（5）价格是高职院校吸引学生顾客的一个优势,高职院校在其营销活动中应努力保持和扩大这一优势。

（6）学生顾客的购买过程是一个多因素影响的多阶段决策过程,高职院校在其营销活动中必须对学生顾客购买过程的各个阶段及其影响因素给予关注。

（7）目前,高职院校学生顾客的购后满意度较低,高职院校在其营销过程中必须对影响学生顾客满意度的因素进行分析,找出问题所在,努力改善,以提高学生顾客的满意度。

第三节　高职院校用人单位顾客购买行为分析

一、高职院校用人单位顾客需求情况的调查与分析

为了解并分析用人单位顾客的需求情况,笔者曾于 2004 年对江苏、浙江、北京、陕西等地的 113 家单位的大中专毕业生需求情况做了调查,其中包括 13 家事业单位、8 家国有企业、8 家三资企业、26家私营企业、58 家其他所有制形式的企业,有关调查结果如表 3-14和表 3-15 所示。

表3-14　按单位性质分类的用人需求调查结果统计

单位性质		硕士及以上	本科	高职高专	中职、技校等	合计
事业单位	需求人数	13	188	20	0	221
	百分比	5.88%	85.07%	9.05%	0	100%
国有企业	需求人数	23	107	308	0	438
	百分比	5.25%	24.43%	70.32%	0	100%
三资企业	需求人数	1	29	6	0	36
	百分比	2.78%	80.55%	16.67%	0	100%
私营企业	需求人数	4	84	182	22	292
	百分比	1.37%	28.77%	62.33%	7.53%	100%
其他所有制企业	需求人数	15	606	448	26	1095
	百分比	1.37%	55.34%	40.92%	2.37%	100%
合计	需求人数	56	1014	964	48	2082
	百分比	2.69%	48.70%	46.30%	2.31%	100%

表3-15　按岗位性质分类的用人需求调查结果统计

岗位性质		硕士及以上	本科	高职高专	中职、技校等	合计	各类岗位占总需求的比重
企业管理类	需求人数	11	153	117	4	285	13.69%
	百分比	3.87%	53.68%	41.05%	1.40%	100%	
工程技术类	需求人数	27	561	259	0	847	40.68%
	百分比	3.19%	66.23%	30.58%	0	100%	
研发设计类	需求人数	18	138	8	0	164	7.88%
	百分比	10.97%	84.15%	4.88%	0	100%	
技术操作类	需求人数	0	52	216	10	278	13.35%
	百分比	0	18.71%	77.70%	3.59%	100%	
销售或营销类	需求人数	0	79	287	21	387	18.59%
	百分比	0	20.41%	74.16%	5.43%	100%	
行政或服务类	需求人数	0	31	77	13	121	5.81%
	百分比	0	25.62%	63.64%	10.74%	100%	

从表中所列情况可以看出：

（1）在所调查的用人单位对大中专毕业生的需求中，目前以普通高校本科毕业生和大专层次的高职院校毕业生为主，其中对高职院校毕业生的需求仅次于普通高校的本科毕业生；

（2）从用人单位性质看，事业单位、三资企业倾向于使用普通本科院校毕业生，而国有企业、私营企业和其他所有制形式的企业对高职院校毕业生的需求量较大；

（3）从不同岗位对大中专毕业生的需求来看，企业管理、工程技术、研发与设计等类岗位人才需求层次较高，以本科层次为主，并对硕士以上层次有一定的需求，而技术操作、销售或营销、一般行政与服务类岗位则以专科层次的高职院校毕业生为主；

（4）在各类岗位中，工程技术类岗位对大中专毕业生需求量较大，销售或营销类次之，企业管理、技术操作类岗位也有一定的需求量，研发设计、一般行政与服务类岗位需求量相对较少。

二、高职院校用人单位顾客的人才购买决策过程 及影响因素分析

除上述对用人单位的人才需求情况调查与分析外,笔者还走访了数十家用人单位,以了解用人单位顾客的购买决策过程及其影响因素。用人单位顾客的人才购买过程与学生顾客的教育服务购买过程存在相当大的差异,其购买过程大体上可以分为以下7个阶段:用人需求产生阶段;招聘信息发布阶段;应聘信息收集阶段;方案选择及决策阶段;试购阶段;正式购买阶段;购后行为阶段。如图3-2所示。

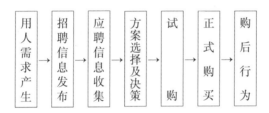

图3-2 用人单位的人才购买过程

(一) 用人需求产生阶段

用人单位或是由于业务发展的需要,或是由于某些岗位人员需要更换,由此产生用人需求。一般是由需增加用人的部门的管理人员或单位的劳动、人事部门首先提出,经决策层商定后,形成具体的用人计划,包括人员的总需求量、岗位类型、每类岗位的需求量、所需求的人才规格等。

在这一阶段,有许多因素会对用人单位的用人需求产生影响,如用人单位的经营状况及发展前景、现有人才状况、经营方针及目标

等。一个组织是否需要增加用人以及需增加什么类型的人才在很大程度上取决于该组织的现有效益、经济前景和发展态势。现有效益较好并呈现良好的上升趋势的组织,往往会因业务量增加的需要而扩大用人规模;相反,现有经营状况不佳或效益呈下滑趋势的组织大部分不会产生新增用人需求,这类单位中有少数会招聘、录用一些新的人员,但其所需求的主要是有利于扭转单位当前不良状况的技术或管理人才,而且录用的数量往往很小。有新增人员需求的单位中所需求的人员类型也取决于岗位的需要,如现有哪些岗位缺人,未来发展需要增加哪些岗位等。单位的经营方针和目标也会影响其用人需求。有的单位在当前经济效益和预期前景较好的情况下,会扩大经营规模或经营范围,则必然会产生增加用人的需求;有的单位则注重组织的适度规模,即使在效益较佳、前景看好的情况下也不追求经营规模或经营范围的扩大,这样它就不会轻易增加用人。有些单位致力于经营某些具有技术性的业务或高技术含量的业务,则在用人方面对学历、专业等要求相对较高,这些单位往往对高校毕业生特别是其中较高层次的人才有一定的需求量;而有些单位致力于经营一些简单的服务性业务,则往往倾向于使用不具备高等学历、薪酬相对较低的城镇下岗职工或农村务工人员。

(二) 招聘信息发布阶段

根据用人需求计划,相关职能部门(人力资源管理部门)通过一定的途径和方式发布具体的招聘信息,包括招聘的岗位、人员数量、对每一类人员的具体要求等。信息发布的方式通常有单位内部媒体、社会公众媒体(户外海报、报刊、广播、电视、计算机网络、邮政信函)、举行专门的人才招聘会等。

在这一阶段,对用人单位购买行为可能产生影响的因素有用人单位对各类大中专毕业生的认识和接受程度、用人偏好以及人才供方单位与其沟通程度。学历层次通常是招聘信息的一个重要内容，在招聘信息发布过程中，用人单位往往对其所需求的人才都会提出明确的学历要求。这一要求在很大程度上受有关决策者对各层次大中专毕业生的认可和接受程度、用人偏好等，如有些用人单位明确规定"非本科以上不予录用"，用人门槛很高，对高职院校毕业生存在着鄙薄和排斥现象；而有些单位对一线的生产、技术等岗位更倾向于录用高职院校毕业生。供方单位与用人单位的沟通程度和关系密切程度也会在这一阶段产生影响，如有些高校加强与用人单位的沟通和联系，彼此建立了良好的关系，用人单位会专门向这些院校发布招聘信息，甚至面向这些院校举办专门的人才招聘会等。从这一角度看，高职院校面向用人单位开展关系营销有其重要的意义。

（三）应聘信息收集阶段

招聘信息发布后，相关职能部门收集有关应聘者的信息，并加以整理。有些岗位所招聘的人员需要进行面试的，一般也安排在这一阶段。

（四）方案选择及决策阶段

相关职能部门对应聘人员的有关信息进行收集、整理后，根据符合录用条件的人员的有关信息形成可供选择的备选方案，通过一定的决策程序，形成最终的录用方案。

（五）试购阶段

这是人才市场不同于其他市场的一个重要特征。在用人单位确定了录用人员方案后，即与录用人员签订试用协议，进入用人单位人才试购阶段，即通常所讲的试用期。在这一阶段，用人单位对试购的人才按照相应的岗位要求进行使用、考核，使用和考核情况将决定是否正式录用。

在招聘信息发布、方案选择及决策、试购 3 个阶段中,用人单位对各类大中专毕业生的认识和接受程度、用人偏好以及人才供方单位与其沟通程度同样会产生影响。此外,用人单位有关决策者的人际因素也会产生影响,这些人员当中可能会有人出于自身人际关系方面的因素而提出倾向性的意见或作出倾向性的行动。比如,他希望与他有一定利益关系的人能到该组织工作,他会在组织作出用人决策时或在具体的录用过程中发挥自己的影响力。这种情况在我国具有一定的普遍性。在笔者对 93 位高职院校毕业生的调查中,其中有 76 位毕业生已就业。这 76 位已就业的毕业生就业方式的调查结果如表 3-16 所示。其中,主要依靠亲友或熟人的帮助而获得目前就业岗位的有 31 位,占 40.79%,应聘与亲友或熟人帮助相结合的有17 位,占 22.37%,两者相加,共计 48 位,占已就业人数的 63.16%。

表 3-16　高职院校毕业生求职方式调查结果统计

求职方式	亲友或熟人帮助	应聘与托人帮助相结合	学校就业推荐	完全自主求职
人　数	31	17	6	22
百分比	40.79	22.37	7.89	28.95

(六) 正式购买阶段

经过一个试用期的使用、考核后,若用人单位对试用情况比较满意,则会与所招聘的人员签订正式录用合同,用人单位即完成了人才的正式购买。

在这一阶段,除上述应聘信息收集、方案选择与决策、试购 3 个阶段所列因素外,还有一个重要的影响因素就是试购阶段所录用的毕业生在试用期的工作表现、其所学知识和技术应用于实际的情况。

（七）购后行为阶段

在正式录用合同签订后,用人单位将进一步对所录用人员进行使用、培养,并支付相应的报酬。

在这一过程中,用人单位同样对所购人才形成一个满意或不满意的评价。用人单位的满意度将会影响其购后行动。如果比较满意,则会在合同期满后继续有意聘用该员工,并可能在薪酬、职位等待遇方面有所提升。如果不满意或很不满意,则合同期满后将不会再续聘该员工,甚至合同期满前就有可能解除聘约。对高职院校而言,用人单位对其毕业生的购后满意度将会影响到用人单位对该院校毕业生的整体看法。如果购后满意度高,则在下一次购买中,用人单位继续选择该院校毕业生的可能性很大;如果购后满意度低,在未来的购买中用人单位将不愿选择该院校的毕业生。

三、用人单位顾客需求及购买行为分析的基本结论

通过对用人单位需求情况、购买决策过程及其影响因素的分析,可以得出如下基本结论:

（1）高职院校毕业生在人才市场上存在一定的需求,有较大的潜在市场。

（2）高职院校毕业生就业市场应以企业的技术操作、销售或营销、一般行政与服务类岗位为主。

（3）为赢得自己的市场,高职院校在人才培养上必须形成自身特色,应有别于普通本科院校。

（4）高职院校在其营销活动中应努力扭转就业市场上存在的片面追求高学历、鄙薄高职毕业生的现象。

（5）高职院校在其营销活动中应加强与用人单位的沟通、联系、合作，积极开展面向用人单位的关系营销。

（6）高职院校应加强对用人单位顾客满意度的调查、分析与研究，努力提高用人单位顾客的购后满意度。

第四章

高职院校竞争者分析

在分析了顾客的需求和购买行为特征之后,对处于竞争性市场中的组织而言,更重要的是要满足顾客需求、实现顾客满意和顾客忠诚,而且要做得比竞争对手更好。为此,对高职院校而言,除了对两类顾客进行分析外,还必须能识别出自己的竞争对手,辨别竞争对手的战略,判定竞争对手的目标,评估竞争对手的优势与劣势,以便制定竞争战略,比竞争对手更有效地赢得顾客。

第一节　高等职业教育产业竞争状况分析

一、波特五力模型简介

1980 年,美国哈佛商学院迈克尔·波特教授出版了其代表作《竞争战略》。在该书中,波特提出了产业竞争情况分析的基本框架,即著名的波特五力模型。在波特模型中,一个产业的竞争状态取决于 5 种主要力量:现有竞争者之间的争夺、潜在进入者的威胁、替代品的威胁、供方力量、买方力量,如图 4-1 所示。这 5 种力量综合起来影响着产业的吸引力。

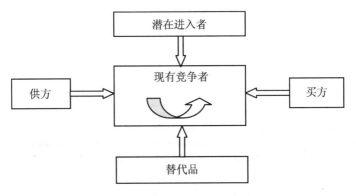

图 4-1　波特模型中驱动产业竞争的 5 种力量

（一）现有竞争者之间的争夺

任何企业在制定战略和开展经营活动时,首先必须面对现有竞争者。同行竞争的激烈程度是由产业竞争格局、产业的市场容量和市场增长率、产业的进入壁垒和退出壁垒、竞争各方的情况等因素决定的。一般来说,出现下述情况将意味着现有企业之间竞争的加剧:进入壁垒低,势均力敌的竞争对手较多,竞争参与者范围广泛;市场趋于成熟,产品需求增长缓慢;竞争者企图采用降价等手段促销;竞争者提供几乎相同的产品或服务,用户转换成本很低;退出壁垒较高,即退出竞争比继续参与竞争代价更高;等等。在这里,退出壁垒主要受经济、战略以及社会政治关系等方面因素的影响,如资产的专用性、退出的固定费用、战略上的相互牵制、政府和社会的各种限制等。

（二）潜在进入者的威胁

市场竞争的常识告诉我们,任何一个产业,只要有可观利润,就必然会吸引对这一产业的投资。潜在进入者在给整个产业带来新生产能力、新资源的同时,将希望在已被现有在位企业瓜分完毕的市场中赢得一席之地,这就有可能会与现有在位企业发生原材料与市场份额的竞争,最终导致在位企业盈利水平降低,严重的话还有可能危及这些企业的生存。潜在进入者的威胁的严重程度主要取决于两个方面的因素,即进入壁垒的高低及在位企业对进入者的反应。

所谓进入壁垒,包括市场壁垒和非市场壁垒。市场壁垒是自由竞争条件下的壁垒,非市场壁垒是政府管制造成的壁垒(如法定的准入条件等)。波特从7个方面分析了市场壁垒:一是规模经济的存在,使新进入者在初期就要形成一定的生产规模,否则与在位企业相比,将难以取得成本上的优势;二是在位企业由于在产业内经营的时间较长,已经形成了被社会认可的特色,在产品信誉、顾客忠诚等方面建立起了相应的优势,新进入者要想取得市场份额,必须耗费大量资源和时间,以建立品牌知名度和顾客忠诚度;三是任何产业都有资本需求,新进入者面临着高风险,还有不可回收的前期研发费用、广告费用等,即使资本市场能够提供这种资金也意味着新进入者比在位企业要承担更大的投资风险;四是客户从向原有供应商采购转为向新的供应商采购,会造成额外的转换成本,只有新进入者提供的产品给客户带来的价值增值超出转换成本时,客户才有动力更换供应商;五是在一定程度上,在位企业已经控制着产品的分销渠道,新进入者要确保产品的销售,必须要付出让分销商接受自己产品的代价,甚至要从头建立属于自己的新分销系统;六是新进入者在原材料来源、专有技术、地点优势、获得政府补贴、经营经验等方面往往不如在位企业,这也会提高进入壁垒;七是政府的准入政策,包括政府的许可限制、原材料获取限制、产品标准规范、生产标准规范等。

对在位企业的预期报复也会对潜在进入者产生影响。任何在位者都不欢迎入侵者再分一杯羹。入侵者在进入该产业前,会分析在位企业报复的可能性和强度。这主要依据在位企业的实力、在位企业以往对待入侵者的态度、该产业在在位企业业务组合中的地位、产业的成熟程度等来作出判断。如果在位企业实力强大,并且入侵行动会对在位企业的核心利益造成巨大损害,那么在位者就极有可能对入侵作出强烈的竞争性反应。

(三)替代品的威胁

替代品是指那些与现有产品具有相同功能的产品。替代品能够夺取业务和加强现有企业间的竞争,甚至能够在将来给现有厂商和产品施加强大的威胁。一方面,现有企业产品售价以及获利潜力的提高,将由于存在着被用户方便接受的替代品而受到限制;另一方面,替代品生产的侵入,使得现有企业必须提高产品质量,或者通过降低成本来降低售价,或者使产品具有某些特色,否则其市场和利润目标就有可能受挫。

世界上有许多东西都可以替代,但有替代的可能并不见得就发生替代。替代品是否产生替代效果,关键是看替代品能否提供比现有产品更大的价值/价格比。如果替代品能够提供比现有产品更高的价值/价格比,并且买方的转移壁垒很低,那么这种替代品就会对现有产品构成巨大威胁。从产业发展的角度来看,替代产品与现有产品的价值/价格比并不是一成不变的。在替代品产业的发展初期,它对现有产品的替代率往往较低。但现有产品的生产企业切不可掉以轻心,因为尚未大规模替代并不意味着替代品与现有产品相比缺少竞争力,可能只是由于顾客出于转移成本的考虑,或者出于其他非经济方面原因的考虑,暂时处于观望状态。一旦替代品被确证比现有产品有优势,那就会形成对现有产品的迅速替代。

(四) 供应商的力量

供应商的力量主要体现为其通过价格谈判从他们的客户中获取利润的能力,主要与供应商所属行业的集中度、供应商产品的替代性、供应商产品在买方企业成本组成中的重要性、供应商进行前向一体化的能力等因素有关。一般来说,满足如下条件的供方集团会具有较强大的讨价还价能力:供方行业为一些具有比较稳固市场地位而不受市场激烈竞争困扰的企业所控制,其产品的买主很多,以致每一单个买主都不可能成为供方的重要客户;供方各企业的产品各具有一定特色,以致买主难以转换或转换成本太高,或者很难找到可与供方企业产品相竞争的替代品;供方能够方便地实行前向联合或一体化,而买主难以进行后向联合或一体化。

（五）购买者的力量

购买者的力量主要是指其通过压价、要求提高产品或服务的质量等，来影响企业盈利的能力。购买者的力量通常与购买者的购买量、购买者从某企业购买的产品占其总成本或购买数额的比例、本行业产品的标准化程度、购买者的转换成本、购买者的盈利情况、购买者采取后向一体化的能力、产品对购买者的影响程度、购买者对本行业信息的掌握程度等因素有关。一般来说，满足如下条件的购买者可能具有较强的讨价还价能力：购买者的总数较少，而每个购买者的购买量较大，占了卖方销售量的很大比例；卖方行业由大量规模相对较小的企业所组成；购买者所购买的基本上是一种标准化产品，同时向多个卖主购买产品在经济上也完全可行；购买者有能力实现后向一体化，而卖主难以实行前向一体化；购买者改变供货商的转换成本较低；购买者所属行业利润率低，对原材料价格特别敏感；供货方的产品对购买者而言是影响不大的配件；购买者对卖方产品的成本结构、营销渠道、盈利情况等非常清楚。

波特模型对 5 种竞争力量的分析属于营销环境分析中的微观环境分析，主要用来分析产业的竞争格局。处于某一产业中的任何一个企业，都必须或多或少地应付以上各种力量所构成的威胁。对一个企业而言，波特的五力模型构成了一个规范化、标准化的战略分析框架。根据对 5 种竞争力量的分析，企业可以采取有效的竞争战略（如成本领先战略、差别化战略、集中化战略等）来应对这 5 种竞争力量，从而增强自身的市场地位与竞争力。

二、我国高等职业教育产业竞争状况的波特模型分析

波特模型中的 5 种基本竞争力量的状况及综合强度,决定着产业竞争激烈程度。而产业竞争状况的分析,是制定竞争战略的基础。"产业是指一些相关联的组织,它们使用相似的资源,吸引类似的顾客,生产近似的产品,以及为社会提供相像的服务。"从美国管理学家希尔(Charles W. L. Hill)和琼斯(Gerath R. Jones)关于产业的这一定义可以看出,我国的高等职业教育也适用"产业"这一概念,波特的五力模型也可用于高等职业教育产业竞争状况的分析。

(一) 现有高职院校之间的竞争

按照我国有关政策,目前有资格举办高等职业教育的主要有六类院校:独立设置的职业技术院校(职业大学)、普通专科学校、普通本科院校的二级职业技术学院、民办院校、成人高校、依托中等职业学校所办的五年制高职。从招生的情况来看,普通本科院校的二级学院由于依靠母体高校的招牌,招生情况较好;全日制的职业技术院校(职业大学)和普通专科学校次之;民办高校和成人高校较差;五年制高职由于招收初中毕业生与上述几类缺少可比性。目前,我国高职教育现有学校之间的竞争十分激烈,"生源大战"有愈演愈烈之势。近几年,随着我国高等教育体制的全面改革,无论是学校的收入还是教职员工的收入已密切和学生人数挂起钩来,多招一个学生就意味着学校每年多几千甚至上万元的收入,而少招一个学生也就意味着学校每年会少几千甚至上万元的收入。根据经济学原理,当边际收益大于零时,企业就有增加产量

并扩大规模的愿望及动机。这条原理对于目前进入市场经济的教育界也是适用的。因此近几年,无论是普通高校还是高职院校,都存在着强烈的规模扩张愿望,在生源总量一定的情况下招生竞争日趋激烈。笔者曾对不同高校(含高职、专科)招生情况进行过比较,同样在高职(专科)这一层次,一些声誉较好的普通本科院校,其高职的第一志愿报考人数与计划招生数之比高达 5∶1 以上,而专科学校、职业技术学院与之相比则较低,民办高校的这一比例更低,有些民办高职院校填报志愿人数之和与招生计划数之比甚至不足 0.5∶1。可见,行业内部的竞争对高职院校的压力是巨大的。

(二)潜在进入者

就高等职业教育而言,除了上述的六路大军之外,还存在着不少的潜在进入者,其中最主要的是一些中等职业学校、成人高校和民办高校。近几年来,随着我国经济及社会的迅速发展,人们对教育的需求和用人单位对人才的需求不断高移,国家及各地政府对高等职业教育发展也采取了比较积极宽松的政策,在这一背景下,许多中等职业学校(主要是原有的中专校)想方设法升入高职,许多成人高校也努力通过转轨加入到高职院校的行列。除此以外,民办高校中也将有新成员不断地加入进来,如 2007 年全国新增的 19 所民办高校中有 18 所为职业技术学院。由于我国目前的高等教育已具有一定的产业属性,如果经营得当,办高等教育是具有很好的经济效益的。尤其是我国已有一部分民办高校靠办成本低的市场紧缺的第三产业类短线专业获取了不少收益,在这种"赚钱效应"的带动下,不断有新的民办高校应运而生。而且,这些民办高校一般经营机制灵活,具有公办院校无法比拟的优势,因此他们可以以较低的成本进行运营。不仅如此,目前不少民办高校,利用其经济优势,从高校中挖走不少人才,这些人才中不仅有硕士、博士、副教授、教授,甚至有不少博导。

人才上的优势使其"侵略性"更强。由此可见,对于已有的高职院校而言,潜在进入者不但大量存在,而且威胁也是很大的。随着科学技术尤其是计算机和网络技术的突飞猛进,远程教育已在我国迅猛地发展起来了,我国许多著名高校如清华、北大都拥有自己的远程教育系统。目前的远程教育在多个层次都有所发展,既有高职又有本科,甚至还有研究生阶段教育。笔者认为,随着科技的进一步发展,远程教育必将成为高等职业教育强有力的竞争者。

(三) 替代品

　　高等职业教育作为一种教育方式也存在着替代品,其替代品主要包括以下几种:普通高等教育、自学考试、非学历培训等。普通高等教育对于未能进入大学校门的学生的诱惑力是可想而知的。一些已被高职院校录取的学生放弃升入高职院校学习的机会,而是选择了补习、来年再考的路子,这在近几年高职院校不算太高的报到率中可以得到验证。所以说,普通高等教育对于高等职业教育的替代性很强,绝大多数情况下,只要有机会、有希望进入普通本科院校学习,学生一般不会选择高职院校。自学考试对于高等职业教育的替代性也不可低估。近几年来,一些民办高校举办的自学考试辅导班招生情况良好,这一方面反映出了学生对民办高校的逐步认可,另一方面也从一个侧面反映出自学考试教育对高职教育的强烈替代作用。此外,一些针对性很强的非学历培训在近几年也得到了较大的发展,在一定程度上也对高职教育有着替代作用。因为对于受教育者而言,其必然要在教育的成本和收益上进行权衡,如果其认为非学历职业培训将会给其带来更大的价值,那么他将倾向于选择这一模式。由于非学历职业培训具有时间短、成本低、针对性强等优点,从我国现实来看,家在农村、经济条件较差的学生往往倾向于选择非学历职业培训。

（四）供方力量

与高职院校的产品和顾客具有两重性一样，高职院校的"供方"也具有两重性：一是高职院校赖以提供高等职业教育服务的员工队伍；一是有意愿就读高职院校的学生顾客。

从高职院校人员队伍的力量来看，由于目前整个社会的个人收入水平随着经济发展而不断提高，特别是高校教师的收入水平近几年来有了大幅度提高，许多高校实行了津贴年薪制，一些名牌高校和发达地区高校的员工收入增长幅度更是惊人，这对高职院校构成了巨大的压力。高职院校必须通过不断扩大招生增加学校收入，以此来提高教职员工的收入水平，否则就会造成严重的人才外流，以及难以吸引高层次、关键性的人才。

从学生及其家长的力量来看，由于在参加完高考后面临着升学的需求，而且能被高职院校录取的学生一般成绩要低于被公办本科院校录取的学生，因此对于这部分学生来说，其有几条路可供选择：一是升入高职院校就读，一是补习准备来年再考，一些分数较高的学生还可以选择进入民办本科院校就读。从被高职院校录取的这部分学生来看，其选择力量强弱程度与其成绩成正比，成绩越靠近高考本科录取分数线，选择的意愿及能力越强，反之亦反。不过，目前高职院校二年级的"专升本"在很大程度改变了"供方"的力量。不可否认，"专升本"有着冲击高职正常教学的弊端，然而对于未能考上本科院校的学生而言，是就读高职院校再通过参加"专升本"考试、争取升入本科，还是补习来年再考也是一个选择。尤其是近两年，"专升本"的录取比例对于学生还是有一定诱惑力的。而且参加"专升本"与补习来年再考相比，可以节约一年的时间，这也使得很多原来准备补习的学生升入了高职。

（五）买方力量

高职院校的"买方"包括愿意就读高职院校的学生顾客和录用高职院校毕业生的用人单位顾客。前者同时又是高职院校的"供方"，其力量在前已作阐述，不再赘言。这里主要分析用人单位的力量对高职院校的影响。从近几年高职院校毕业生的就业情况来看，由于一些单位仍然存在鄙薄高职院校、盲目追求人才高层次的现象，普通本科高校急剧扩招，部分行业经济不景气、人才需求量小，不少地方下岗、失业率较高等因素的存在，整个高职毕业生就业市场供需矛盾十分突出，供给大大超过需求。由于供需矛盾造成市场力量对比失衡，作为购买者的用人单位的力量很强。

综上所述，目前我国高职教育的竞争是十分激烈的，形势不容乐观。高职院校应认真进行竞争者分析，准确识别自身的竞争优势，采取有效的竞争策略，从而赢得顾客，赢得市场。

第二节　高职院校竞争者分析

一、识别高职院校的竞争者

营销大师科特勒认为，在总体上可将竞争者区分为 4 种层次：品牌竞争者，指以相似的价格向相同的顾客提供类似的产品与服务的公司;行业竞争者,指制造同样或同类产品的公司;形式竞争者,指所有制造能提供相同服务的产品的公司;通常竞争者,指所有争取同一顾客购买其产品或服务的公司。

　　根据这一观点,从广义上也可将一个高职院校的竞争者在总体上区分为4种层次。以某一公办高职院校为例,其广义上的竞争者包括:品牌竞争者,主要指与本院校属于同一类型、处于同一办学层次的公办高职院校(因为民办高职院校收费标准相对较高);行业竞争者则包括所有的高等教育院校;形式竞争者包括各种类型的学校和教育培训机构;通常竞争者则可能包括生产或销售房产、汽车、旅游度假、主要耐用消费品等的公司,它们所提供的均属费用数额较大、非经常购买的产品或服务。中国是一个崇尚教育的国度,同时又是一个家庭观念极强、强调父母对子女责任的国度,在中国人的大宗消费中,子女的教育消费是排在第一位的,因此在理论上被看成是通常竞争者的这一层次,实际上对高职院校而言并不构成竞争威胁。此外,高中阶段及其以下层次的基础教育因其面临的顾客与高职院校不同,因此也不构成直接的竞争。所以在上述4种层次的竞争者中,对高职院校构成竞争的主要是处于品牌竞争和行业竞争这两个层次上的竞争者以及形式竞争者中的非学历培训机构。其中品牌竞争这一层次主要指各类公办高职院校,是最直接的竞争层次。

　　以某一公办高职院校为对象,对其主要竞争者分析如下:

(一) 同类高职院校

　　据教育部公布的资料,至2007年底,全国共有高职高专院校1 168所,占普通高校总数(1 908所)的61.22%。从总体上讲,这些高职院校在生源渠道、毕业生就业去向、人才培养模式和培养过程等方面都很相近,在生源市场和人才市场上,相互之间的直接竞争最为激烈。在生源市场上,随着近年来各高职院校规模的不断扩大及新成立的高职院校的不断涌现,高职院校之间的生源大战甚为激烈,而且有愈演愈烈之势,有些高职院校特别是民办高职院校录取率很低。在人才市场上,除少数特色专业外,各高职院校由于专业设置大体相近,培养的人才规格也基本一致,因此竞争也非常激烈。在目前我国人才市场的总体格局是供大于求的情况下,随着越来越多的高职毕业生涌向人才市场,尽管近几年来我国对高级应用型人才的需求不断增加,但高职院校毕业生的就业形势仍十分严峻,整体就业率不高,因此这一竞争的激烈程度可想而知。

(二)普通本科院校

2007年,全国共有740所普通本科院校。这些普通本科院校对高职院校形成的竞争压力主要体现在:在生源市场上,民办本科院校录取分数线与公办高职院校接近,形成较为直接的竞争;公办本科院校的录取分数线要高于高职院校,从理论上讲,两者分属不同的细分市场,但近年来普通本科院校的快速扩张,无疑抢占了高职院校的生源,此外还有一些高考分数未达本科院校录取线的学生会选择补习而不选择升入高职院校,这也在一定程度上构成了对高职院校的生源竞争。在毕业生就业市场上,大量的本科毕业生与高职院校的毕业生在竞争着相同或相近的职位,在目前我国社会特别是用人单位还普遍存在唯学历观的情况下,用人单位对所录用人员的学历要求不断高移,致使高职院校毕业生与本科院校毕业生相比,处于极为不利的境地。此外,目前许多普通本科院校还设有承担高等职业教育功能的二级学院,这些二级学院与高职院校的竞争更是同一层次的直接竞争。

（三）成人高校

2007 年，全国共有成人高校 413 所。从理论上讲，成人高校招生对象与高职院校不同，其学历的社会认可度也远低于高职院校，似乎与高职院校之间的竞争性不强。但在实际上，有两点值得注意：一是成人高校授课方式较为灵活，通常是利用工余时间，从这一角度讲，它更贴近顾客需求，从而吸引了一些原本可以到高职院校学习的学生；二是目前我国许多成人高校同时也招收全日制学生，其办学领域已突破了通常所理解的成人教育的范畴，其这一部分办学功能与高职院校的竞争是相当直接的。

（四）远程网络教育

远程教育是一种开放教育，它建立在以学生为中心的教育观念基础上，按教育需求者的生存方式、生存需要、生活习惯、生活节奏、生活状况、生活喜好等来设计提供多种教育方式，诱导需求，达到受教育者个性化发展的目标。远程教育是受教育者主动地发自内心地积极选择最适合自身自然生活的受教育方式，而非传统的接受教育，在这一过程中，寻求教育者有最大的自由、最大的选择余地和最终的决定权。远程教育使教育社会化和终身化，它解决了入学年龄、学历、资历水平乃至自身诸方面的限制，清除障碍，接纳一切愿意与可能接受教育的人；它打破时空隔离的概念，实行终身有效的学分制，学生既可以进修单科获得结业证书，也可以进修多科以积累学分获得学位或全科毕业证书；同时，远程教育还采取不组班教学的导师辅导制与自修小组切磋的共修制，由导师提供电话、书信或电子媒介的咨询答疑和集中指导、辅导、释疑以及作业的布置批改讲评等服务。开放性的远程教育为学生提供的是一个灵活的、自主的、个性化的无限时空，作为一种新兴的教育形态，它的出现引发了教育市场上一场全球性的质的革命。我国自 20 世纪 90 年代起开始实行远程教育,并得到迅速发展。随着计算机技术和信息技术的发展,互联网在远程教育中得到广泛运用,从而进一步推动了远程教育的发展。与传统教育相比,网络远程教育更具有信息资源的开放性、快捷性、丰富性、共享性,教学媒介的形象性和生动性,教学环境的个性化和兴趣化等优势,而且网络教育在某些方面代表着未来教育的一种发展趋势,因而受到广泛欢迎。2007 年,我国网络本专科教育共招生 123.34 万人,在校生达 310.23 万人,毕业生 82.79 万人。这无疑对我国高职院校构成一定的竞争。

(五) 中等职业学校

全国有为数众多的中等职业学校(2007 年全国各类中等职业学校 14 832 所,招生 810.02 万人,在校生 1 987.01 万人),这些学校不仅在人才市场上与高职院校存在竞争,而且其中有许多学校目前还招收五年一贯制学生,这些都属于高等职业教育的范畴,与高职院校的竞争较为直接。

(六) 研究生、归国留学生等高层次人才

随着高等教育事业的发展,我国研究生培养规模也不断扩大。2007 年,全国有研究生培养单位 795 个,招收研究生 41.86 万人,在学研究生 119.50 万人,毕业研究生 31.18 万人。此外,每年全国还有 4 万名左右的留学归国人员。从表面上看,这些高层次的教育与专科层次的高职教育无论在生源上还是在就业上均不存在竞争。但事实上,两者之间却存在着一定的竞争性。研究生教育规模的扩大,使得用人单位对学历的要求高移,也拉动了社会对高学历教育的需求。在招生市场上,人们对高学历教育需求的扩大,使得更多的学生及其家长在选择高校时,更乐于选择本科院校以增大接受更高层次

的研究生教育的机会,从而使得本科院校在生源市场上的"掠夺性"更强。在人才市场上,研究生、归国留学生的涌入,不仅使得用人单位对学历的要求不断高移,而且在实际中也不乏高层次人才与高职毕业生竞争相同岗位的例子。

(七) 非学历培训

除上述不同层次和性质的学历教育以外,全国还有数十万计的各类非学历培训机构。2007 年,全国接受各种非学历高等教育的学生 252.89 万人次,当年结业 412.61 万人次;全国有职业培训机构 17.89 万所,注册学生 5 067.74 万人次,结业学生 6 003.18 万人次。这些培训机构虽说属于非学历教育,然而由于其学习方式灵活,学习内容更切合实际,职业指向性更明确,因而对高职院校的生源及毕业生就业都存在一定的竞争性。

上述是从总体上对高职院校的竞争者进行分析的。对一个具体的高职院校而言,要识别自己的竞争者,还必须作更为具体的分析。通常可通过绘制产品/市场竞争图来识别自己的竞争者。在产品维度上,通常可按专业细分;在市场维度上,主要根据顾客及其需求特征进行细分。图 4-2 所示的是某高职院校 X 的产品(专业)/学生顾客市场竞争图,这里学生顾客市场按高考普招、对口单招、中考五年一贯制招生进行划分,产品按专业类别细分。由于高职院校面临的顾客有两类,所以除了画出产品(专业)/学生顾客市场竞争图外,还应相应地画出产品(专业)/用人单位顾客市场竞争图,这里不再赘述。高职院校在识别自己的竞争者时,应将两种产品/市场竞争图结合起来分析。

		顾 客 细 分		
		顾客类别 1 （高考普招）	顾客类别 2 （对口单招）	顾客类别 3 （五年制高职）
产品细分	专业 1	高职院校 X 竞争者 A_{11} 竞争者 A_{12} ……	高职院校 X 竞争者 B_{11} 竞争者 B_{12} ……	高职院校 X 竞争者 C_{11} 竞争者 C_{12} ……
	专业 2	高职院校 X 竞争者 A_{21} 竞争者 A_{22} ……	高职院校 X 竞争者 B_{21} 竞争者 B_{22} ……	高职院校 X 竞争者 C_{21} 竞争者 C_{22} ……
	……	……	……	……

图 4-2　高职院校 X 的专业/学生顾客市场竞争图

二、辨别竞争者的战略和目标

在绘制了产品/市场竞争分析图后,对一个高职院校而言,它在每个细分市场的竞争者也就识别清楚了。然而,在同一个细分市场上可能有众多的竞争者,但一个高职院校并非一定要把这个细分市场上所有的竞争者都作为自己的直接竞争对手。其最直接的竞争对手是在同一目标市场上推行相同战略的院校。

在这里需要定义战略集群这个概念。所谓战略集群,是指在一个特定市场上推行相同战略的组织的集合。为此,一个高职院校首先必须对每个细分市场上每个竞争者的战略进行辨别,然后将所有的竞争者分为不同的战略集群,并弄清自己所处的战略集群,最后根据自己所处的战略集群,明确自己所面临的直接竞争者——与自己处于同一战略集群的那些高职院校。当然,不同战略集群之间也存在着对抗,对战略集群以外的竞争者也应给予适当关注,但关注的重点应放在战略集群内部的那些最直接的竞争者身上。

对一个高职院校而言,要辨别竞争者的战略必须了解每个竞争者的详细信息,因此应有专门的情报信息机构负责对竞争者信息的收集、分析。有关竞争者战略的信息包括竞争者的专业体系、专业特色、教学特色、教学质量、研究与开发、财务和人力资源战略、顾客服务、定价方针、毕业生就业渠道、学校形象与声誉、广告、促销、公共关系等。

值得注意的是,高职院校必须对其竞争者的战略进行不断地跟踪观测。因为富有活力的竞争者会随着时间的推移和因应顾客需求的变化而改变战略。

此外,每个竞争者都有自己的目标或目标组合,准确了解竞争者的目标有利于在竞争中战胜对手。因此,高职院校还应分析每个竞争者的目标,即它们在市场上追求什么;同时要监视每个竞争者在市场上的扩展计划,如规模扩张、新专业开发、招生范围扩大、就业渠道拓展等。

三、评估竞争者的优势与劣势

每个竞争者能否执行其战略和达到其目标,取决于其资源和能力。因此对一个高职院校而言,必须能够辨认每个竞争者的优势与劣势。

(一) 高职院校的宏观优势

就高职院校的整体状况而言,与不同的竞争者相比较,其主要的竞争优势分别体现为:

(1) 与各类竞争者相比较,高职院校拥有政策上的优势。由于认识到高等职业教育对社会发展和经济建设的重要作用,从中央到地方,各级政府都将发展高等职业教育作为一项重要任务,并给予大力扶持;对高职院校毕业生就业也制定了一系列保护政策。

(2)与普通本科院校相比,高职院校拥有地域或行业上的优势。就我国目前情况来看,高职院校一般属于地方高校或具有行业背景,因此易与地方政府、企事业用人单位及社会等形成良好的沟通和合作关系。

(3)与本科院校相比,高职院校拥有价格上的优势,特别是与民办本科院校相比,这种优势更为明显。

(4)与成人高校、中等职业学校及一些非学历教育形式相比,高职院校具有社会认可度上的优势。我国社会的普遍习俗是重学历的,而且在观念上对各类高校总有正规与非正规之分。因此,从学历上而言,高职院校比非学历教育具有明显的优势;而即使同样是专科层次的教育,高职院校在多数人的心目中总是比成人高校、中等职业学校的高职班要"正规"。

(5)与本科及本科以上层次的教育形式相比,高职教育具有实践性教学上的优势。本科及本科以上教育属于"学科型"、"研究型",强调知识的深度和系统性,侧重于理论教学;而高职教育属于"应用型"、"职业型",强调知识的实用性,侧重于职业技能的培养。因此高职院校的毕业生其动手能力较强,更能为操作型的岗位所接受。

(二)高职院校的宏观劣势

从宏观层面分析,与不同层次的竞争者相比较,高职院校也存在明显的劣势,主要体现在:

(1)与本科及本科以上的教育层次相比较,高职院校的学历层次低,在注重学历的中国社会,其社会接受度不及本科及本科以上的竞争者。此外,与普通本科院校相比较,高职院校的办学条件也明显处于劣势;高职院校的毕业生其知识的系统性、理论性及深度不及本科及本科以上的毕业生,难以适应一些知识和技术含量较高的岗位要求,在未来职业生涯的发展上也受到一定的限制。

(2)与民办本科院校相比,高职院校还存在体制上的劣势。目前,许多高职院校存在办学经费的困难,在办学规模不断扩大的同时,难以实现办学条件的同步提高,但又因体制的僵化而难以吸引社会资金。在内部管理上,也因公有制存在的先天性弊端而难以建立起高效的人事、分配制度。

(3)与成人高校相比,高职院校的办学形式不够灵活,对顾客不同需求的适应性不强。

(4)与非学历培训相比,高职院校的教学内容与职业或岗位要求的联系不够紧密,不像非学历培训那样有更明确的职业或岗位指向性。

(三)高职院校微观层面优势与劣势的分析方法

除上述从总体宏观层面进行的优势和劣势分析外,各高职院校还应根据各自具体情况,从微观层面与每个竞争者进行优势和劣势的比较分析。首先,应收集竞争者的有关数据和资料,如专业设置、招生规模、收费标准、资金来源及使用状况、教学和实验设备、毕业生就业情况等。其次,还应有针对性地开展营销调研,了解顾客、公众对竞争者的评价,准确掌握有关竞争对手的更全面的信息。再次,要根据所掌握的信息,对竞争者的优势与劣势进行评价。

市场竞争的焦点是争夺顾客,为此,与竞争者优势劣势的比较分析最终应落脚到顾客价值的分析与评价上。这部分内容,本书将在第七章作专门介绍。这里仅对顾客价值分析的主要步骤作简要介绍:

(1)识别高职院校两类顾客价值的主要属性。通过对两类顾客的调查,探测、了解顾客在购买高等职业教育服务或使用高职人才时希望从中获得哪些利益。

（2）评价顾客价值不同属性的重要性。通过顾客调查,由顾客对顾客价值的各种属性按重要性的大小进行评定和排序。如果顾客在评价中分歧甚大,就应将其分为不同的顾客细分市场。

（3）对本院校及竞争者在顾客价值不同属性上的性能进行分等级重要度评估。通过顾客调查,了解顾客对本院校及竞争者在顾客价值各个属性方面的看法,并根据每个属性上的差别将各高职院校划分为很好、好、一般、差、很差等若干等次。

（4）与特定的主要竞争对手比较,针对每个属性成分研究某一细分市场的顾客如何评价本院校。获得竞争优势的关键是赢得各个细分市场的顾客,并通过赢得顾客获得相应的利益。高职院校通过对自身所提供的高等职业教育服务或高职人才与主要竞争者进行对比,如果本院校的教育服务或高职人才在所有重要的属性方面都超过了竞争者,则可以通过充分发挥这些优势来谋求进一步发展,增强获利能力。如果本院校在某些重要的属性方面明显不如竞争对手,则应致力于这些属性方面的提高,以稳定自己的市场,如果在一定时期内难以提高,就应考虑逐步放弃这一细分市场。

（5）监测不断变化中的顾客价值。顾客的评价在短期内可能是相对稳定的,但随着时间的推移,市场环境的变化,顾客的评价会发生变化。为此,高职院校要想在战略上取得成功,必须能及时觉察到这种变化,并对顾客价值和竞争者地位作出重新研究。

四、制定积极的竞争战略

掌握竞争者的全面信息,评估竞争者的优势与劣势,其主要的目的和作用是帮助高职院校在某个细分市场上识别主要的竞争对手，并采取积极战略与竞争对手竞争，从而比竞争对手更有效地满足顾客需要。

（一）设计竞争地位

在全面分析高职院校自身及主要竞争者的资源和能力、优势和劣势后，高职院校应为自己在目标市场上的地位进行设计。通常有4种竞争性定位战略可供选择：市场领先者战略、市场挑战者战略、市场跟随者战略、市场补缺者战略。

1. 市场领先者战略

市场领先者是指行业中在同类产品市场上占有率最高的企业。在高等职业教育领域，市场领先者是指在一定领域（如全国、某省、某类行业）内的某个专业上规模最大、力量最强、声誉最高、影响最大的院校。一旦成为高等职业教育某专业的市场领先者，高职院校在招生生源市场和毕业生就业市场上将赢得绝对优势。但要成为某个专业上的领先者，必须具备相应的资源和能力，如必须保持在该专业上较大的学生规模，因为规模小了不足以构成影响；必须在师资、办学条件特别是实践性教学条件、培养模式、教学过程、毕业生就业等方面具有鲜明特色，办学实力强，办学质量高，并获得普遍认可；在该专业上必须具有一些品牌优势效应，如具有该专业的国家级名师、国家级重点实验室或实践基地、国家级重点教学或科研项目等，能参与国家或地方政府的有关政策、标准制定并在其中发挥影响力。

2. 市场挑战者战略

市场挑战者是指在市场上处于次要地位但不安于现状，向市场领先者挑战以求取而代之的企业。在高等职业教育领域，市场挑战者是指在一定领域内的某个专业上办学规模、办学实力和影响力仅次于占主导地位的院校,并希望成为该专业上领导者的高职院校。市场挑战者战略的实施必须建立在对自身和市场领先者的优劣势正确评估的基础上,必须是有超越领先者的关键资源和能力,或在关键资源和能力上与领先者差距不大且有发展潜力。市场挑战者战略是一种积极主动的进攻型战略,它在领先者的既有优势方面与其争高低,寻求超越,或另辟蹊径,努力构建领先者不具备的特色或优势。

3. 市场跟随者战略

市场跟随者是指在市场上处于次要地位但安于现状,与竞争者和平共处,跟随市场领先者之后以求保持既有市场和业绩的企业。在高等职业教育领域,市场跟随者是指在一定领域内的某个专业上的办学规模、办学实力和影响力不及占主导地位的院校,但通过学习借鉴主导院校的经验和做法,跟随其后,巩固既有市场地位的高职院校。这些院校通过模仿主导院校、在人才培养的重点环节上与其保持一致或与主导院校保持密切的战略联盟关系而赢得市场声誉,从而保留和吸引顾客。

4. 市场补缺者战略

市场补缺者是指专注于某些细小市场,避开占主导地位的竞争者,通过发展独有的专业化经营来寻找生存与发展空间的企业。在高等职业教育领域,市场补缺者是指在一定领域内的某个专业上,针对群体不大的学生顾客的特殊需求或群体不大的用人单位顾客的特殊需求来办学,寻求与其他多数院校的错位发展的高职院校。如某些专业的一些高职毕业生找不到就业岗位但又不愿到地处乡镇的中小企业去工作,而这些地处乡镇的中小企业又急需该专业的高职人才,这种情况通常为多数高职院校所忽视,但对一些规模不大、生源不好的高职院校来说,可利用这个市场机遇,为这些中小企业实行"订单式"培养,签订培养合同,同时招生章程中予以明确,招收愿意到这些企业工作的考生,这样既能满足一些考生(特别是贫困地区或贫困家庭的考生)希望毕业后顺利谋得一份职业的需求,又能满足这些中小企业对高职人才的需求。实行市场补缺者战略的高职院校通常是一些办学规模不大、办学实力较弱的院校,特别是对一些规模较小、生源不好的民办高职院校而言,不失为一个较好的市场竞争战略。实行市场补缺者战略的关键,是善于发现有足够的市场潜量但对多数竞争者又不具有吸引力,同时自身又具有相关资源和能力的"补缺基点"。

(二)选择竞争战略

为在市场上获取竞争优势,巩固市场地位,通常有三类竞争战略可供采用:总成本领先战略、差异化战略和集中化战略。

1. 总成本领先战略

总成本领先战略是指组织致力于达到生产成本和销售成本最低化,这样,它就能以低于竞争对手的价格赢得较大的市场份额。这一竞争战略是组织在进入市场或争夺市场中最为常用的手段,尤其对业已形成气候且开始成熟的市场。总成本领先战略应用到高职院校管理,要从以下角度入手:一是学校各级管理者必须掌握当前高职院校全面的运营观念,找准资金与办学具体环节的最佳结合点、分配点;二是要切实加强校企合作办学,构建企业全程介入学生培养过程的能动机制,提高人才的质量与可用性;三是要有效利用学校现有的资源来降低办学成本;四是要千方百计站在顾客立场进行思索,使顾客的教育消费需求扩张潜力转化为现实的购买力。

2. 差异化战略

差异化战略又称别具一格战略,是指组织通过对整个市场的评估找出某些重要的顾客利益区域,集中力量在这些区域完善经营,即通过产品或服务等方面的差异化,形成一些在全产业范围中具有独特性的东西。实现差异化战略可以有许多方式:设计品牌形象、技术特点、外观特点、顾客服务、经销网络及其他方面的独特性等。高职院校可通过教育服务差异化、人员差异化、形象差异化等实施差别化竞争战略。

3. 集中化战略

集中化战略是指组织将其力量集中在一个或少数几个细分市场服务上,运用成本领先、产品差别化或两者兼有的战略获取竞争优势。高职院校实施集中化战略必须明确一个前提,那就是目前学校的某方面集中化能够以更高的效率、更好的效果为某一战略对象服务,从而超过在较广阔范围内竞争的对手。高职院校的集中化战略,重点应该在专业设置上。这方面要注意两点:一是要认识到学生及其家长对高等职业教育的需求、用人单位对高职人才的需求是有差异的;二是要多途径找出、找准学校与同类竞争院校专业设置之间的差异,并且这种差异应是被社会特别是目标顾客认为是有价值的。

五、选择有效的竞争方式

市场竞争的主要方式大体上可分为价格竞争和非价格竞争。伴随着市场经济的发展,市场竞争的主导方式也经历了一个从价格竞争向非价格竞争转移的过程,这一过程大体上是沿着"价格竞争——

产品竞争—服务竞争—关系竞争"的轨迹演变的。

(一) 价格竞争

价格竞争是指依靠低廉的价格或灵活的定价与其他竞争者展开竞争,以获取竞争优势。在早期的市场竞争中,由于生产力发展水平所限,社会产品还不太丰富,产品呈现出较强的同质性,同时,由于购买力所限,消费者对产品价格十分关注,其个性化需求还未得到显现,因此,竞争的焦点主要在产品的价格上,价格竞争成为市场竞争的主导方式。然而,价格竞争是一种易于为竞争对手所仿效的竞争方式,很容易导致竞争企业之间两败俱伤或多败俱伤;而且,太低的价格往往导致质量的下降,损害消费者利益,造成顾客流失;同时,随着消费者购买力的提升,顾客所关注的利益已不仅仅局限于产品价格。因此,随着社会的发展,价格竞争逐渐为其他非价格竞争手段所取代。在今天,虽然灵活的价格策略仍然是市场竞争的重要武器之一,虽然在一些国家和地区(特别是经济欠发达国家和地区),价格战还时有发生,但价格竞争已不再是市场竞争的主导方式。

(二) 产品竞争

产品竞争是指通过产品的差异化与其他竞争者进行竞争,以获得竞争优势。随着生产力水平的进步和市场经济的发展,企业间的竞争方式发生了转变,而这一转变首先体现为从同质产品的价格竞争转向产品差异化竞争。一方面,科学技术的发展为产品差异化创新提供了条件;另一方面,随着人们生活水平的提高和消费观念的变化,消费者需求越来越复杂,市场需求的多样化呼唤产品的差异化,从而驱使企业为满足不同顾客的不同需求而不断在产品差异化方面进行创新。产品的差异化导致了市场的细分化,企业通过发现并占领一些细分市场,在满足顾客个性化、多样化需求的同时,也获得了较单纯的价格竞争更大的利润空间。因而,这种以差异化为基础的产品竞争越来越受到更多企业的青睐,从而取代了价格竞争而一度成为市场竞争的主导方式,而且至今仍然是企业参与市场竞争的主要方式之一。

(三) 服务竞争

服务竞争是指通过向顾客提供产品以外的一系列附加服务而与其他竞争者进行竞争,以获取竞争优势。产品差异化为企业带来较价格竞争更为丰厚的利润和稳定的市场,从而引起了企业的高度重视和关注,企业之间在产品差异化方面的竞争也日趋激烈,"创新—仿效—创新"的循环周而复始,而且周期一轮比一轮缩短。在巨大的竞争压力之下,差异化创新必然从产品本身向产品以外延伸,因而,与产品密切相关的服务领域也就成为了差异化竞争的新焦点,服务竞争成为继产品竞争之后企业竞争的又一重要手段。在大多数企业产品制造能力和更新换代能力接近、产品差异化程度趋于缩小的情况下,服务已成为企业实施差异化策略的一个重要利器。企业可以通过训练有素的员工为消费者提供优质服务,以满足消费者合理的差异需求,许多消费者也乐意接受企业提供的优质服务并愿意为之支付相应的溢价。因此,根据顾客需求差异设计、提供区别于竞争对手的优质服务,成为现代企业竞争优势的一个重要来源,服务竞争已取代了产品竞争而成为当前市场竞争的主导方式。

(四) 关系竞争

关系竞争是指企业通过与内部员工、消费者、供应商、分销商、竞争者、政府及其他社会公众等利益相关者建立和发展良好的关系,构建竞争优势,从而更有效地与其他企业展开竞争。随着企业之间竞争的加剧和升级,产品及服务的差异化程度越来越小,一些企业开始从产品及服务以外寻求新的差异。人们发现,通过与利益相关者建立良好的关系,企业可以更好地获得顾客的信任和忠诚,可以增强企业及其产品的知名度、美誉度,建立良好的产品形象和企业形象,提升品牌价值,可以建立有利的内外部竞争环境,而且可以减少交易成本,从而增强企业的竞争能力和盈利能力。通过建立良好的关系网,使得竞争不再是在企业之间进行,而是在网络之间进行,一个建立了更好的关系网的企业将比竞争对手获得更大的竞争优势。目前这一竞争方式已初现端倪,而且可以断定,它必将成为未来市场竞争的主导方式。

从上述分析可以看出,市场竞争的方式主要有价格竞争、产品竞争、服务竞争、关系竞争等。对高职院校而言,办学收费项目和收费标准都必须执行政府的统一规定,只能在政策许可的范围内作细微调整。因此,除公办高职院校与民办院校、普通本科院校存在一定程度的价格竞争外,价格竞争不具有作为一种竞争手段的意义。现阶段,高职院校应主要从产品竞争、服务竞争、关系竞争方面寻求有效的竞争方式组合。即通过开发新的专业、建立适应社会需求的专业体系,从学生顾客和用人单位顾客的需求出发提供优质服务,与教职员工、学生及其家长、用人单位、政府等建立良好关系等方式,构建和获取竞争优势。

第五章

高职院校目标营销策略

　　从营销学角度讲,高职院校的主要任务就是面向学生顾客和用人单位顾客两大顾客市场,提供高等职业教育服务和培养输送高职人才。但对于任何一个高职院校而言,它都不可能为两大顾客市场上的所有顾客服务,因为顾客数量太多,而且顾客的需求各不相同。为此,高职院校必须对其面临的市场进行细分,选择本院校的目标市场,并努力为自己的目标顾客提供满意的产品或服务。

第一节 高职院校市场细分策略

所谓市场细分,就是根据顾客需求的不同特征,将一个市场分为若干不同的顾客群体,并描述他们的轮廓。

市场细分的程序一般包括3个步骤:① 调查阶段。调研人员与顾客(现实的及潜在的顾客)进行非正式交谈,并将其划分为若干个专题小组,以便了解他们的动机、态度和行为,在此基础上,以调查表的形式搜集顾客对产品(或服务)的属性及其重要性的评价,顾客对产品(或服务)类别的态度,被调查对象的地理变量、人文统计变量、心理变量、行为变量等一系列资料。② 分析阶段。研究人员使用一些统计分析方法对所获取的资料进行分析,整合相关性很大的变量,并对顾客在各个变量上的差异进行聚类分析。③ 细分阶段。根据聚类分析的结果,将顾客按照不同的地理变量、人文统计变量、心理和行为变量等划分为若干个不同的顾客群体,每个群体即为一个细分市场。

在进行市场细分时,必须注意细分的有效性。一个有效的市场细分必须符合以下几个标准:① 可衡量性,即用来划分细分市场的变量应该是可以测定的。② 足量性,即细分后的子市场其规模要大到足够获利的程度。③ 可接近性,即营销者能够有效地到达细分市场并为之服务。④ 差异性,即不同的细分市场在购买观念上能明确区别,并且对不同的营销组合因素和方案有不同的反应。⑤ 相对稳定性,即所选择的细分变量及细分以后各子市场的需求特征,在一定时期内能保持相对稳定,从而便于营销者有针对性地采取营销行动。

　　根据市场细分的一般理论,结合对高职院校顾客的需求情况调查,笔者认为,对高职院校两类顾客可分别依据各自有关的变量进行细分。

一、高职院校学生顾客市场的细分依据

(一)入学前的学业状况

　　目前在我国,高职院校的学生顾客购买高等职业教育服务存在一定的制度限制,这一限制主要体现为必须参加一定的考试(如高考)且成绩必须达到相应的分数线。学生顾客对高等职业教育服务的需求基本上取决于其对考试成绩的预期,而这一预期又取决于其在高中阶段的学习状况。从调查结果看,在重点高中学习成绩中等以上的学生一般都将接受本科教育作为自己的目标选择,其他的一般会将高职院校作为自己的升学选择之一;在一般高中学习成绩拔尖及中上的,其升学意向也都倾向于本科院校,而中等及中等以下的则更多地倾向于高职院校。按照这一结果来对潜在学生顾客的需求进行分类可能因缺乏明确的划分标准而难以操作,在实际细分时,可结合各地历年的高考录取分数线和学生在高中最后阶段的各科成绩状况确定一个具体的分级标准。

(二)学生顾客对高等教育层次和类型的偏好

　　这一偏好表现为有些高中阶段学生愿意接受高等职业教育,而也有一部分高中阶段学生在接受高等教育的意向上则是"非本科院校不上"。这一点从第三章列举的有关调查结果中可以得到佐证。这表明,学生顾客对高等教育层次和类型的偏好是其购买需求的一个重要特征,尤其对高职院校而言,更应关注这一特征。可根据这一偏好及其强度的差别,对潜在学生顾客市场进行细分。

(三) 学生顾客对高校专业的偏好

由于学习兴趣和学习能力不同,以及对高职院校不同专业未来的就业预期不同,学生顾客在选择接受高等职业教育服务时,会呈现出比较明显的专业偏好差别。如有的学生顾客喜欢选择文科类专业,因为他们对一些理工类专业不感兴趣,或担心自己学不好;有些学生则更喜欢理工类专业,认为这些专业将来容易就业;有些学生倾向于选择一些通用类专业;有些学生则喜欢选择一些专业性很强的专业。学生顾客的专业偏好是其购买需求的一个重要特征,根据这一特征对顾客进行细分,有助于高校根据顾客需求确定自己的产品组合(如专业设置)和服务市场。

(四) 生源所在地区

不同地区的学生顾客其需求特征也存在明显的差异。如以江苏为例,多数考生一般倾向于选择江浙沪地区及北京等大城市的高校,而在江苏省内,苏南的学生往往不愿选择苏北的高职院校就读,苏北的学生则乐于选择苏南的院校。此外,由于受所在地区的产业结构的影响,来自不同地区的学生顾客在选择专业时也有着不同的倾向性,以江苏为例,苏、锡、常一带的学生中选择机电、数控技术、商贸外语类专业的较多,镇江、扬州一带的学生选择化工类专业的较多,选择旅游类专业的也多为苏州、无锡、镇江、南京等地的学生。因此,根据生源所在地不同对学生顾客市场进行细分,有利于高职院校在专业设置、招生计划投放、招生宣传与公关等方面制定更有针对性的营销策略。

(五) 家庭人口数及收入状况

这里主要指学生顾客是否为独生子女以及家庭收入水平高低而

导致的购买需求上的差别。调查发现,家庭比较困难的学生,在高中阶段学习结束后如果不能考取普通本科院校,绝大多数不愿再就读高职院校;家庭收入较低的独生子女以及家庭收入一般的非独生子女,在选择高职院校时绝大多数会将收费标准及其减免或优惠政策列为最先考虑的因素,而对学校声誉、专业类别方面的考虑则次之;而家庭收入中等以上的学生在选择高职院校时考虑的主要因素则是学校声誉、专业是否符合个人兴趣、毕业去向、学校服务设施等。

二、高职院校用人单位顾客市场的细分依据

(一) 行业类别

用人单位所属行业直接决定了其所需求的人才类别。因此,高职院校应对用人单位的行业进行细分,在此基础上确定本院校重点应向哪些行业输送自己的毕业生。

(二) 地区

用人单位所在地区不同也会体现为对高职院校毕业生的需求特征上,如某些地区产业结构决定了该地区的用人单位更多地需要某一方面的人才;不同地区的用人单位为高职院校毕业生提供的工资待遇会呈现出地区性差别。根据用人单位所在地区不同对其进行细分,高职院校可确定自己应重点为哪些地区的用人单位输送人才,或者某一类别的毕业生应主要输送至哪些地区的用人单位。

(三) 需求偏好

用人单位顾客的需求偏好不同主要体现在人才需求方面,倾向

于使用什么规格的人才,是否愿意或乐于录用高职院校的毕业生,要求所录用的人才具备哪些技术等。如有的用人单位在用人方面注重学历,在同类专业的毕业生中更愿意接受本科及本科以上的;而有的用人单位则注重实践能力,更乐于接受高职院校毕业生;某些位于大中城市以外的中小企业更愿意接受来自农村的高职院校毕业生,因为他们的流动率低。根据用人单位顾客需求偏好的差别对其进行细分,有助于高职院校选择自己的目标顾客,以及确定本院校应把重点放在目标顾客所重视的哪些技术能力的培养上。

(四) 规模及需求能力

用人单位的规模及需求能力差别主要体现为有的用人单位对某一专业高职院校毕业生的需求量大,呈现出批量性需求的特征,而有的用人单位对该专业的高职毕业生需求规模较小。通过对用人单位对毕业生的需求量的分析,确定本院校应把重点放在有大量需求但为数不多的用人单位顾客身上,还是放在有零星需求但为数众多的用人单位顾客身上。

第二节　高职院校目标市场选择策略

一、评估细分市场

在对所面临的教育服务市场和人才市场进行细分以后,高职院校必须对各个细分市场进行评价,以决定本院校为哪些细分市场提供产品或服务。

　　评价细分市场主要考虑两方面的因素：① 该细分市场的吸引力如何？即该细分市场规模有多大？未来的成长性如何？经营成本和盈利率如何？经营风险大小如何？② 该细分市场与本院校的目标与资源状况是否相一致？有些细分市场吸引力较大，但可能不符合本院校的长远目标，因此就不得不放弃。无论在哪个细分市场上经营，要想取得成功，必须具备一定的条件。有些细分市场很有吸引力，但如果本院校不具备在这个细分市场经营的某些关键资源，而且通过努力也难以获得这些资源，则本院校就不具备在这一细分市场经营的竞争优势，因而难以真正赢得这一细分市场，为此该细分市场只能放弃。

　　对任何一个组织而言，选择的细分市场应是有一定吸引力，并且自身具备了相应的资源，而且最好是具有某些竞争优势的细分市场，如图 5-1 所示。图中所示的细分评估方法及其战略选择同样适用于

	强	→	
市场吸引力	**保持优势** ◇以最快可行的速度投资发展 ◇集中努力保持力量	**投资建立** ◇挑战领先者 ◇有选择地加强力量 ◇加强薄弱地区	**有选择发展** ◇集中有限力量 ◇努力克服缺点 ◇如无明显增长就放弃
	有选择发展 ◇在有吸引力部分重点投资 ◇加强竞争力 ◇增强获利能力	**选择或保持** ◇保护现有计划 ◇在获利能力强、风险相对低的部门集中投资	**有限发展可缩减** ◇寻找风险最小的发展办法，否则尽量减少投资，合理经营
	固守和调整 ◇设法保持现状 ◇集中力量于有吸引力的部门 ◇保存防御力量	**设法保持** ◇在大部分获利部门保持优势 ◇产品线升级 ◇尽量降低投资	**放弃** ◇在获利机会最小时退出 ◇降低固定成本同时避免投资
弱	强 ◄———	资源与优势	———► 弱

图 5-1　细分市场评估及其战略选择

高职院校。

二、选择目标市场

　　在评估细分市场的吸引力和自身的资源及优势后,是不是将每个具有吸引力而且自身具有相关资源和优势的细分市场作为自己的目标市场?根据科特勒的观点,可考虑的目标市场模式有 5 种,即密集单一市场、有选择的专门化、产品专门化、市场专门化、完全市场覆盖。

　　密集单一市场模式就是只选择一个细分市场集中营销。公司通过这种密集营销,可以更加了解本细分市场的需要,并树立特别的声誉,因此可在该细分市场上建立稳固的市场地位。但这种密集市场营销潜在风险很大。

　　有选择的专门化模式是指选择若干个细分市场,其中每个细分市场在客观上都有吸引力,并且与公司的目标和资源相一致,但所选择的各个细分市场之间缺少关联或关联较小。通常这种多细分市场目标优于单细分市场目标,因为可以分散风险,即使某个细分市场失去吸引力,仍可继续通过其他细分市场获得利益。

　　产品专门化模式是指集中生产一种产品并向各类顾客销售这种产品。通过这种战略,公司可在某个产品方面树立很高的声誉,但这种模式存在的问题同样是风险较大。

　　市场专门化模式是指专门为满足某个顾客群体的各种需要而服务。利用这种战略,公司可在某一顾客群体建立良好声誉。

　　完全市场覆盖模式是指公司用各种产品满足各种顾客群体的需求。这种模式经营风险小但资源与能力分散,对实力不大的公司而言难以形成竞争优势。

对照上述目标市场选择的 5 种模式,高职院校在确定目标市场时也可选择采用这些战略。

如在用人单位顾客市场上,对高职院校而言,密集单一市场模式就是只为某一类用人单位顾客(如某个地区、某个行业或某一类别的企业)专门培养某一专业的高职人才,也就是说全校只设一个专业,并且这些毕业生也只输送至某一用人单位群体。这种模式虽然由于专业化办学、针对性强而容易办出特色,但一般较少采用,因为只有一个专业,办学风险很大,而且不利于充分利用办学资源,办学效益不高。

有选择的专门化是为多数院校所采用的模式,根据学校资源和能力情况及社会对高职人才的需求情况,选办一些专业,面向不同的用人单位培养输送人才。采用这种模式的关键是专业的选择和专业体系的构建,一定要用从社会需求和自身的资源与能力出发,形成自身特色,切不可盲目跟风。

产品专门化从严格意义上讲就是只办某一个专业,面向全社会的所有用人单位输送这方面的专业人才。从现实情况看,只办一个专业的院校几乎没有,但仅办少数几个同类或相近专业的院校是有的,这基本上也可以看成是产品专门化模式。这种模式容易形成办学特色,但存在的问题是办学资源难以被充分利用。

市场专门化模式是专门为某一类用人单位培养输送它们所需要的各种人才,这种模式在现实中也不乏其例,如有些高职院校专门为某一地区培养输送各类高职人才,某些高职院校专门为某一行业的用人单位培养输送各类高职人才。采用这种模式的关键,一是要紧扣所服务的用人单位群体的人才需求,针对性要强,由此形成优势和特色,不易为其他高职院校所取代;二是要开展关系营销,加强与所服务的用人单位群体的联系与合作,形成紧密的、深层次的校企合作关系,这样可以阻止其他高职院校的进攻。

完全市场覆盖就是面向社会各用人单位培养、输送各类高职人才，这是许多缺少行业背景的综合性高职院校所采用的模式。这种模式的优点是专业体系齐全、服务面向广、办学风险小，但容易造成办学资源分散，难以形成优势和特色，办学效益一般。采用这种模式的关键，一是专业体系要结构合理、有主有次、主次得当，突出重点专业，避免办学资源分散；二是要有办学特色，虽然是同样的专业，但要有与众不同的地方，这样才能吸引学生顾客，培养的人才也才能为用人单位顾客所欢迎；三是要有叫得响的品牌，在重点专业中要精心打造一些优势专业、品牌专业，树立形象，通过优势专业和品牌专业的品牌效应带动其他专业社会知名度、认可度、美誉度的提升。

第三节　高职院校市场定位策略

在选定自己所要服务的目标市场以后，高职院校应在选定的细分市场上为本院校及其所提供的产品或服务进行定位。所谓市场定位就是在目标顾客心目中为自己的产品或服务确立一定位置，形成一定的特色，即在目标市场上树立一定的产品（或服务）形象和企业形象，以区别于竞争者。因此，定位的实质就是寻找能使自己的产品或服务产生差异化的特定的方法，以区别于竞争者，赢得竞争优势。其核心是"差异"，也就是使顾客能获得在其他竞争者那里不能得到的某种利益。

一、市场定位的一般方法

市场定位的主要任务,就是通过集中若干竞争优势,将自己与其他竞争者区别开来。市场定位是一个组织明确其潜在的竞争优势,选择相对的竞争优势以及显示独特的竞争优势的过程。

首先,要明确自身潜在的竞争优势。为此,要弄清楚3个问题:一是目标市场上竞争对手的产品定位情况如何?必须从竞争者的成本、经营情况等各方面作出确切的估计。二是目标市场上的足够数量的顾客确实需要什么?他们的欲望得到满足的情况如何?必须准确弄清目标顾客认为能够满足其需要的最重要的产品特征,即弄清目标顾客最希望从产品或服务中获得何种利益。因为市场定位能否成功的关键,在于能否比竞争者更准确地了解顾客。三是本组织在满足目标市场顾客所需要的重要利益方面能够做些什么?需要从本组织自身各个方面进行考察和分析。通过上述3个问题的分析,组织可以从中发现自身潜在的竞争优势。

其次,要选择相对的竞争优势,即从各个方面将组织的实力与其他竞争者进行比较,从中选择一些具有显著相对优势的方面作为定位的基础。如果本组织在多个方面都具有显著优于其他竞争对手的优势,必须从中选择少数几个最突出、最具代表性、最不易为竞争对手所仿效的优势进行定位。因为如果用于定位的优势过多,一方面容易造成定位混乱或不清晰,另一方面往往令顾客产生怀疑。

最后,要显示独特的竞争优势。在选定用于定位的独特优势后,组织要采取有效措施进行定位传播,即通过一定的方式将组织用于定位的这些独特优势传递给目标顾客及社会公众,并力求在其心目中留下深刻印象。在定位传播过程中,应注意传播的信息要与组织的定位相一致,通过定位传播,让目标顾客了解和熟悉组织的市场定位,使其对组织的市场定位产生认同、喜欢和偏爱,同时,还要不断巩固、强化目标顾客的印象,稳定目标顾客的态度,加深目标顾客的感情,当目标顾客对组织及其产品的印象、态度、情感与组织市场定位目标产生偏差时要及时纠正。

市场定位就是寻求与其他竞争者的差异化,当然这种差异化必须是目标顾客所期望和认同的。一个组织市场定位的方法即寻求差异化的方法通常有:产品差异化定位、服务差异化定位、人员差异化定位、渠道差异化定位、形象差异化定位等。

二、高职院校的总体定位策略

高等职业教育是高等教育这一层次中的职业教育,是职业教育这一类型中的高层次教育。因此,高职院校在对其所提供的教育服务和所培养的人才进行定位时,首先必须与普通本科院校和中等职业学校相区别。

一是要突出高等职业教育服务和高职人才的"职业性"特色。"职业性"特色归结起来体现在三方面,即培养目标的特色、培养过程的特色和培养条件的特色。培养目标的特色是指培养生产、建设、管理和服务第一线的高级应用型人才,这是高职教育区别于其他类型高等教育的最根本的特色。培养过程的特色是指以综合职业能力为主线设计教学体系和培养方案,以应用为主旨和特征构建课程和教学内容体系。培养条件的特色是指专业教师要培养成"双师"素质教师,既懂理论又懂实践,既能上讲台又能顶岗操作;学校要有高水平的实习、实验和实训基地;学生要有足够的时间参加仿真训练和顶岗实习,训练职业技能和应用能力,练就从事某个职业所需要的技能和适应新的一线工作所需的能力。

二是高职院校所提供的教育服务和所培养的人才应有别于中等职业教育。高职教育是高等教育,不能简单认为高职是中职的延伸,只要在教学的外延方面做些拓展就可以了。中职的教学目标、课程设置、操作技能要求和学生的基本素质与高职教育相比都有较大的差距。一方面是中职教育的职业技能和职业能力偏于单一,难度较低,而高职教育的职业技能和能力趋于复杂、综合,难度等级有较大提高;另一方面就是高职教育更为重视专业知识和理论知识的学习,具有较高的知识素养。众所周知,正如文化知识学习无法取代实践操作训练一样,在实践基础上熟能生巧式的技能同样无法替代文化和理论的学习,现代职业的技能和能力都要求理论技术与经验技术的结合,理论是实践的依托,没有知识理论底蕴,实践也就成了盲人瞎马。同时,知识本身有一个从低到高、由浅入深的发展顺序,若不能掌握相当程度的专业理论知识,就无法理解和融汇与之相适应的技术知识,两者是相辅相成的。另外,从企业实际调查中也了解到,企业普遍认为高校毕业生较中等职业学校毕业生知识丰富、发展后劲大。他们的这一优势正是专业理论知识积累的优势。高职教育要坚持强化其高等教育功能,丰富和提高知识层次,从而体现高职教育高层次、高起点的特点。

三、高职院校的具体定位策略

除了上述在总体定位上突出职业性与普通本科教育相区别、突出高层次高起点特点与中等职业教育相区别外,就高职院校个体而言,还可从办学模式、服务范围、专业设置、课程设计、教学过程、师资队伍等许多方面寻找差异化,构建特色,使其区别于其他的高职院校,从而在目标顾客心目中树立本院校及其产品(或服务)的独特形象。

(一)办学模式差异化策略

虽然近几年来随着民办高职院校的快速发展,我国高职院校的办学主体呈现出多元化趋势和特征,但从总体来讲,高职院校的办学模式仍较为单一。这主要体现在,高等职业教育是一种具有明显职业指向性的教育,但企业及其他用人单位参与高职教育办学的广度、深度都远远不够。为此,高职院校可以通过产学研一体化等办学模式寻求差异化,构建自身特色。

高职教育所培养的人才,比起其他类型的高等教育来说,更直接服务于经济建设,更直接体现社会发展的现实需求。高职教育在办学过程中,应该全方位地与经济建设和社会发展的实际接轨。目前不少高职院校在建立实习基地等方面做了一些相关的工作,但始终未能取得根本性的突破,主要是由于办学指导思想不够明确,仅仅将产学研合作限于某一局部、某一环节来改革,或作为某一具体的教学方法和手段来操作。坚持产学研合作的办学模式,不能只停留于教学方法、手段或其他局部改革,而应该通盘考虑各种办学要素,然后统筹运作,抓住内在联系和统一性,使方方面面有机结合、相互作用,最优化地实现高职教育的办学目标和预期效果。

产学研合作的办学模式大致有3种形式:学校办企业;企业办学校;校企联合。通过产学研相结合,高职院校可以在以下几个方面建立自身特色:

一是学校与企业共同确定培养目标。从目前情况看,许多高职院校的人才培养目标仍然主要由学校单方面制定,学校培养的毕业生企业用不上、企业急需的人才学校又难以培养出来的情况并不少见。通过校企联合办学,双方可以共同确定培养目标,这样学校所提供的教育服务和培养的人才更能符合学生顾客和用人单位顾客的需要。首先,在专业设置上更能体现企业的发展需求,因为社会发展需要什么样的人才,企业是最清楚的。其次,专业设置更能体现前瞻性。随着科学技术的发展,知识更新的不断加快,新的设备不断问世,新的工艺不断出现,原有的职业岗位技术含量和技术水平也随之提高延伸。校企合作办学可以及时跟踪岗位技术、技能的变化,从而对原有专业的课程内容进行升级。再者,专业设置更能体现稳定性。通过校企联合确定的专业往往更符合实际和发展需要,生命力较强,持续时间较久。

二是学校与企业共同组织教学。高等职业教育离开了实践性教学环节就没有质量。抓高等职业教育的教学质量,就是要突出实践性教学环节,这是培养学生实践能力的主要途径。我国目前的许多高等职业院校,无论是实习、实训场地,还是指导实习、实训的"双师"素质教师,都远远不能满足教学需求。通过校企合作,可以在实习、实训中聘请知识渊博、技术精湛的企业科研人员和工程技术人员担任兼职教师,将科研、工程项目和生产实践中的新成果及新技术充实到实训内容中去,及时引入高新技术,提高实训的层次和技术水平,让学生在实训工作中运用已学过的专业知识,通过群体工作来完成必要的技术、技能训练项目,这样学生不仅能取得实际工作经验,还能培养团队协作精神、群体沟通技巧、组织管理能力和领导艺术才能等个人素质。通过校企联合,学生也能在企业生产的真实情境下,执行国家及行业职业技术规范标准,强化职业道德和劳动素质的培养,从而学到真实的本领。

三是学校与企业共建"双师"素质教师队伍。高等职业教育的任务和特色决定了教师不仅要有较高层次的基础理论和专业技术,而且要有相应的实践经验和操作技能。校企联合更有利于高职院校"双师"素质教师队伍的建设。首先,可以利用企业有利的条件对教师进行必要的培训,选派教师定期到企业挂职锻炼、顶岗工作,由企业的科技、工程技术人员直接进行传、帮、带。其次,在抓好校内专业教师队伍建设的同时,还可以从企业生产第一线聘请有专业经验的技术型、技能型人才做兼职教师。在德国实行"双元制"的学校,其兼职和专职教师之比达1∶1,有的学校达1.5∶1。这些兼职教师长于专业教学,善于理论联系实际,针对性强,教学内容实际、实用、有实效,他们还是联结学校和社会的纽带,特别是与校内教师一起,共同研究教育内容,整理编写教材,进行"互补式教学",共同完成理论与实践教学的任务。这些国外高职教育的成功经验值得我们借鉴。

四是学校与企业共同承担培养人才所需资金。限于财政经费总量的控制,国家目前还拿不出更多的钱来支持地方发展高等职业教育。企业是高等职业教育培养高层次应用型人才的直接受益者,现代企业,尤其是高新技术含量高的企业,要想实现产品从样品到成品批量的生产过程,必须依靠高素质的应用型人才,而这类由高等职业教育培养的高素质应用型人才,是达不到规格要求的中等职业学校毕业生和缺乏职业训练的普通高校毕业生所难以替代的。校企联合办学有利于促进高职院校与企业共同发展的良性循环。

五是学校与企业共享教学与科研成果。通过校企联合办学,企业可与高职院校共享教育、科研成果,高职院校依托企业,可以更有效地开展教学与科技研究,并有利于研究成果的转化利用。

(二) 服务范围差异化策略

目前我国许多高职院校在其服务范围上定位不够清晰,专业设置缺乏针对性,学生就业也没有明确的指向性。高职院校是直接为生产、技术、管理第一线培养高级应用型人才的机构,其专业设置应紧扣经济建设和社会发展的需要,学生毕业以后的去向应较为明确。准确定位服务范围,即明确为哪些地区培养什么样的人才、学生毕业后到哪些单位什么样的岗位就业,这一点对高职院校获得稳定的顾客源、赢得竞争优势有着重要的意义。

在服务范围上,高职院校可以从3个方面寻求差异化:一是在服务的空间方面,是服务于社区、地市、全省还是全国;二是在服务的领域方面,是服务于某一行业或某些行业,还是没有明确的行业指向,或服务于整个社会;三是在服务的岗位类型方面,是服务于研究与开发等工作,还是服务于生产及管理第一线的实际工作。从相关理论研究和实践探索的情况看,高职院校的服务面向越来越呈现出地方化、行业化、基层化的趋势。

目前我国多数高职院校都有地方政府的投资,地方政府之所以投资兴办高职院校正是为了促进地方经济建设和社会发展,因此高职院校在定位其服务范围时,一个重要的策略就是地方特色,即紧扣地方产业结构及其调整趋势设置专业、输送人才。以地方特色为主定位服务范围,一方面有利于提高地方政府和当地企业投资兴办高等职业教育的积极性,另一方面有利于加强高职院校的专业建设,提高专业竞争力,此外,可以使高职院校培养的毕业生适销对路,有利于高职院校获得稳定的学生顾客源和用人单位顾客源。服务面向地方化既是教育外部关系规律的反映,也是教育成本分担的诉求,还是和谐社会发展的需要。首先,经济的区域化发展客观上要求高等教育的地方化。我国各地区经济在结构和水平上差别很大,客观上要求不同的高等教育与之相适应。与其他类型和层次的高等院校相比,高职院校与产业经济的联系更为紧密,地方化的要求更加突出。其次,根据教育成本分担理论"谁受益、谁投资"的原则,既然我国政策多次强调发展职业教育的主要责任在地方,而现有的高职院校也主要由地方政府投资举办,高职院校就应该主要为地区经济与社会发展服务,也只有这样,它们才能获得地方的支持,获得可持续的发展能力。再次,从当前我国经济社会发展的战略来看,不论是科学发展的实践,还是和谐社会的构想,都离不开区域发展的协调。这客观上要求经济欠发达地区和落后地区的高职院校为本地区经济和社会发展服务,多做"雪中送炭"的工作,而不是趋于"锦上添花",都为发达地区服务。

与普通高等学校相比,高职院校实施的高等职业教育具有更强的针对性、实践性和应用性,培养的是各行各业所需的应用型人才,其办学越接近实际,越接近用人单位,就越能实现人才培养的目标。面向行业和服务于行业,既是服务于地方的具体体现,也是高职院校提高办学质量和效益、办出特色的必然要求。首先,高职院校要面向地方,为地方经济建设和社会发展服务,主要是通过服务于地方的行业来实现。若没有明确的面向行业服务的措施,高职院校服务于地方也就成了比较空洞的设想,是很难保证的。从这个意义上说,高职院校服务面向的行业化是地方化的具体体现,这与中央部门办学所服务的全国范围的行业是不同的。其次,服务于行业既能增强高职院校人才培养的针对性,又能获得行业的理解和支持,从而有利于提高应用型人才培养的质量和效益。对于那些直接由行业举办的院校来说,则更是如此。再次,高职院校在服务于地方行业的办学积累中,容易走出一条与其他高职院校不同的发展路径来,从而形成自己的办学特色。

从人才学的角度看,教育必须与一定时期社会对人才需求的结构相适应。我国提倡大力发展高等职业教育,就是要改变我国服务于第一线的应用型人才极度缺乏的现状。因为这类人才的培养任务是普通高等学校无法承担的。从教育类型上看,高职院校实施的针对性、实践性和应用性很强的高等职业教育,必须与一线工作的实际需要紧密结合,这样才能培养出实践能力强的技能型人才,因此服务面向基层就理所当然。总之,在岗位类型上,高职院校的服务面向主要是在基层,这既符合当前我国社会发展对高等职业教育发展的需要,也是提高高职院校办学质量的基础。

(三) 专业体系差异化策略

从营销学角度看,一所高职院校的专业体系即是其产品组合,它是高职院校差异化的重要来源。一所高职院校到底应该设哪些专业?这个问题看似简单,其实非常复杂而又重要,它直接关系着学校的生存和发展。我们通常说,专业设置必须适合社会需求,许多高职院校因此就认为,社会需要什么人才,我们就办什么专业,这种理解其实是片面的、似是而非的。因为社会对人才的需求是庞杂的,绝非任何一个学校所能胜任。问题在于我们选择什么,怎样选择。选择什么和怎样选择,在专业设置的决策面前,我们必须遵循教学规律,必须接受系统理论的指导。一所高职院校的主要办学资源——师资、设备等总是相对稳定的或被限定的,如何最大限度地发挥资源的作用,取得办学的最大效益和效率,这是我们在专业设置时必须考虑的首要问题。系统管理学派认为,从系统观点来考察和管理组织有助于提高组织的效率与效益。组织管理者不能因为只注意一些专门领域的特殊职能,而忽略了组织的总目标。在学校专业设置这个重大管理决策中,我们应该把联系、效益、效率等概念放在重要位置,这就要求学校所设的专业形成几个专业群,这是第一层面的要求;专业群之间如果又具备某种联系,能形成一个完整的专业体系,那就达到更高层面的要求。

高等职业教育的专业是建立在"职业"与"技术"基础之上的,专业设置更应注重"职业"与"技术"的技术含量和复合性水准。在这个前提下,应按照稳定性、前瞻性和对应性原则构建高职院校的专业体系。

首先是稳定性原则。社会职业与职业岗位纷繁复杂,而且随着社会发展,它们又都处于不断变动中。面对这样一个动态的大系统,根本不可能为每一职业岗位或者每一种职业分别设置相应专业,设置专业的决定性因素是教学稳定性。一是根据较广的职业覆盖面设置专业,如会计、文秘、计算机应用等职业,由于生源充沛,能保证教学稳定和教育效益,可以单独设置专业。二是根据职业岗位群设置专业,如机电一体化、纺织工程等,所培养的学生一专多能,具有较强的适应能力和转岗能力,可以设置专业群。三是根据技术水平设置专业。新技术的出现是技术内涵的质变,是技术水平的提升。如数控技术、网络技术等,需要高职院校适时培养掌握新技术的高级应用型人才,可设置相应专业。

其次是前瞻性原则。高职院校人才培养周期一般为 3 年,虽然短于本科院校,但由于应用型人才的特点,这个周期还是造成程度不同的滞后现象。因此,专业设置的前瞻性显得十分必要。要前瞻,就不能"跟风"。教育前瞻就是探索知识、技术发展的规律,了解今后几年的走向,然后预先设置新专业,培养掌握新技术的人才,实现时间上的最佳结合点。

第三是对应性原则。高职院校专业设置必须体现高职教育的特色。所谓对应性,有两层含义。一是作为职业教育,它必须对应于一定的职业范围,学生能顺利就业、迅速上岗、体现较强的适应性。二是要对应于学校自身办学资源,也就是说,设置一个专业,必须具备相应的师资、设备等教学资源。虽说教学资源是可以引进、添置的,但至少在一个专业设置之前具有一定的基础。这既是教育的规律,又是为学生负责的态度。针对目前部分院校只考虑社会需求、不顾自身条件盲目设置所谓热门专业的现象,有必要强调这一教育规律的制约性。

(四) 课程设计差异化策略

课程体系的构建是高职院校培养高素质应用型人才的重要环节,是决定如何培养学生、培养什么样学生的关键,也是高职院校寻求差异化、构建自身特色的一个重要着眼点和立足点。目前许多高职院校已实质性推进课程体系改革,打破本科"压缩型"的学科体系和"三段式"(即公共课、专业基础课、专业课)课程模式,构建符合高等职业教育本质要求、具有本校特色的课程体系。如有的学校以工作过程为导向构建课程体系,有的借鉴国外的 CBE 课程模式构建课程体系,有的融合职业资格考核构建"双证制"课程体系等。

高职院校实施课程体系差异化策略应坚持以就业为导向、以能力为本位、以学生为中心的原则,这是高等职业教育课程观的核心。

高职院校课程体系改革要有所突破,就要坚持以就业为导向,实现课程教学与就业需求紧密结合。以就业为导向进行课程目标设计,不仅要有普通教育共性目标要求,而且要有清晰的职业基本能力要求以及具体职业岗位的工作标准,要明确职业岗位人才规格、知识结构、能力结构的目标定位。突出岗位培养目标并不否定一般人文素质和一般职业素质培养目标,而是把学生思想品德、文化知识以及审美、体质、心理等素质教育同专业技术能力的培养以及职业岗位技能训练紧密地结合在一起,贯穿其中。这种一般素质、职业能力、岗位技能"三位一体"的课程目标模式,由于课程目标瞄准某种职业,落实到具体岗位,就业方向直接在学校人才培养的课程方案中清晰体现,使课程目标直接与就业目标挂钩,可以大大缩短学校教育与就业需求之间的距离,为学生毕业后直接上岗提供条件。

使学生获得在合适的职业岗位上工作所需要的各种能力,是职业教育的最主要的任务。"以能力为本位"的"能力"不仅仅是指"技能",就业岗位需要的也不仅仅是"技能",而是包括职业道德和行为规范、思维能力、表达能力、团队合作能力、继续学习能力、职业发展能力和创新能力等等关键能力在内的综合职业能力。"以能力为本位",就是要结合社会、企业、职业、学生等因素的动态变化,最大限度地满足企业(行业)对应用型高技能人才要求的取向,主要体现在以下几个方面:一是以企业(行业)岗位(岗位群)应具备的综合职业能力作为配置课程和界定课程的依据,摆脱"学科本位"的课程思想,按岗位能力要求精简课程内容;二是课程体系以能力培养为主线,以能力训练为轴心,淡化公共基础课、专业基础课和专业操作课的界限,重新整合课程;三是建立新的课程质量评价体系,改革考试、考核办法;四是依据企业(行业)生产的实际和特点,建立以基本素质培养为基础,以能力训练为中心,理论教学体系和实践教学体系既相对独立又相互融合的人才培养模式;五是以职业岗位(群)能力为中心,建立专业课程能力培养体系;六是以专业技能培养为核心,建立实践课程能力培养体系。以能力为本位的课程体系为扎实开展实践教学创造更大的空间,为课程内容的取舍提供了一个框架,使高职课程得以突破学科理论体系,形成符合职业教育培养目标的特色。

高等职业教育课程体系的构建应从学生顾客的实际出发,兼顾学生顾客个体差异,坚持人人发展的原则,使教育能够因人施教,让人人都能够获得发展。因此,课程的设置必须充分体现以学生顾客为中心,既要反映社会对毕业生知识、能力、素质的要求,反映当今社会生产力水平和科学技术水平,反映人才培养目标和培养规格需要,又要有利于学生个性的充分发展、身心的全面发展和人的可持续发展,有利于学生创新精神和创业能力的培养。唯有如此,课程体系改革才能与职业教育人才培养目标一致,才能与学生的发展相一致,才能和社会经济文化的发展相一致。

高职院校要构建符合高职教育特点、具有竞争优势的课程新体系,必须抓住几个重点:一是要注重课程体系的整体优化,二是要注重课程结构的模块化,三是要注重知识技能的综合化。

以职业岗位能力为核心构建课程体系的改革是一项系统工程,每一门课程在课程体系中是相互联系和影响着的。课程体系改革必须从整体出发,在实现整体培养目标的前提下,明确每一门课程在课程体系中的地位、作用,从而确定它在课程结构中的主次、性质以及内容的增减。要克服课程内容的重叠,减少课时数量和课程门数,提高教学效果和质量,凸现职业教育特色,尽可能地使课程的功能取向和整个系统的取向一致,通过各门课程的相互配合和协调发展,达到课程体系的最佳状态。

课程结构的模块化,就是根据职业岗位(群)对专业知识、能力的标准和要求,对职业岗位(群)必需的知识点、技术技能标准和要求等要素进行分析、分解,并将其组合成相应的课程模块,通过对课程模块进行科学组合从而构建相应的课程体系。根据市场需求,一个专业设置几个模块,模块间既有差异,又有联系,可以进行灵活变化与组合,体现出课程结构灵活性、多样化的特点。每个模块由一定含量的知识和技能构成。同一专业下可设置不同的专业方向,按专业方向不同设置课程模块。不同的专业要根据专业本身及其发展的需要,选择确定所需课程模块及比例,并进行灵活和科学的组合,突出课程的专门化、综合化和职业的定向性,以模块式的课程结构来构建高职教育课程体系。

课程内容是实现课程目标的重要载体。由于产业结构、就业结构的不断变化,对就业者综合素质的要求越来越高,必须重视学生综合能力的培养,加强创新能力和开拓精神的培育。在构建高职课程体系时,要立足于学生综合素质的发展,以培养应用能力为主线,精选就业岗位必需的知识、技能,妥善处理好知识、技术、能力以及理论性和职业性之间的关系,选择与专业核心要素有关的基础理论知识,打破学科体系,将某些基础知识、专业基础知识和专业技能重新组合,搭建成新的内容框架,整合成新的课程。

(五)教学过程差异化策略

高职院校的教学过程是高等职业教育服务的直接提供过程和高职人才培养目标的具体实施环节,也是最能体现不同院校特色的环节之一。高职院校可以通过对教学过程各环节的设计来构建自身特色。在高职院校的教学过程中,实践性教学是最重要的环节,目前在这一环节的组织上,有的高职院校借助实验室来进行,有的借助校外实训基地来进行,有的则直接在企业相应的岗位上进行,而有些高职院校由于办学条件所限,仍采用理论传授的方式代替实践性教学环节。高职院校要想构建自身特色,在教学过程的组织上是大有文章可做的。目前,对工学结合模式的探索和实践是高职院校寻求教学过程差异化的一个重要方向。

工学结合模式就是把高等职业教育的教和学过程,从传统的、封闭的学校教育情境中解脱出来,并以较大的程度置于校园课堂以外的真实社会环境之中,通过教学、实训与社会实际嵌入式胶合而不是模拟式、仿真式结合来及时满足现实社会和经济发展对高素质应用型人才的需要。工学结合的基本形式是校企合作,按校企合作的程度来划分,可将其分为3种形式:一是学生进厂式,学校的学生、教师、课程、管理进企业,在企业建立与学校相似的教室,实践课全部在车间授课,理论课在企业的专用教室授课,企业教师与学校教师交替授课,企业环境与学校环境结合,企业资源与学校资源结合,是一种学训在企业的工学结合形式。二是企业进校式,即企业的文化、管理、工作过程、设备、员工进入学校,学校教师与企业教师交替授课,学校环境与企业环境结合,学校资源与企业资源结合,学生在学校与企业共建的教室、实训室学习知识、培养技能,是一种学训在校内进行的学工结合的形式。三是校企合一式,根据学生所学专业的学制,校企双方联合组建管理机构,灵活恰当地安排学生在不同的阶段进厂、进校,学校即是工厂,工厂即是学校,校企合一。

(六) 师资队伍差异化策略

高职院校的师资队伍状况是影响其所提供的高等职业教育服务

质量和所培养的高职人才质量的重要因素。教师的能力、资格、服务意识、负责精神、与学生的沟通程度等都是构建高职院校特色的重要方面。其中,"双师"素质教师的培养尤其应引起高职院校的重视。

如前所述,高等职业教育有别于普通高等教育:在培养目标上,高等职业教育培养的是服务于一线的技术应用型、现场管理型的人才;在专业设置上,高等职业教育专业设置要适应市场经济发展的需要,适应技术发展和技术应用的需要,特别是要适应社会基层工作中生产、技术、管理等岗位的职业需要;在培养模式上,高等职业教育强调能力的培养,尊重学科但不恪守学科,形成以能力培养为主线、理论作为知识点进行渗透的模式,或者形成以理论教学和实践教学交叉进行、理论教学服从于实践教学的模式,高职教学总体上是分阶段能力培养的模块式目标教学;在课程教学上,高职教育的专业课以职业能力培养为主,某一门课程实施的结果往往是为了使学生取得某个职业岗位的资格证书或技术等级证书,以实现高职教育的"双证制"。因此,高职院校的专业课教师既要具备教师的一般资格,即较高的学历层次和专业理论知识、高尚的师德风范、良好的心理素质,掌握教学的基本原则,熟练运用教学技巧,合理组织与控制教学过程,还要具备一些特殊技能,即与经济建设、社会发展相适应的实践性教学技能,或与某行业的建设与发展相适应的实践性教学技能,或与某特定工作岗位及岗位群相关的实践性教学技能,或能兼任与高职教学密切联系的生产、技术开发、技术服务等工作。

高职教育需要一支"双师"素质教师队伍,他们既能从事理论课教学,同时又能从事实践性教学环节。如何建设"双师"素质教师队伍?这也是体现各高职院校特色的一个重要方面。如有些高职院校通过多渠道引进教师,改变现有教师队伍的结构,从生产单位、科研机构、经营管理部门调进既有丰富的实际工作经验和相关专业理论知识,又具备作为教师的潜在能力的专业人才来充实师资队伍;有的则通过选派教师参加各种形式的培训和进修,改变现有教师个体所具备的知识和技能结构,要求从事专业课教学的教师到生产现场去学习,或是参加与专业对口的技术等级证书、技能考评员资格的培训和考试;有的聘请校外有实践经验的专家担任学校的兼职教师,承担一定的教学任务;有的高职院校自己开办工业中心、技术开发或技术服务机构,要求专业教师参加技术开发、技术服务和工业生产的工作,或者将专业教师轮换到这些单位去工作;等等。

(七) 学校形象差异化策略

在市场上,市场定位表现为不同高职院校各具特色的产品形象。由此,通过形象差异化赋予高职院校及其产品与其市场定位相适应的市场形象,就成为实现市场定位的一个必不可少的重要手段。为了塑造高职院校及其产品鲜明的个性,以在顾客心目中树立起良好的形象,就必须充分利用多种沟通手段,如标志、媒体、气氛和事件等,把有关高职院校市场定位的信息传递给目标顾客和社会公众。

高职院校的形象标志主要包括校名、校徽、校旗、校歌、色彩、校园环境及标志性建筑等。高职院校应用一些容易识别的独特形象标志来表达学校及其产品的形象特征,以塑造具体可感的学校及其产品的形象特色。高职院校还应充分运用各种媒体,将其形象及形象标志反复传递给目标顾客和社会公众。如制作专门的宣传画册、光盘等宣传材料,传递学校的定位理念、办学特色、学校及产品形象;将形象标志设计在网页中,印制在建筑物、车辆、服装、校徽、信封、专用纸张和出版物上等。高职院校应努力在一些特定场所,如教学办公场所、社会服务场所、用人单位人才招聘场所等,营造一种与其形象相适应的良好气氛。高职院校还可以通过各种社会活动,如社会实践和社会调研、慈善活动和公益活动、科技咨询与服务等来宣传和塑造自己的形象。

第六章

高职院校营销组合策略

为满足顾客需求,提高顾客满意度,高职院校在营销活动中必须对一切可控因素有效地组合运用。关于营销组合的具有重要影响的代表性理论主要有4Ps理论、4Cs理论和4Rs理论。在此,我们以经典的4Ps营销理论为基础,着重从产品、价格、渠道、促销4个方面对高职院校的营销组合策略进行分析。同时,对4Cs理论和4Rs理论在高职院校营销中的应用作简要探讨。

第一节　高职院校产品策略

在营销学中,产品泛指一切能够提供给市场以满足顾客需要的东西。产品的整体概念主要包括 3 个层次:核心产品、形式产品和附加产品。核心产品是指顾客购买某种产品时所追求的核心利益,是顾客真正要买的东西,是产品概念中最基本、最主要的部分。形式产品是核心产品借以实现的形式,即向市场提供的实体和服务的形象。附加产品也称延伸产品,是顾客购买形式产品时所获得的全部附加服务和利益,它是形式产品的延伸或附加,能够给顾客带来更多的利益和更大的满足。高职院校的产品具有特殊性,与通常意义下一般消费品市场的产品不同,但从广义上理解,高职院校的产品也应包含这 3 个层次。

如前所述,高职院校的产品包括两个方面:一是高职院校向用人单位顾客输送的高职人才,一是高职院校向学生顾客提供的高等职业教育服务。因此,高职院校的产品策略应围绕这两类顾客的需求来设计。

一、高职院校的产品组合策略

(一)根据人才市场的需求合理设计产品组合

所谓产品组合是指一个特定的销售者售予购买者的一组产品,

它包括所有的产品线和产品品目。从营销学角度看,一个高职院校的专业体系即是其产品组合。高职院校应在市场调查、分析的基础上,制定合理的产品组合策略。如可采用波士顿矩阵等方法对现有产品组合(专业体系)进行分析,对明显不适应市场需求的专业应予以淘汰,需求不旺、成长潜力不大的专业应相对收缩,重点发展市场需求旺、成长性好的专业,同时要积极开辟、培植成长潜力较大的新专业。在管理产品组合时,要避免犯“营销近视症”。对有些学校而言,某些专业的办学历史较长、办学经验丰富、师资力量较强,甚至是学校的重要支柱性专业,但随着科技进步和社会发展,这类专业已明显不适应市场需求,对此要舍得忍痛割爱,切忌抱死不放。具体而言,为更好地满足人才市场用人单位顾客的需求,高职院校应从以下几个方面来设计产品组合:

1. 产品组合的宽度决策

产品组合的宽度是指营销者具有多少条不同的产品线。就高职院校而言,产品组合的宽度可以看成是其所拥有的专业学科门类,一般情况下,学校按专业学科门类划分为系(或学院),高职院校的一个系即是其一条产品线。因此,简而言之,高职院校产品组合的宽度就是其拥有多少个不同的院系。有些高职院校只有很少的几个院系,而有些高职院校则拥有学科门类较广的众多院系。高职院校的所设院系的多少实际上涉及学校服务范围的决策,即是针对少数行业、少数职业岗位的用人需求培养人才,还是面向全社会多数行业、多数职业岗位的用人需求办学,这取决于学校的战略目标和资源状况。以建设综合性院校作为发展目标的一般选择多院系办学的方式,通常这类学校在师资、设施等方面应具备较强的实力,而且由于其服务范围较广,一般要有较高的社会知名度,能在众多的行业、地域获得竞争优势。就目前高职院校的总体情况来看,多数以地方办学或行业办学为主,其人力、物力、财力等方面也存在诸多局限,因此,对大多数高职院校而言,较适宜的策略应是选择较少院系、相对专业化的经营方式,根据地方产业结构在人才需求方面的特点,有针对性地培养人才,或是专门面向某一行业,培养该行业所需人才,或者专门面向某一类或少数几类岗位群培养人才。即对大多数高职院校而言,在产品组合的宽度决策上应以面向地方或行业人才需求的较小宽度为宜,一般不宜采用大宽度、综合性办学模式。

2. 产品组合的长度决策

产品组合的长度是指产品组合的品目总数,在产品线宽度既定的情况下,它取决于每条产品线下所拥有的产品品目数。就高职院校而言,产品组合的长度是指学校所拥有的专业总数,平均长度即是平均每个院系所拥有的专业数。产品组合的长度决策主要涉及每个学科门类下究竟设置哪些专业。这需要做两个方面的工作:一是对各院系现有专业设置进行分析,一方面在效益上就每个专业(产品品目)对全院系(产品线)的贡献率进行分析,另一方面对本院系(产品线)的各个专业(产品品目)利用波士顿矩阵法等方法进行增长率及市场成长率的分析;二是对本产品线(院系)的每个品目(专业)的竞争状况进行分析,画出整个产品线的市场轮廓,分析自己的产品线定位问题。如果本院系(产品线)的效益主要依赖于少数几个专业,则意味着产品线是脆弱的,如果这少数几个专业同时面临激烈的竞争,则必须拓展产品线,为产品线增设新的品目(专业);如果某些品目(专业)对整个产品线的贡献很小,而且其竞争激烈、成长性也不看好,则可以削减产品线,即取消这些专业。在对产品线进行延伸时,究竟增设哪些新的专业,一是要根据波士顿矩阵法的分析,选择成长性好、有投资价值的专业,二是要根据产品线市场轮廓给新的专业准确定位。除此以外,在专业设置上和专业建设上还应重点注意两点:一是产品线特色化,使某些专业有别于竞争对手;二是应注重品牌效应,选择一些较有优势的专业,为其设立品牌,并加强品牌建设和宣传,建立自己的品牌专业。

3. 产品组合的深度决策

产品组合的深度指的是产品线上的每个产品品目包含多少个品种。就高职院校而言,产品组合的深度主要体现在每一个专业有多少个层次。如同样一个专业,可以有中等职业教育层次、专科层次的高职教育、本科或本科以上的高职教育等。产品组合的深度实际上体现了对顾客需求差异性的重视和满足程度。目前,我国的高职院校所提供的高职人才主要局限于专科这一层次,这种单一层次与顾客需求的差异性特征之间存在着明显的不适应。一方面,就我国目前的用人单位人才需求而言,不仅需要高层次技术型应用人才,也大量需要中等层次的技能型应用人才,因此对我国目前的高等职业教育与中等职业教育加强衔接与整合很有必要,通过整合,构建融高职、中职于一体的职教集团,既可以实现教育资源的共享,又有利于高职与中职之间在教育内容、人才培养规格方面的衔接。另一方面,从社会经济发展的趋势来看,高新技术不断涌现,用人单位对应用型人才的层次要求也不断高移,专科层次高职教育的人才培养规格也难以全部满足用人单位在应用型人才层次上的需求,为此我国的高职院校在目前立足于专科层次高职教育的基础上,还要不断开发本科或更高层次的高职教育服务,培养本科、硕士乃至博士层次的高职人才。

4. 产品组合的相关度决策

产品组合的相关度是指各条产品线在最终用途、生产条件、分销渠道或者其他方面相互关联的程度。高职院校的产品组合的相关度主要体现在所设的各学科门类在学校内外部教育资源的共享程度上。通常在教育资源上拥有优势的学校可以在分析市场需求的基础上，设置具有成长性、但相关程度不大的学科及专业，这样可以拓宽办学领域，在更大的范围内满足顾客需求，取得更好的办学效益。而资源条件相对薄弱的学校则适宜选择一些相关度较强的学科门类及专业，向特定的领域提供高职教育服务，在相对较小的细分市场上满足顾客需求、赢得顾客满意。

（二）从满足学生顾客个体需求角度出发提供个性化高等职业教育服务

由于长期以来在观念上只将学生看成是学校的产品，而未将其看成是学校的顾客，因此一些高职院校在办学过程中往往忽视学生的个体需求。在强调满足顾客需求时，考虑得更多的也是用人单位的人才需求，而非学生顾客的个体需求。目前，我国大多数高职院校的教学模式是按专业来设置课程、组织教学，对同一专业的不同学生，采用的是相同的教学大纲、教学内容。这种教学方式忽视了学生个体需求的差异，制约了学生个性的发展。要突出以学生顾客为中心，必须充分考虑学生顾客个体在兴趣、爱好、个性发展需要等方面的差异，提供满足学生顾客个体不同需求的教育服务。如可弱化专业分类，实行大专业下的功能模块组合课程模式，即在一个大的专业门类下，将不同方向的培养目标细分为若干课程模块，每一模块只承担一项具体的培养功能并设一定的学分，学生根据所提供的课程菜单，自由选择符合自身需要的课程组合。甚至可尝试"定制营销"模式，即由学生根据自身需求提出具体的课程设置、教学内容等，学校按其要求提供相应的教育服务。因此，为更好地满足学生顾客的需求，高职院校在教学改革中应将重点放在以下几个方面：

1. 课程设置模块化

传统性的学科型教育在课程设置上强调知识的系统性,这种模式适合研究型人才的培养。高职院校培养的是生产、建设、管理、服务第一线的高级应用型人才,具有鲜明的职业指向性,它更注重知识、技能的实用性,而对知识的系统性要求则不高。因此,按学科设置课程的方式与高职院校的人才培养规格不相适应。基于其人才培养规格的要求,高职院校应对传统的学科型的课程设置方式进行改革,用模块式课程设置取代学科型课程设置。所谓模块式课程设置,就是按照某一职业的人才培养规格,进行职业需求分析,对该职业的工作、任务和技能进行分解,按工作程序和技能要求划分课程模块,确定学习单元,开发教学大纲、教材和学习套件、教学的实施和评价反馈系统等。

2. 教学内容菜单化

在课程设置模块化的基础上,弱化现有的专业设置,在一个大的专业门类或职业类别下,向学生顾客提供若干个可供选择的模块菜单,学生顾客根据其自身在兴趣、职业准备等方面的需求,自主选择学习内容。

3. 教学组织动态化

在教学组织上,要探索取消现有的班级制,学校将该专业门类下各学习单元的有关授课内容、授课教师、授课方式、授课地点等信息向学生公布,由学生自主选择。学生如果发现授课内容与自己的兴趣、职业准备不一致,可中途停止学习,重新选择。

4. 成绩考核学分化

在成绩考核方面,学校公布该专业门类下每项考核的内容、要求、时间、地点,学生在规定的时间报名、参加考试或考核,如果成绩合格,则授予相应的学分,并取得相应的能力证书或资格证书,修满规定的学分则颁发毕业证书。

5. 学制弹性化

取消现有的固定学制,只规定某一专业门类的最长修业时间,在不超过规定最长修业期限的情况下,拿满规定的学分即可毕业。学生可集中时间学习,以期尽早毕业,也可边学习、边就业,根据自身需求选择学习时间。毕业证书上没有现行的专业,只有大的专业门类或职业类别,学生凭毕业证书及各技能模块或学习单元的能力证书、资格证书寻找就业岗位。

二、高职院校的品牌策略

根据美国市场营销协会的定义,品牌是一种名称、术语、标记、符号或设计,或是它们的组合运用,其目的是借以辨认某个销售者或某群销售者的产品或服务,并使其同竞争对手的产品和服务区别开来。品牌的要点是销售者向顾客长期提供的一组特定的特点、利益和服务。好的品牌传达了质量的保证和顾客利益的保证。一个成功的品牌实际上代表了一组忠诚的顾客。现代社会,品牌作为竞争优势的一个重要来源越来越受到关注和重视。

目前,随着我国高等职业教育的快速发展,高职教育市场竞争已进入了品牌竞争时代。品牌成为高职院校最重要的资产,成为高职院校的核心竞争力。因此,品牌策略的制定已成为高职院校营销管理的重要内容。高职院校要有效制定并实施品牌策略,必须成功实施品牌定位,并努力构建特色、提高质量、打造品牌内涵。

(一) 实施品牌定位

品牌定位就是为某个特定品牌确定一个适当的市场位置,使产品在目标顾客心目中处于一个特定的位置。品牌定位是品牌经营的首要任务,是品牌创建的基础,是品牌经营成功的前提。高职院校的品牌定位,就是指高职院校要根据自己在同类院校中的地位及自身发展过程中的历史背景、资源结构、专业特色、周围环境、竞争优势和发展空间等进行综合分析,设计自身在顾客心目中的位置,在想办成什么样的学校、应办成什么样学校和能办成什么样的学校之间进行平衡,从中确定最适合自己扮演的角色。具体来讲,包括办学理念定位、办学类型定位、服务面向定位等。

(二) 构建特色

特色是品牌的重要基础。高职院校办学特色有共性特色与个性特色之分。共性特色是指高等职业教育的类型特色和层次特色,是相对于其他普通高等教育和中等职业教育而言的。个性特色是指一所高职院校有别于其他高职院校所表现出来的独特之处。它既可以视为某种富有个性的强项或优势,也可以理解为学校某一方面(或几个方面)稳定的个性风貌,甚至可以是学校整体个性的体现,它是一所高职院校在一定的办学思想指导下和长期办学实践中逐步形成的,具有相对稳定性并得到社会公认。个性特色是高职院校生存和发展的核心竞争优势所在。高职院校在品牌创建中要突出办学特色,不仅要办出高职教育的共性特色,更重要的是要有鲜明的学校个性特色,也就是要在具有一般高职院校共性基础上办出与众不同的个性。忽视学校的个性特色建设,将会在日益激烈的高职院校竞争中失去核心竞争力。个性特色的内容十分广泛,但一般而言,一所高职院校的个性特色主要体现在办学理念、师资、人才培养模式、专业、课程与教材、教学、人才素质、服务管理、教研科研、校园文化和学生就业等方面。高职院校个性特色的形成决非一日之功,它是学校在继承办学传统、发挥办学优势的基础上,经过不断发掘、培植、保持和强化而形成的,而且最终归结为学校独有的优质的育人环境,成为学校高质量、高水平办学的支柱。可以说,个性特色是精华,是质量,是活力,更是竞争力。

(三)提升质量

质量是品牌的核心要素。当前,高等职业教育在我国高等教育大众化热潮的推动下,以极其迅猛的速度发展,这既是我国经济社会发展的需要,也是人民对普及高层次教育的要求。但快速发展给高职教育带来了许多质量问题,比如基础设施、师资队伍、管理水平、办学理念和特色等等都难以跟上规模的发展,难以满足学生顾客、用人单位顾客及社会公众对高质量教育的期待和要求,这已经直接影响到高职教育的声誉,影响到高职院校的健康持续发展。因此,高职院校要创建优势品牌,必须努力提高教育教学质量和人才培养质量,以质量立校,以质量求声誉,以质量赢得顾客忠诚和社会认可。

(四)打造品牌内涵

高职院校创建品牌,可以从以下几个方面着力打造品牌内涵:

一是打造品牌专业。品牌专业是高职院校品牌内涵的重要资源和要素之一。高职院校应在与竞争对手进行专业力量综合比较的基础上,以特色专业、优势专业为基础,确定品牌专业建设对象并精心打造,努力将特色专业和优势专业办成得到顾客、行业及社会认可的品牌专业。

二是建设精品课程。精品课程是指具有一流教师队伍、一流教学内容、一流教学方法、一流教材、一流教学管理等特色的示范性课程。因此,高职院校能否拥有一批高水平的精品课程,已成为衡量学校的学术水平、教学水平和教育质量高低的重要标志,也是高职院校品牌创建的重要内涵之一。

三是建设特色教材。教材建设是高职院校教育教学工作的重要组成部分,高质量的教材是培养高质量人才的基本保证,它直接关系到高职院校能否为一线岗位培养符合要求的应用型人才,因而也是高职院校品牌内涵的一个重要来源。目前,我国真正具有高职特色的教材并不多见,主要是因为对职业教育作为一种不同于普通教育而富含职业教育根本属性的类型特征认识不到位。比如,对基于职业属性的专业观、基于工作过程的课程观、基于行动导向的教学观等等,都没有明晰的认识。即使是教育部规划的高职高专教材,在内容的设计与编排上仍未跳出学科体系的樊篱。这就导致所编教材始终不能适应职业工作的需要。因此,具有高职特色和本校特色的教材体系建设,是高职院校在创建品牌时必须高度重视的一个方面。

四是打造教学名师。高水平的师资是高职院校品牌形成的重要人力资本,尤其是造诣精深的知名专家、教授所创造的名人效应,会为学校创造更高的附加值,促使学校的发展形成一种良性循环。所谓"大学者,非谓有大楼之谓也,有大师之谓也",说的就是这个理。但是,必须注意的是,高职教育的类型特点决定了高职院校师资队伍建设应有别于普通高校。普通高校的名师往往是某一学科领域的,而高职院校的名师应该是某一职业领域的,应该是既具备某一职业领域的理论知识,又具备熟练的职业技能,还具有扎实的教学基本功的人才。高职院校应从创建品牌需要出发,下大力气培养具备高职特色的"名师"、"大师"。

五是培育名生群体。学校教育质量的好坏,一个重要的衡量标准,就是看能否培养出一批知名学生。高职院校在品牌创建过程中,应高度重视名生培养,通过名生效应提高学校知名度和美誉度。

六是提高就业质量。高职院校学生就业质量的高低,在一定程度上反映了学校人才培养质量的高低。学生未毕业,用人单位就来签约,这是社会对一所学校教育质量的认可。毕业生就业率的高低说明了社会及用人单位对高职院校人才培养质量的认可度不同,它又进一步影响到学生顾客、用人单位顾客及社会公众对学校的信任度,因而是学校品牌创建的重要抓手。

七是创新人才培养模式。所谓人才培养模式,是指高职院校按照特定的培养目标和人才规格,为学生设计的知识、能力和素质结构以及怎样实现这种结构的方式。而高职院校在品牌创建中要形成自己有特色的人才培养模式,就必须在"怎样实现这种结构的方式"上创新改革。根据高职教育的特点,高职院校应当积极与自身服务面向和专业建设定位相关联的企业发展长期互利合作关系,通过不断的产学研合作互动探索最佳的人才培养途径,这对提高人才培养质量、创建品牌意义重大。

八是构建优秀的校园文化。校园文化是指一所学校所具有的特定的精神环境和文化气氛,它作为一种隐性课程对学生成才具有非常积极的作用。建设具有独特个性的高职校园文化,是高职院校创建自身品牌的重要举措。不断提升高职院校品牌的校园文化含量,也是高职院校品牌处于不败之地的有力保证。高职院校校园文化建设必须充分体现高职特色,追求学校文化与企业文化有机交融、学术气氛与实践氛围相辅相成,为培养合格的高职人才创设优良环境。

第二节　高职院校价格策略

一、高职院校价格策略的运用现状

　　价格是市场竞争的最原始、最基本的工具,虽然目前在多数情况下,价格竞争已不再是市场竞争的主导模式,但在一般消费品市场上它仍然是不可或缺的重要竞争手段之一。综观我国高职院校营销的现状,价格策略运用的范围和空间很小。

　　目前,我国的高等职业教育体制仍处在从原先的计划经济模式向市场经济模式过渡的阶段,其收费标准在多数情况下仍是由政府制定的。根据教育法和1996年经国务院批准的《高等学校收费管理暂行办法》的规定,高等学校的学费标准是根据生均培养成本的一定比例确定,在不同的地区、不同的专业、不同层次的学校,学费标准可以有所区别。教育培养成本包括以下项目:公务费、业务费、设备购置费、修缮费、教职工人员经费等正常办学费用支出。学费标准的审批权限在省级人民政府,具体程序是,学费标准"由高等学校根据年生均教育培养成本的一定比例提出,经学校主管部门同意后,报学校所在省、自治区、直辖市人民政府教育部门,由学校所在地的省级人民政府批准后执行。"在具体实施上,政府委托财政、物价部门办理审核手续。目前我国高职院校的学费标准仍然是实行的这一政策,学费标准的差别主要体现的是教育培养成本的不同,少数特殊专业(如艺术类)的学费标准高于普通专业的学费标准,工科类专业的学费标准略高于文科类专业的学费标准。一方面,在这种政府主导的模式下,各院校没有定价的自主权,价格在营销中的重要作用不能发挥。在这种统一价格下,办学状况不景气的院校,不能通过较低的收费争取一定的生源,以维持生存。办学质量高、有较好的品牌知名度、以追求更高收益为目标的院校,不能通过提高收费来增加收益,因此只有通过不断扩大办学规模,追求规模效益,而不重视办学质量的进一步提高。有的院校为降低办学成本,在办学规模不断扩大的同时,基础设施、教学设备的投入却增长缓慢,影响了教育服务质量和人才培养质量。一些高职院校中,在招生规模急剧增长的背后,是相当一部分的实践性教学为理论教学的模式所代替,本应是培养应用型人才的,可毕业的学生甚至连本职业最基本的技能都未能掌握。那些以追求更高的市场占有率为目标的院校,也难以利用低价策略来赢得更大的市场,这使得消费者的利益也在一定程度上受损。另一方面,这种成本导向的定价方法是站在营销者的角度而非顾客的角度,实际上体现的是一种"以产定销"的思维方式。这种方法只考虑营销者的成本,而不考虑顾客的接受程度,与以顾客为中心的现代营销理念是不相符的。这种不符合市场竞争基本原则的定价机制,随着我国教育体制改革的不断深入,必将为更灵活的定价机制所取代。

二、高职院校的定价方法与定价策略探讨

(一) 高职院校的定价方法

常用的定价方法大体上可分为三类,即成本导向定价法、需求导

向定价法、竞争导向定价法。成本导向定价法是以成本为中心的定价方法,通常是在成本基础上加上适当利润来确定价格。需求导向定价法是以顾客需求为中心的定价方法,根据顾客对产品的需求强度和对产品价值的认可程度来制定价格。竞争导向定价法是以竞争为中心、以其他竞争者的定价为依据的定价方法。

目前,我国高职院校的定价(为学生提供的高等职业教育服务的价格)属于成本导向的定价方法。从教育体制改革和完善市场机制的发展趋势看,高等教育服务(含高等职业教育服务)定价应向以下方式过渡:政府从成本导向角度出发,制定宏观指导价格,或按学校类型与层次、专业类别等制定价格控制的上下界限,学校在国家指导价格的一定范围或国家控制的价格区间内,依据需求导向原则或竞争导向原则,采取更加灵活的策略确定价格。

在需求导向定价方面可考虑理解价值定价法,即依据学生顾客对高职院校所提供的产品(高等职业教育服务)认知价值的差异确定不同的价格。对于能够给顾客带来更多的利益、顾客认知价值较高的高等职业教育服务,可以制定较高的价格;相反,给顾客带来的利益较少、顾客认知价值较低的高等职业教育服务,其价格应该较低。在这种价格策略下的高职院校营销活动才能更好地满足顾客需求,创造更高的顾客满意。在按顾客认知价值确定价格的定价方式中,对高职院校而言,关键要把握两点:一是要注重市场调研,准确测定出顾客对本院校提供的高等职业教育服务的价值认知程度,不至于定价过高、不为顾客所接受,或定价过低、失去自身完全可以获得的利益;二是要努力提高办学条件和水平,积极开展有效的市场营销活动,不断提高顾客对本校高等职业教育服务的认知价值。

竞争导向定价主要是从有利于获得竞争优势、争取或保持所期望的市场占有率角度去确定价格。一般可参照国家宏观指导价格或行业平均定价水平,根据本院校的实际情况和竞争需要制定收费标准,招生形势不太好的院校可通过较低的收费争取学生顾客,生源充裕、有一定品牌效应的院校,可通过较高的收费获取品牌收益、维护品牌形象。

(二) 高职院校的定价策略

在基本的定价方法基础上,高职院校还可采用一些灵活的价格策略。可供选择的价格策略有:统一定价,即不分专业、不分层次、不分生源,对所有专业确定同样价格;单元定价,即按照学分或课程确定价格;差别定价,即对不同专业、不同生源、不同类别或层次、不同经济状况、不同就业去向等确定不同的价格;声望定价,利用高价格来树立产品及其品牌在顾客心目中的形象;折扣定价,如在按学分或课程定价的情况下,可对一学期或一学年内所修学分或课程达到一定标准后给予学费上的折扣,以鼓励学生学习,缩短获得毕业证书的时间,或对一次性缴纳培养期内全部学费的学生以及按规定时间缴纳学费的学生分别给予一定的折扣,以加速资金流转、减少财务风险;降低实际价格,即在同样目录价格下,采取一些措施,如发放奖学金、助学金等,降低实际价格。

在价格策略方面,还应包括用人单位购买高职院校毕业生的价格。尽管高职院校在向用人单位输送毕业生时一般是不向用人单位收费的,但其毕业生在选择用人单位时会有工资待遇要求,用人单位在使用高职院校毕业生的过程中也需支付相应的成本。从这个意义上讲,用人单位购买高职院校产品(使用高职院校毕业生)的价格即是指毕业生的工资待遇要求及用人单位使用这些毕业生的成本。严格地讲,这一价格不属于高职院校的可控因素,即不在高职院校营销范围之内。然而,高职院校可通过一些相关营销活动来施加影响,以提高两类顾客的满意度。一方面,高职院校应加强与用人单位的沟通,使其增强对本院校毕业生的了解和接受程度,从而提高其对本院校毕业生的认知价值;另一方面,高职院校应对用人单位的各类人才需求程度及愿意支付的价格进行调研分析,为本院校毕业生提供参考,引导本院校毕业生认清自身的市场价值,使其在工资待遇方面的心理价格更接近用人单位的认知价值;此外,高职院校还可根据用人单位录用毕业生的情况,以向用人单位提供经济、物质资助的方式降低用人单位对本校毕业生的使用成本。

　　高职院校还可结合对其产品属性的分析来运用价格策略。在经济学上,将产品按其属性分为三类:私人产品、公共产品、准公共产品。私人产品具有 3 个特性:效用上的可分割性、消费上的竞争性和受益上的排他性。纯粹的公共产品与此相反,其效用不可分割,是面向整个社会提供的,无法按照"谁受益,谁负担"的原则限定为付款人享用;其消费上具有非竞争性,一个人或机构享用并不排斥其他人或其他机构享用;其受益上具有非排他性,即在技术上无法将拒绝付款的个人和机构排除在受益范围之外。在纯粹的私人产品和纯粹的公共产品之间,还存在着一些准公共产品。典型的准公共产品有两类:一类是价格排他的公共产品,这类产品效益可以定价,其效用名义上针对全社会,但在受益上可以实现排他性,谁花钱谁受益;另一类是拥挤的公共产品,指随着消费者人数的增加而产生拥挤,从而减少每个消费者从中获益的公共产品,其效用虽为共享,但消费上具有一定程度的竞争性。高等职业教育不同于义务教育。义务教育具有公共产品性质,其费用主要由政府补偿。高等职业教育具有准公共产品性质,一方面受教育者从受益的角度,应该予以一定的补偿,如缴纳学费;另一方面,政府作为社会利益的代表,对高等教育的外部效益也给予一定的补偿,如教育拨款。然而,对于不同的高职院校而言,政府教育拨款和学生缴纳学费的比例是不一样的;高职院校与其他类型的竞争者相比,这一比例也是不一样的。这就意味着,虽然不同院校所提供的高等职业教育产品同属于准公共产品,但同时又存在属性上的细微差别,这种细微差别为高职院校运用价格策略提供了空间。

第三节　高职院校营销渠道策略

　　营销渠道是指产品(或服务)从生产者(或提供者)转移到消费者或用户所经历的通道。对高职院校而言,涉及两类营销渠道:一是将高等职业教育服务有效传递至学生顾客的教育服务传播渠道;一是将所培养的高职人才输送至用人单位顾客的人才输送渠道。这两类渠道存在一定的关联性,其中一类渠道不畅往往导致另一类渠道受阻。高职院校在设计这两类渠道时,应密切关注两类顾客的需求,力求为顾客提供更多的便利。

一、高职院校的教育传播渠道策略

(一)高职院校教育传播渠道的主要形式

　　从发展的眼光看,高职院校的教育服务对象应既包括中等学校毕业后尚无就业意愿、准备接受系统的高等职业教育的人员,还包括已就业或正准备就业的人员,他们当中有的是为了接受系统的高等职业教育,有的是为了接受某些单项职业培训。为此,高职院校应设计不同的教育传播渠道,以满足不同顾客的不同需求。

一是集中式直接服务渠道,即传统的全日制在校教育形式。适用于那些准备接受系统的高等职业教育后再就业的人员。

二是分散式直接服务渠道,即按教育培训的时间、地点、内容的不同,分别组织教学,提供面对面的教育服务。适用于那些已就业或正准备就业的人员,可根据他们的不同需要,分别提供不同类型的教育服务。

三是远程间接服务渠道,即借助广播、电视、邮电、计算机网络等向学生顾客提供满足其个性化需求的远程教育服务。

(二) 高职院校教育传播渠道建设策略

从目前情况看,高职院校的教育传播渠道还主要局限于第一种,即全日制的集中式直接服务渠道。为此,高职院校在营销渠道建设方面应重点加强以下工作:

1. 加强分散式教育传播渠道建设

目前,高职院校的教育多为职前教育,而成人教育机构举办的多为在职培训和就业转岗培训,高职教育与成人教育是相分离的。这一方面使得高职院校的教育服务市场受到一定的限制,不利于高职院校的进一步发展;另一方面,随着社会进步和经济发展,新知识、新技术不断涌现,终身教育已成为现代社会的重要特征,由此产生的巨大的在职教育、转岗教育方面的需求难以得到满足。为更好地满足教育市场的终身教育需求,高职院校应不断开发、拓展自己的服务市场,实现高职教育与成人教育的融合,构建融职前教育、在职教育、就业转岗教育等于一体的高职教育新体制。

2. 加强远程教育传播渠道建设

在我国目前绝大多数高职院校中,远程教育往往是不被重视的一种教学模式。事实上,随着信息技术、网络技术的发展,远程开放教育将成为未来教育特别是职业教育的重要模式。在国外,高等职业教育与现代远程教育的融合有许多成功的实践,并已渐成趋势,在我国也已具备了高职教育与现代远程开放教育融合的基础。遍布美国各地的社区学院,是美国高等职业教育的主力军,进入社区学院学习的多数人是为了接受高等职业教育,特别是进入社区学院学习的许多成年人,他们主要是去进行知识更新或学习掌握新的职业技术和技能的。社区学院实行学分制,学习方式灵活多样,学生可以根据自己的情况来选择适合自己的学习方式,可以全日制学习,也可以利用业余时间学习;可以选择参加面授,也可以选择远程学习模式。在这里,高职教育与远程教育已经融合到了一起。澳大利亚的 OLA (Open Learning Australia)是该国远程教育的一个联合体,加入 OLA 的有 40 多所高等教育机构和 TAFE 学校。OLA 为人们提供两方面的方便:使更多的人有机会接受高等教育;使更多的人有灵活的学习形式,包括远程学习形式。进入 OLA 学习的学生,学习目的不尽相同,有的为了获得学位,有的为了成为普通高校大学生,有的为了更新技术技能,有的为了通过 TAFE 提供的课程完成职业技术和技能培训、获得就业资格证书。可见,澳大利亚远程教育与高职教育已经很好地实现了对接。在高等职业教育非常发达的加拿大,远程教育手段已经被普遍应用于高职教育中。在加拿大建有全国范围的"开放学习机构"(Open Learning Agency),用远程教育手段为全国各地的人们提供远程职业技术和技能培训,把职业教育与远程教育很好地结合了起来。近年来,在我国也出现了高职教育与远程教育相融合的初步探索,取得了较好的成效。高职教育与现代远程教育这两类教育模式有着很强的互补性,两者相融合有利于取长补短。

现代远程开放教育至少有 3 个方面的突出优势:一是覆盖面广,不受办学层次、教育类型、教育对象的限制;二是学习形式灵活,学生可以自主安排学习时间、地点、内容和进度；三是教学方法多样，多种媒体并用。相比较而言，这恰恰是我国高职院校的弱项：一是高职院校一般覆盖面窄，服务半径多半圈固在地方的某些行业范围之内，即使有叫得响的品牌专业，也难以在更大范围内推广，且办学层次、类型较为单一，教育对象目前主要局限于高中后全日制专科生；二是高职院校的教学形式尚不够灵活，多半以年级为单位按学期组班教学，学生一般无法自主安排学习时间、地点、内容和进度，不能很好地满足学生顾客的需求；三是高职院校的教学方法从总体上讲还比较单一，以课堂面授或集体参加实验、实训为主。

与现代远程开放教育相比，高职教育的突出优势也可以概括为3个方面：一是高职院校一般都比较重视结合职业岗位群需要加强专业建设，注重实践性教学环节，建有各类实验、实训设施和校外实践基地；二是高职院校一般都已经有了相当规模的校园，有较为浓厚的校园文化氛围，有利于对学生实施素质教育；三是高职院校师资比较稳定，数量比较充足，有利于组织教学，及时为学生提供辅导。而这些长处正是目前远程教育深感不足的地方。

实现高职教育与远程教育的融合，可以发挥两者的优势，一方面可为高职院校扩大服务市场，另一方面可以更好地满足顾客的教育需求。为此，高职院校必须重视和加强远程教育传播渠道建设。

二、高职院校的人才输送渠道策略

目前，受整个宏观经济气候和一些自身因素影响，我国高职院校毕业生就业形势不容乐观，这严重影响到高职院校的顾客满意度和社会认可度。为此，高职院校必须在人才输送渠道上作出积极的探索。在现有渠道基础上，从有形渠道、无形渠道两个方面开发、整合，构建系统高效、富有竞争力的人才输送渠道体系。

（一）做好有形渠道的开发和整合

所谓有形渠道,是指实现高职院校毕业生和用人单位供需双方直接见面洽谈,为高职院校毕业生就业和用人单位选用毕业生提供双向服务的实体人才市场,这是高职院校人才输送渠道的主要形式。

常见的有形渠道形式主要有以下几种:

一是区域性人才市场,指政府部门组织的各类地区性人才市场,主要面向社会,所以辐射性很强,就业量大,但缺乏针对性。

二是高校举办的"招聘会"、"洽谈会",由一所高校或几所高校联合举办,邀请一些用人单位来校招聘、洽谈,通常也吸纳其他高校毕业生参与。这类毕业生就业市场虽然较有针对性,但一般规模都不大。

三是分科类高校毕业生就业市场,主要是地方毕业生就业部门从用人单位和高校两方面考虑,从市场细分的角度出发按学科分类,组织高校毕业生与相应的用人单位双向选择。目前,这类毕业生就业市场是高校毕业生实现就业的主要渠道之一。

四是职业介绍所和猎头公司,即在人才市场上为供需双方提供中介服务、以营利为目的的机构。从我国目前情况看,由于这类机构以营利为目的,其目标顾客通常为市场需求量较大的家政服务等非熟练工以及能给其带来较高单位业务收益的高级技术人员和管理人才,服务范围较窄。

高职院校主要为生产、建设、管理、服务第一线培养、输送具备某一特定职业或职业群所需综合职业能力的高级应用型人才,因此,在人才输送渠道的开发和整合方面,除了要充分发挥以上几种类型的就业市场外,还应根据自身的定位和特色,充分发挥自身优势,有针对性地开拓新的渠道。着重应从以下两方面寻找突破口:

一是拓宽"订单培养"式渠道。高职院校的人才培养目标具有很强的职业指向性,这就决定了高职院校在人才培养的整个过程中,从专业设置、课程设置、教学内容直至教学的具体过程,都离不开企业的参与。因此,高职院校应大力加强校企协作,在协作中更准确、及时地把握企业的用人需求,并根据各用人单位的不同需求,进行有效的"量体裁衣",按照用人单位的"订单"直接为其"定制"人才。

二是开发"个体创业"式渠道。高职院校以培养学生的综合职业能力为主要任务。综合职业能力不仅包括职业技能,还应包括创业能力。因此,除加强职业技能训练外,还应加强创业创新意识及能力、经营管理能力、社交沟通能力、分析和解决问题的能力、信息接受和处理能力的培养,着力培养能在社会和生产实践中将知识和科技成果转化为新产品、新服务的创业型人才,使更多的毕业生通过个体创业的模式实现就业。

(二)做好无形渠道的开发和利用

随着网络技术的快速发展,其信息量大、信息传递速度快、交易成本低等优势正越来越引起人们的关注和重视。在许多行业,被称为无形市场的网络市场已悄然兴起并大有迅速发展之势。对高职院校的人才输送而言,积极培育网络无形渠道具有极其重要的意义。

一是无形渠道可补有形渠道之不足,无形渠道辐射面广,不受时间、空间的限制,直接成本相对较低,而且具有广阔的发展前景。

二是无形渠道有利于高职院校扬长避短。高职院校培养的高职人才的主要去向为企业的基层岗位。随着我国市场经济的发展,中小型企业特别是私个企业的数量不断增加,其一线岗位的人才需求迅速增长。从近几年的情况来看,越来越多的高职院校毕业生就业于这类企业。而本科以上学历的人才目前仍很少愿意到这些企业就业。这些用人单位为保证人员的稳定性,往往也更乐于接受高职院校的毕业生。然而，在有形渠道上，这些用人单位很少成为大型现场招聘会的邀请对象。而且这些用人单位规模不大，但数量众多，受时间、空间限制的有形渠道也难以满足这些企业的需求。而在这方面无形渠道却能发挥其辐射面广且不受时间、空间限制的优势。

高职院校建立人才输送无形渠道的主要方式有以下几种：

一是建立学校专门的毕业生就业网站。目前，各高校基本上都建立了较为先进的计算机校园网络。利用计算机校园网，建立专门的就业网站，介绍就业政策、本校专业设置、培养目标与计划、培养模式、人才规格、毕业生情况等，发布用人单位人才需求信息和毕业生求职信息，利用网络提供人才供需咨询、签约服务，对毕业生进行就业知识和技巧培训，进行网上就业指导等。

二是加盟影响较大的专业人才网站。利用专业人才网站覆盖面广、影响力大的优势，在专业人才网站在设立本校专门的窗口，提供相应的毕业生就业服务，并实现与本校网站的便捷链接。

第四节　高职院校促销策略

促销是通过人员或非人员方式，传递产品或服务的存在及其性能、特征等信息，帮助顾客认识产品或服务所能带来的利益，从而达到引起注意、唤起需求、促进销售的目的。促销策略是营销组合策略中最具活力、最富变化的部分。促销的实质就是营销者与其现实的和潜在的顾客沟通信息的过程。高职院校促销策略的目标任务，就是将有关高职院校及其产品(高等职业教育服务、高职人才)的相关信息传递给目标顾客,影响并说服其购买产品,或使潜在顾客对学校及产品产生信任和好感。常用的促销组合方式有广告、人员推销、营业推广、公共关系等。高职院校在其营销活动中也应注意对这几类促销要素的组合运用。

一个完整的促销决策应包括以下几个相互影响、相互制约的阶段:确定目标受众;确定沟通目标;信息设计;选择信息传播媒体;制订促销预算;选择促销组合。高职院校应统筹运用好广告、人员推销、营业推广、公共关系等促销要素,设计并有效开展整合营销传播。

从目前高职院校开展的促销活动的整体情况看,有两个方面应引起重视。一是关于促销活动的目标受众,即向谁开展促销活动的问题。学生顾客在选择接受何种高等教育形式以及选择哪一所院校时,家长、老师等起着重要的决定作用,同时用人单位的用人标准也是一个重要的导向。因此,高职院校应重点向这些相关群体展开促销活动,从而提高促销活动的针对性。二是关于促销的目标,即重点要在哪些方面取得成效的问题。许多高职院校在开展促销活动时缺少明确的目标,只是将有关招生、办学的信息传播出去,而不考虑实际效果。目前社会上仍然存在重视普通本科院校、鄙薄高职院校的现象,用人单位在人才使用上也还未完全走出一味追求高学历的误区。因此,从总体上讲,高职院校的促销活动应致力于扭转这种局面。在此基础上,应根据各院校的具体情况突出自己的特色,让目标顾客真正了解、接受、信任本院校及其产品,并留下深刻印象,与其他高职院校相区别。

一、高职院校的广告策略

广告是以付费方式,利用各种传播媒体,对组织及其产品所做的非人员介绍及推广。虽然目前在我国一些高职院校中,广告的重要性已引起重视并在某些方面得到运用。但从总体情况看,仍然存在一些问题,主要是对广告这种促销手段的性质和作用认识不足、运用不当。如有些高职院校的管理者拒绝采用付费广告,认为付费广告贬低了学校教育的意义;有些管理者从广告中期待太多的、立竿见影的回报,或是试图用并不高明的广告技巧和并不充足的广告资源来实现一个大的目标,从而导致失望而对广告的作用产生误解。事实上,广告在一个组织的传播计划中发挥着重要作用,如果使用得当,可以提高组织的声誉,增进与顾客的沟通,促进组织的销售。

一个完整有效的广告计划包括以下5个方面的决策:

一是设定广告的目标。一个有效的传播计划始于明确的目标,这些目标必须从学校战略(目标市场、市场定位、营销组合)的先期决策中产生,总的营销战略决定了广告在营销组合中应该发挥的作用。确定广告目标应该明确目标受众、目标回应、目标覆盖率和接触频率。目标受众是指希望通过沟通接触到的受众,他们可能是学校提供的产品或服务的潜在使用者、现有使用者、决策者或影响者,可能包括个体、团体、特殊公众或普通公众。如对高职院校的招生宣传广告而言,由于在学生顾客购买过程中,主要的决策者是学生及其家长,影响者包括原先学校的老师、同学及同事、亲朋、邻居、媒体等,因此这类广告应以学生及其家长为主要受众,目标受众群还应包括那些影响者。一旦识别出目标受众,营销传播人员必须确定所追求的目标回应。最终的回应通常是一些行动,但是行动可能是长期决策过程之后的结果。对于高职院校所提供的产品或服务,任一目标受众都可能处于6种行动的其中一种:知晓、了解、喜欢、偏好、确认、行动。营销传播人员必须知道大多数目标受众目前处于哪个阶段,并策划一个可以将其推向下一阶段的沟通信息和沟通活动。由于用于广告的资金总是有限的,因此学校不可能以足够的频率覆盖到每一个目标受众,因此营销传播人员必须决定每个阶段要以怎样的频率来接触多少比例的受众。

二是确定广告预算。广告预算依赖于广告目标和广告节目。除了制订广告预算总额外,还必须计划在不同的细分市场、地理区域和时间段如何分配这个预算。通常广告预算是根据不同细分市场的市场潜力指标进行分配的。

三是决定广告信息,包括信息制定、信息评估和选择、信息执行。高职院校的营销传播者应在对目标受众的沟通目标认真分析的基础上,通过多种方法制定一些备选信息(诉求、主题、主旨、想法),以便在目标市场引起最希望得到的回应。如回顾学校的历史、使命、目标和成就,与学校所在社区及其他目标市场的成员进行谈话,收集更多关于目标受众和沟通目标的信息等,以便找到能够将信息以最激动人心的方式传递出去的办法。不要试图依靠玩弄聪明的"文字游戏"和其他头脑风暴的结果来节省时间和金钱,这样产生的广告信息往往是无效的、浪费的甚至是损失惨重的。广告信息制定后,必须确定一些评估标准以便从大量的备选方案中选择最佳信息。信息评估标准通常包括称心度、独一性和可信度3个层面,即信息表达的必须是对学校有利的或者是有意义的事情,是与其他竞争者不同的独一无二的事情,必须是可信的或可被证实的事情。选定的广告信息可以用不同的执行方式展示出来,如生活片断、生活方式、想象、情绪、音乐、个性象征、技术专长、科学证据、证书证据等。在此基础上,营销传播人员还要选择广告的基调、格式要素等。

四是选择媒体。广告包含各种非人员传播形式,这些沟通往往以明确的赞助形式通过付费媒体传递出来。广告可以包括各种不同的媒体,如报纸和杂志、广播和电视、互联网、户外展示(如招贴画、标志、公告牌、空中广告)、直邮、新颖小巧的物品(如记事本、日历、笔、包)等。对媒体的考虑应该在信息制定阶段或广告预算阶段之前就开始进行,以便确定目标受众所使用的媒体类型和能够覆盖他们且最有效、成本合适的媒体方式,这会影响广告预算的大小及要使用的诉求类型。在媒体选择阶段,主要是从媒体目录选择确定具体的媒体及其时机。不同的媒体都有各自的优势和局限,高职院校的广告计划人员必须根据目标受众的媒体偏好及其信息特征、成本等进行选择,为不同的媒体大类分配既定的预算,以便通过最节约的方式获得希望的回应,并决定媒体的时间安排。

五是广告效果评估,其中最重要的是内容测试、媒体测试和支出水平测试。内容测试包括:广告投放前的预测试,目的是对广告内容进行改进;广告投放后的测试,以评估广告是否达到了预期的效果。媒体测试试图确定一种特定的媒体传载工具是否在接触和影响目标受众时是单位成本最有效的。广告的支出水平测试是在相似的市场中制定不同的广告支出水平,然后看看回应的差异,在此基础上把相关的支出分配给每个项目。

在进行广告宣传时,有两个方面的具体问题需要高职院校引起重视:一是目前社会上仍存在重视普通高校、鄙薄高职院校,用人单位在人才使用上追求高学历的现象。针对这一现状,各个高职院校都应加强对高等职业教育重要性的宣传,以扭转高职院校在生源市场、高职毕业生在人才市场上的不利局面。二是目前许多高职院校的广告内容和形式趋于雷同,宣传的重点也都侧重于学校的专业设置、招生规模、办学条件等。这些内容的宣传固然重要,但缺乏针对性和个性,使目标受众难以区分和记住,广告效果不理想,因此应进行适当改进。可重点突出本校各专业的定位、特色、人才培养的规格、就业去向及市场对该专业的需求情况,便于顾客根据自身需求作出选择,同时应向顾客介绍本专业毕业生的就业状况,特别是对已毕业学生的成功事迹要大力宣传,以期建立较好的顾客信任。

二、高职院校的人员推销策略

人员推销就是派出专门或兼职的营销人员,向潜在顾客推销产品的活动。高等职业教育服务属于高接触性的专业服务,在高等职业教育服务的交付过程中,高职院校的教职员工与其服务的对象接触的机会很多。这些与目标顾客发生直接接触的部门和个人对高职院校的营销能力有着直接的影响。因此,除了专职的招生、就业、筹资等人员以外,所有与目标顾客接触的教职员工都应成为高等职业教育营销的传播者,成为高职院校的"兼职营销人员"。这些"兼职营销人员"中甚至还包括作为高职院校顾客身份出现的学生,因为他们在校外实验实训实习期间,也会与高职院校的另一类目标顾客——用人单位产生直接接触。

高职院校的专职促销人员是为吸引招生生源、促进毕业生就业的相关专业人员,其在构成上通常包括3个方面:一是学校招生、就业、校友会、董事会、宣传和公关部门的工作人员;二是学校临时选派的招生、就业人员,如有的学校在高考前后、填报升学志愿前等重要时段,临时组织人员进行招生宣传,在学生毕业前最后一学期,临时组织教职员工赴有关地区或用人单位宣传、推介毕业生,或利用寒暑假教职员工、学生回家乡休假的机会,赋予他们相应的招生、就业宣传任务等;三是各地的学校校友会工作人员,他们负责当地的招生宣传、毕业生推介、校友联络、公共关系等工作。

高职院校可采用的人员促销策略有:① 上门促销,如选派人员到中学校园进行招生宣传,到用人单位进行毕业生推介等。② 校园开放日,定期对目标顾客开放校园,或有组织、有计划地邀请目标顾客来学校参观、考察,向他们介绍学校的办学情况和人才培养情况,让他们实地了解学校的学习氛围、校园文化、教学过程等。③ 设点宣传,在校外定期或不定期地设立宣传站点,宣传、介绍学校办学和人才培养的相关情况。④ 会议促销,出席或组织各种学术会议、教育或科研成果展览、招生咨询会、毕业生供需见面会等,并借此开展促销活动。

除上述 4 种人员促销策略以外,接触点促销是高职院校全员营销的基本形式。高职人才培养和高等职业教育服务交付的周期比较长,在为学生顾客提供高等职业教育服务和为用人单位培养高职人才的过程中,高职院校的教职员工会与学生顾客发生经常性、高度密集的接触,高职院校的师生也会与部分用人单位产生较多的接触,每一次接触都是高职院校的一次营销机会。高职院校应充分利用好这些营销机会,并借助于这些机会带来的口碑效应,扩展营销传播范围,从而实现促销的目的。

此外,代理营销也是高职院校人员促销的可供选择策略之一。学校可以通过支付中介费用的形式,聘请校外的招生代理机构、人才中介机构的人员为本院校进行招生宣传和毕业生推介。

在上述人员促销的各种策略和方式中,应以立足本校的人员促销为基础。

从高职院校营销活动的整体现状出发,在促销人员的队伍建设上,高职院校应着重抓好两方面的工作:第一,高职院校要成立专门的营销中心,建立专业的营销队伍,负责学校营销活动的调研、设计、实施和管理。第二,高职院校要积极开展整合营销,使学校的所有部门和所有人员的活动都统一到为顾客利益服务上来。为此,必须在开展外部营销之前先期进行内部营销,成功地雇用、训练和尽可能地激励教职员工很好地为顾客服务。只有内部营销与外部营销相结合,并且内部营销先于外部营销,才能真正从顾客需要出发,实现真正意义上的成功营销。

在人员促销的具体策略运用上,也应着重抓好两个方面的工作:一要注意选择恰当的时间、地点,有针对性地组织人员进行招生宣传、就业宣传。二是要根据专业特点,派出专人向不同的目标顾客(如用人单位)进行推介和宣传。这样,一方面可以吸引生源、促进毕业生顺利就业,另一方面可以及时获得教育需求、人才需求等方面的信息反馈,同时还有利于开展"关系营销",与有关单位和群体建立起长期、融洽的协作关系。

三、高职院校的公共关系策略

公共关系是组织利用传播的手段,促进与公众之间的相互了解,达到相互协调,促使公众与组织建立良好关系,树立组织良好形象,求得社会公众对组织的理解和支持,提高产品及组织声望的一系列活动的总称。高职院校的公共关系活动就是在学校与学生及其家长、学校与用人单位、学校与社会、学校与学校之间以及学校内部开展信息沟通与交流,以获得公众对学校的理解、信任和支持,从而树立学校的良好声誉,塑造学校的良好形象,加强学校内部的团结与协作,营造和谐的内外部环境。高职院校公共关系的职能主要体现为信息沟通、协调关系、塑造形象。

高职院校可以通过以下流程来开展公共关系:识别学校的公共关系公众;测量相关公众对学校形象的态度和看法;建立针对相关公众的形象目标;制定成本效能的公共关系战略;实施行动并评估结果。

高职院校公共关系所涉及的公众主要包括在校学生、潜在学生、学生家长、用人单位、政府、教育部门、合作单位、友好院校、竞争院校、中学、地方社区、新闻媒体、金融机构、校友会、董事会、教职员工、中介机构、一般公众等。

高职院校常用的公关媒体和工具有：① 书面材料。如学校印制的招生章程、毕业生信息、宣传画册、宣传海报和宣传单、简报，有的学校还有公开出版发行的报纸、期刊等。准备营销出版物时，应综合考虑其功能、美感和成本。② 音像资料。包括光盘、录像带、幻灯片、校园网络等。③ 校园标识媒体。如标识语、校名、校徽、校旗、建筑物、名片、符号等。通过持久、稳定、一致地采用这些媒体，高职院校可以创建公众能立即识别的视觉标识，当这种标识媒体具有吸引力、容易记忆并独树一帜时，它就成为一种营销工具。④ 新闻。高职院校应善于发现和创造对学校有利的新闻，好的新闻就相当于一则"免费的广告"。此外，它还被认为比广告有更高的真实性而容易受到公众的信任；它能够在受众不设防的情况下抓住他们，而不会像广告那样使一些人有意识去躲避；它还具有提高传播效果的巨大潜力，因为一条值得注意的新闻会引起更多的关注。⑤ 事件。高职院校可以利用事件营销来扩大学校的影响力，通过创造和利用一些可以吸引目标市场有利关注、增加自身价值的事件来提高公共关系效果，如举办学术会议、重大比赛、重要纪念活动、艺术节、文化节等。⑥ 电话信息服务。高职院校还可精心设计电话信息系统，如招生热线电话、就业服务热线电话、家校联系热线电话等，而且，如有可能应提供免费呼叫服务（如800服务），以此树立关心公众并随时准备为他们服务的形象。⑦ 校园环境。高职院校可通过和谐美观、精致幽雅、布局合理、富有文化底蕴、别具特色的校园建筑环境和人文环境等树立自己的良好形象，给受众留下独特的记忆和体验。

总的来讲，在公共关系策略方面，高职院校也应与其他任何一个处于市场竞争中的组织一样，致力于建立良好的公众关系，树立学校良好形象。这一方面能够为学校长远发展营造好的外部环境，另一方面也能带来更多的顾客利益和顾客满意，因为从营销学角度讲，学校的形象和声誉也是顾客利益的一个组成部分。为此,高职院校要加强自我形象的宣传,提高知名度;要结合学校的改革和发展、教职员工的教学和科研成果等方面的重大事项,召开新闻发布会、记者招待会,召开科技开发项目和产品的展销会、人才交流洽谈会等,有意识地"制造新闻",吸引新闻媒体关注,以求社会轰动效应;要积极开展公共关系活动,如主动参与社会发展和经济建设,关注公益事业,开发公益项目,积极开展教育回报社会的各项公益活动等,以赢得公众的好感,提高美誉度。

四、高职院校的营业推广策略

营业推广是除广告、人员推销、公共关系以外能刺激顾客需求、鼓励购买的各种促销方式。营业推广与其他促销方式的主要区别在于,它以特殊的优惠和强烈的呈现为特征,给顾客以不同寻常的刺激,从而激发购买欲望。

在营业推广策略方面,高职院校也有许多可为之处。如针对学生顾客,高职院校可积极为学生争取助学贷款,在勤工助学方面为学生提供帮助,尝试弹性学制,允许学生边工作边学习,尝试学习费用分期付款,在毕业生就业方面作出承诺等;针对用人单位顾客,高职院校可面向用人单位开展学生技能展示活动,组织学生参与用人单位的生产实践,为用人单位分担毕业生岗前培训或在职培训的部分费用,聘请用人单位代表担任学生就业指导老师等。

第五节　基于 4Cs 和 4Rs 的高职院校营销组合策略

最具代表意义的营销组合理论经历了一个从 4Ps 到 4Cs、再到 4Rs 的发展演变过程。虽然直至今天,4Ps 理论仍然是我们设计一个组织营销组合策略的最基本的工具,但不可否认,由于其更多地站在营销者立场而非顾客立场,更多地从交易营销视角而非关系营销视角分析问题、设计营销策略,因此存在着诸多局限。本章此前的各节内容中,我们主要是从 4Ps 理论出发,对高职院校的营销组合策略进行研究和探讨的,所以有必要从 4Cs 理论和 4Rs 理论的角度对其进行补充。

一、基于 4Cs 的高职院校营销策略

1990 年美国营销学家劳特朋提出的 4Cs 营销组合理论,提出了区别于 4Ps 的 4 个营销组合要素,即顾客的期望和需求、顾客愿意支付的成本、顾客购买的方便性、与顾客的沟通,强调以满足顾客需求为目标,努力降低顾客的购买成本,充分考虑顾客消费的便利性,并与顾客进行有效的沟通,从而赢得顾客、赢得市场。这一理论对高职院校的营销具有启发和借鉴意义。

（一）满足顾客的期望与需求

4Cs 理论要求高职院校要从学生的需求和特点出发,设计并提供高等职业教育服务。调查表明,在高职院校求学过程中,学生期望有高水平的师资为他们提供知识、技能、信息和方法;有可供自由选择的专业和自主学习的弹性学分制,有多层次课程安排和充足且不断更新的教学资料;有先进完备的实验实训设施和充分的参与职业实践的机会;有丰富的文化活动和优美的校园环境;有物美价廉的生活服务和高效周到的后勤保障;有良好的社会形象和较好的就业机会、较高的就业质量;等等。高职院校应通过深入细致的顾客调研,了解、理解、重视学生顾客的这些期望和需求,教育服务的提供、各项工作的目标和措施、营销方案的制订和实施,都必须以此作为最基本的出发点和落脚点。

高职院校还应主动深入调研,了解、研究、分析用人单位顾客对高职人才的具体需求,并据此设置专业、培养人才。随着经济体制改革的不断深入和市场经济的不断完善,用人单位对高校毕业生的需求已呈现出高度多样化趋势和很高的自主性,它们在引进人员时越来越理性,希望所引进的高校毕业生不仅能满足岗位的需要,而且相比一般社会人员能创造更多的效益。为此,高职院校要具体了解用人单位对毕业生专业、知识、能力和其他素质方面的要求,通过了解、调研,分析与预测用人单位对高职人才的具体需求,进一步深化教育教学改革,实现学校教育与用人单位工作实际相接轨、毕业生素质结构与用人单位人才需求相一致。同时,根据对用人单位人才需求情况的分析,做好学生的就业指导和职业生涯设计辅导,引导学生正确了解、认识并不断适应用人单位的需求,实现学生顾客需求与用人单位需求的趋同。

（二）关注顾客购买成本

4Cs 营销理论强调，营销者不仅要考虑产品的生产成本，更要关注顾客愿意和能够支付的交易成本。高职院校在办学过程中，一方面要有效控制办学成本，另一方面要更加关注学生顾客的教育成本和用人单位的用人成本。

学生顾客的教育成本是指学生个人直接用于接受高等职业教育的全部支出，不仅包括货币成本（如学费、住宿费、教材费、学具费、生活费、交通费及其他杂费），还包括时间成本（付出的时间）、机会成本（因就读本院校而失去选择其他高校或选择就业的机会）等。目前，高校收费普遍看涨，高昂的教育成本已成为很多学生及其家庭的"难以承受之重"。4Cs 营销理论要求高职院校不可只关心自身的办学成本，忽视学生的教育成本，而应该在控制和降低学生教育成本方面担负起应有的责任。一是要完善各项收费制度，坚决杜绝一些不合理收费。二是要给予学生充分的成本补偿。一方面，要努力提高教育质量和毕业生就业质量，增加所提供的高职教育服务的价值含量，使学生的教育成本付出物有所值、物超所值；另一方面，要关注贫困生问题，通过切实有效的措施帮助贫困生解决实际困难。此外，还要引导学生理性消费，养成勤俭节约的生活习惯。

用人单位的用人成本主要指用人单位在使用高职院校毕业生过程中支付的薪酬待遇、福利待遇、培训费用等。根据 4Cs 理论，高职院校一方面要在深入调查研究、分析市场工资水平的基础上，引导学生确立合理的薪酬期望和要求；另一方面，要努力提高人才培养质量，提高用人单位使用高职院校毕业生的收益。此外，要在准确了解用人单位人才需求标准及职业岗位要求的前提下，加强学生职业技能培训，尽可能减少或为用人单位适当分担毕业生就业后的培训费用。

（三）为顾客提供便利

4Cs营销理论除了要求有效地满足顾客需求、尽可能地降低顾客成本外,还强调要充分考虑顾客购买的方便性,对顾客提供服务的周全性,以及让顾客得到全身心的满足。为此,高职院校在营销过程中应树立为顾客提供便利的理念。

美国学者艾尔瓦(Jorge de Alva)认为:"学生和学校之间是一种职业性、事务性的关系。这种关系的特点是方便学生,为学生提供的服务和教育讲究成本效益和时间效益。"这种方便性主要体现在学生学习的自主选择性、学校教育服务的高效性以及完善的学习和生活设施条件,实现学生教育投资效益的最大化。高职院校在办学过程中,应充分考虑学生的个性化发展需求,给学生营造宽松的自主选择空间,使学生能根据个人发展和社会需要在学制选择、专业遴选、修习课程、挑选教师和采用学习方法等方面都有较大的自主权。除此以外,还应建立起快速而高效的教育服务机制,充分利用先进的设施和手段,为学生学习、生活提供高效率的便捷服务。

在为用人单位顾客提供便利方面,高职院校重点应考虑如何方便用人单位和毕业生进行双向选择,以及如何使用人单位更方便地使用毕业生。方便用人单位对毕业生的选择,重点是要重视和加强毕业生就业市场和信息服务体系建设,促进就业市场的信息化。方便用人单位对毕业生的使用,就是人才培养方案要有针对性,培养的人才要适销对路,使毕业生到用人单位后能尽快适应岗位要求。

（四）与顾客有效沟通

4Cs营销理论揭示出组织与顾客的良好关系始于有效的双向沟通,因为沟通能引起注意,提起兴趣,唤起欲望,导致行动。

长期以来,高校始终站在人类文明的制高点俯瞰公众,即使在朝着服务性产业渐变之时,其业已形成的"高高在上"之位和"家长式"的绝对权威并没有真正改变。在现实的市场活动中,高校与学生所拥有的信息存在着明显的优势、劣势之别。作为教育服务的生产者和提供者,高校掌握着大量的教育产品和知识信息,自然成为优势的一方;而作为教育服务消费者的学生对于学校将要教什么、如何教、能否满足需求等关键问题都无法也无力知晓,明显处于劣势。这种情形下,高校与学生所处位置不同,所形成的信息源不同,很难形成信息通路。因此,高职院校在营销过程中要努力实现"三个转变",从而实现与学生的有效沟通。一是从注重"行政沟通"向注重"人文沟通"转变。传统的师生沟通充满了强制和训诫,表现为一种主体对客体的居高临下,而很少体现对学生人格的尊重和利益诉求的保护。高职院校在营销过程中,应走出传统的窠臼,克服"位差效应",突出人文关怀,尊重学生的平等人格和消费者的主体地位,情理交融,达成共识。二是从"单一思想沟通"向"全面发展沟通"转变。不仅要对学生进行思想疏导,而且要关注学生在学习、生活、心理、成才、就业等方方面面的需求和问题,及时加以引导和帮助,促进学生全面素质提升。三是从"传统说教沟通"向"现代化信息沟通"发展。充分利用现代信息技术和传媒工具,搭建更多交流平台,开设多种信息通道,形成及时、可信、高效的信息交流机制,建立起基于共同利益之上的新型和谐关系。

在与用人单位顾客沟通方面,最有效的方法就是建立全面、深层次的校企合作机制。通过校企合作,了解、把握用人单位需求,共同设置专业、制订人才培养方案,共同承担人才培养任务,并通过毕业生跟踪调查,完善人才培养质量评价机制,从而通过有效的沟通实现学校、学生和用人单位的互利共赢。

二、基于4Rs的高职院校营销策略

1999年，美国学者舒尔兹提出了旨在与以顾客为主的利益相关者建立长久关系的4Rs营销组合理论，这一理论阐述了一个全新的营销四要素组合，即关联、反应、关系和回报。这一理论对关系营销时代高职院校营销组合策略的制定具有重要的指导意义。

所谓关联，是指组织以种种方式在供需之间形成价值链，与顾客建立长期的、较为固定的互需、互助、互利的关联。它强调组织与顾客是一个命运共同体，在经济利益上是相关的、联系在一起的，建立、保持并发展与顾客之间的长期关系是组织经营的核心理念和最重要的内容。对高职院校而言，没有学生就谈不上学校，学生顾客是学校赖以存在的基础，学生和学校是不可分割的共同体，因此不能孤立地从学校或从学生单方面看待问题，更不能将二者放在对立面来看待，而应该将两者放在一个利益共同体中来对待，这是在办学过程中和营销管理中必须始终坚持的观念。同样，一个高职院校如果没有用人单位顾客，培养的高职人才也就没有了去路，最终必然导致学生顾客的流失，因此，用人单位和学校之间同样是一个利益共同体。除了认识到学校与两类顾客之间存在不可分割的关联外，高职院校在制定营销策略时，还应努力通过各种措施和方法，构建学校与顾客的关系，增强相互之间的关联性，使相互之间的关联更为稳定持久。

所谓反应，是指在今天相互影响的市场中，对营销者来说，最现实的问题不在于如何控制、制订和实施计划，而在于如何站在顾客的角度及时地倾听顾客的期望和需求，并及时答复和迅速做出反应，以满足顾客的需求。对高职院校而言，不仅仅要建立营销调研体系，及时跟踪学生顾客和用人单位顾客的需求变化，更关键的是要能够根据两类顾客的变化,迅速、快捷地做出反应,从而比其他竞争者更好更快地满足顾客需求。提高市场反应速度,要从多方面入手:一是要建立快速反应和回应顾客需求的营销理念;二是要建立和完善畅通的顾客信息渠道;三是要建立快速反应市场的运作机制;四是要深入挖掘学校的核心资源和核心竞争能力。这种顾客需求导向的快速反应机制,应成为高职院校办学和营销管理体系的重要组成部分,它是成功营销的基础,不可或缺。

所谓关系,是指因为任何一个组织都不可能独自提供运营过程中所必需的资源,所以必须与利益相关者建立起合作伙伴关系,形成一张以组织为中心、由利益相关者组成的交易网络。只有充分利用交易网络,挖掘组织及网络的潜力,结合各自的核心竞争力进行分工与合作,共同开发产品、开拓市场、分担风险、培育独特的竞争优势,才能更好地为顾客和社会服务。因此,高职院校在营销活动中,应努力与各利益相关者,包括内部员工、学生及其家长、上游学校、用人单位、政府、同类院校、媒体、金融机构、社会公众等,建立长期稳定的合作共存关系,注重关系资本的投资和积淀,从而增创新的竞争优势。

所谓回报,是指任何交易与合作关系的巩固和发展,对于双方主体而言都是一个经济利益问题。因此,一定的合理回报既是正确处理营销活动中各种矛盾的出发点,也是营销的落脚点。对一个组织来说,营销的真正价值在于为其带来短期或长期收入和利润的能力。追求回报,要求高职院校在办学过程和营销活动中,一方面要实施低成本策略,充分考虑顾客愿意支付的成本,实现成本最小化,另一方面又要为顾客提供优质或特殊的高附加价值产品与服务,采用并融合更多的营销组合策略,优化营销方案,在满足顾客不同需要的同时,增强自身获利能力。

第**七**章

高职院校顾客价值管理

　　顾客价值是竞争优势的真正来源,只有向顾客提供比竞争对手更高的顾客价值,才能赢得顾客满意和顾客忠诚。因此,顾客价值管理已成为现代营销管理的重要工具而备受重视。高职院校在其营销活动中,也应建立顾客价值跟踪、评价、管理体系,并不断提高顾客价值,从而在提高顾客满意、顾客忠诚的同时实现自身的可持续发展。

第一节　高职院校顾客价值及其对购买者决策过程的影响

一、高职院校的顾客价值

由于高职院校所提供的产品（或服务）和面临的顾客均有两重性，因此高职院校有基于两类不同顾客的顾客价值。为区别起见，我们将受教育者对高职院校提供的高等职业教育服务的感知价值称为"学生顾客价值"，将用人单位对高职院校培养的高等职业技术人才的感知价值称为"用人单位顾客价值"。

学生顾客价值是高职院校的学生在接受相应的高等职业教育服务的过程中，通过自身的体验，对高职院校所提供的价值的感知。这种感知是全方位的，影响他对价值感知的因素是多方面的。既有对接受教育服务过程中的收益和成本的感知，如在知识和能力、生活服务、身心健康、声誉、兴趣和爱好、交往和尊重、自我实现等方面的收益以及货币、时间、精力、体力等方面的耗费等；又有对未来收益和成本的感知，如预期就业去向及就业率、预期就业收入、职业发展机会等。

用人单位顾客价值是用人单位在使用高职院校毕业生的过程中，对其所提供的价值的感知。影响这种感知的因素主要包括毕业生的专业知识、文化基础知识、业务能力、工作绩效、交往能力、组织能力、政治思想素质、合作精神、敬业精神、身体素质、心理素质,以及选择、聘用高职院校毕业生过程中的便利程度、各种成本支出等。

与这种"感知价值"相对应,顾客心目中还会有一个"期望价值"。当"感知价值"与"期望价值"相当或高于"期望价值"时,则会带来顾客满意;当"感知价值"低于"期望价值"时,则会产生顾客不满意。同时,顾客通常又是顾客价值最大化的追求者,当一个组织的顾客价值大于其他竞争者的顾客价值时,则会带来顾客忠诚;而当自身的顾客价值低于竞争者的顾客价值时,则会产生顾客移情。然而,无论是"期望价值"还是"感知价值",都深藏在顾客内心,而且随着情境的变化而变化,顾客自身有时也难以表述清楚。因此,对营销者而言,较为切实可行的战略措施就是关注顾客价值,通过顾客价值管理来实现顾客满意和顾客忠诚。

对高职院校来讲,由于接受高等职业教育通常是一次性的"购买"行为,因此就单个学生顾客而言,基本上不会出现"顾客移情",但较高的顾客价值却是良好"口碑"的基础,而这种"口碑"则是学校吸引未来学生顾客的源泉。就用人单位顾客而言,较高的顾客价值不仅是高职院校吸引用人单位顾客的源泉,而且是现有用人单位顾客忠诚的基础。

因此,对高职院校而言,关注顾客价值,研究、分析顾客价值,实施顾客价值管理,有着十分重要的战略意义。

二、高职院校顾客价值对顾客购买决策过程的影响

(一)基于顾客价值的高职院校学生顾客购买决策过程

在第三章,我们曾将高职院校学生顾客购买高等职业教育服务

的过程分为 5 个阶段,即教育需求产生阶段、信息收集阶段、可供选择方案的评估阶段、决策阶段、购后行为阶段,事实上,这 5 个阶段都是以顾客价值为基础,围绕顾客价值的寻求、比较而进行的。

1. 教育需求产生阶段——产生顾客价值需求

潜在学生顾客对高等职业教育的购买需求,实际上是一种顾客价值需求。通常这种顾客价值需求是通过一系列要素来描述的,但这时顾客心目中的顾客价值要素通常是不成体系的或者体系是模糊的。

2. 信息收集阶段——形成要素体系,收集要素信息

收集信息的过程,实际上就是形成顾客价值要素体系的过程。在这个过程中,学生顾客将尽可能地获取有关顾客价值要素的信息。

3. 可供选择的方案评估阶段——顾客价值预评

这一过程实际上是学生顾客根据所形成的顾客价值要素体系,对可供选择方案中的不同高职院校顾客价值进行评价的过程。但这种评价是在学生顾客接受高等职业教育服务之前进行的,因此这是对顾客价值的预评。

4. 决策阶段——形成预期顾客价值

在对可供选择的方案进行了综合评价后,一般情况下,学生顾客会选择评价结果最为满意的方案。这种决策一经作出,也就形成了对所选择的高职院校的顾客价值预期。

5. 购后行为阶段——顾客价值评价,顾客满意度传播

购买决策作出后,如果学生顾客进入所选定的高职院校和相应

的专业学习,则会对所购买的高等职业教育服务产生直接体验。在体验过程中,会根据自己的认知,对所选择的高职院校的学生顾客价值作出评价。这种顾客认知价值与预期顾客价值相比较后,也就产生了顾客的满意度,并通过顾客满意度的传播来影响他人的购买决策。

因此,可将高职院校学生顾客的购买决策过程用图 7-1 来描述。从中可以看出,学生顾客价值是影响整个购买决策过程的一个关键因素。

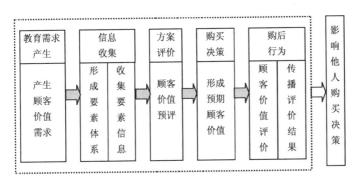

图 7-1　基于顾客价值的高职院校学生顾客购买决策过程

(二) 基于顾客价值的高职院校用人单位顾客购买过程

用人单位顾客高职人才购买过程的 7 个阶段也与顾客价值紧密关联。

1. 用人需求产生阶段——产生顾客价值需求

用人需求产生的基础是用人单位对顾客价值的需求。在此阶段,用人单位实际上已初步形成了对所期望的顾客价值的要素评价体系。

2. 招聘信息发布阶段——形成并发布要素评价体系

在此阶段,用人单位将其对顾客价值的预期及其评价要素与标准予以公布。

3. 应聘信息收集阶段——顾客价值预评

在此阶段,用人单位根据顾客价值要素评价体系对每一位应聘者可能带来的顾客价值进行预评。

4. 方案选择及决策阶段——预评顾客价值与预期顾客价值比较

在此阶段,用人单位将每一位应聘者的顾客价值预评结果与预期顾客价值进行比较,形成最初的顾客满意度,并据此选择应聘者。

5. 试购阶段——短期顾客价值实评

在试用期内,用人单位对录用的高职人才所产生的顾客价值进行实际测评。由于试用期通常较短,而人才的使用价值的体现通常需要一个较长的时间,因此这一阶段对顾客价值的实评只是一个短期的、初步的结果。

6. 正式购买阶段——短期顾客价值与预期顾客价值比较

在这一阶段,用人单位将短期顾客价值的实评结果与预期顾客价值进行比较,形成短期顾客满意度,并据此决定是否正式录用有关人员。

7. 购后行为阶段——长期顾客价值评价

在这一阶段,用人单位根据较长时期内录用人员的使用情况,对顾客价值进行最终测评,并将测评结果与预期顾客价值进行比较,形成最终的顾客满意度,并据此作出购后行为。

上述过程如图7-2所示。

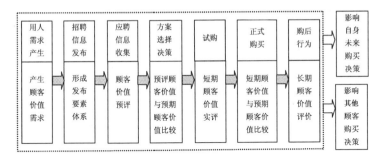

图 7-2 基于顾客价值的用人单位购买过程

三、顾客价值管理——高职院校赢得顾客的关键

从上述对高职院校两类顾客购买决策过程的分析可以看出,顾客价值是影响顾客购买决策的一个关键因素。因此,高职院校要想赢得顾客,实现可持续发展,必须实施顾客价值管理。

顾客价值管理是一个动态的过程,其目标是通过一个结构完善、久经考验的系统,把业务标准、改进项目、组织能力、流程、机构和框架等与顾客界定的价值联系起来,从而为顾客提供最佳价值。顾客价值是组织竞争优势的重要来源,而顾客价值的动态管理则是组织培育和提升竞争优势的重要手段。

当学生选择了某所高职院校并入校学习,实际上就是学生顾客与高职院校之间形成了一种"购买"关系,学生顾客所购买的就是高职院校所提供的高等职业教育服务这一特殊"产品"。基于高职学生个人潜能和智力类别的多种多样,高等职业教育理当考虑不同的人有不同的兴趣爱好和职业取向,在职业类别方面需尽量满足不同的要求。如此看来,高等职业教育必须是一种在目标、形式、内容等方面提供多种选择、满足多种学习和发展需要的教育。

此外,如同企业明确产品研发方向后进行产品设计生产一样,在确立培养目标的基础上,高职院校应"生产"自己的"产品"(学生)。高职院校所培养的学生,如果与用人单位的需求不相符,或当用人单位的需求发生变化后不能及时察觉,提供的产品(学生)就不能给用人单位顾客带来其所需要的价值,如果这样,则学校就要引以重视了。基于不同的用人单位对高职院校毕业生的不同要求,学校必须在专业设置、课程设置和课程内容安排等方面,进行广泛深入的市场调研,更多地考虑社会和用人单位对人才的要求,真正站在顾客角度来看待产品和服务的价值。要做到这一点,高职院校必须建立一整套对顾客价值进行探测、跟踪、管理的体系。

高职院校实施顾客价值管理就是要通过一套系统化的方法,对两类顾客价值的构成内涵进行分析,把握学生和用人单位两类顾客的价值需求要素,并对其进行跟踪监测,据此对管理组织、管理流程等进行改进或创新,通过实施顾客价值的动态管理,以赢得顾客的持久信赖和支持。高职院校的顾客价值管理重点要抓好以下环节:

(1)识别顾客价值的主要属性。顾客价值是顾客对购买某一产品或服务所获价值的看法,它通过一系列的属性来体现。这些属性与产品或服务本身有关,也与顾客的偏好、情感等密切相关,是由顾客感知的,而不是由产品或服务的提供方决定的。因此,对高职院校而言,必须通过顾客调查,确定顾客在购买高等职业教育服务或使用高职人才时希望从中获得哪些利益。

(2)评价不同属性的重要性。通过顾客调查,对顾客所关注的各种属性按重要性大小进行评定和排序。如果顾客在评价中分歧甚大,就应将其分为不同的顾客细分市场。在此基础上,利用统计分析方法,构建顾客价值评价的层级结构模型。

（3）对本院校及竞争者的顾客价值进行对比分析。通过顾客调查，了解顾客对本院校及各竞争者在各个属性方面的性能有何看法，进行对比分析；同时，可根据调查所收集的数据，利用所构建的层级模型，对本院校及竞争者的顾客价值进行综合评估和对比分析。根据分析的结果，有针对性地制定竞争战略。

（4）监测不断变化中的顾客特性。顾客的评价在短期内可能是相对稳定的，但随着时间的推移，市场环境的变化，顾客的评价会发生变化，为此高职院校要想在战略上取得成功，必须能及时觉察到这种变化，并对顾客价值和竞争者地位作出重新研究。

（5）围绕顾客价值改进和创新学校管理。高职院校的一切管理活动如办学定位和办学指导思想的确立、专业设置、课程设置、教学过程的组织与实施、机构设置和资源配置等，都应围绕提高顾客价值这一核心而进行。要通过对市场需求和环境进行分析和预测，通过对顾客价值的跟踪分析，改进和创新学校管理，从而有效地提高顾客价值。

第二节　高职院校顾客价值评价体系

一、高职院校顾客价值评价的目的

顾客价值对高职院校而言十分重要。但要使其成为有效的、可操作的管理工具,必须明确以下几点:什么能对学生顾客及用人单位顾客产生价值? 学生顾客及用人单位顾客想要哪些价值? 本院校在学生顾客价值及用人单位顾客价值方面的绩效如何? 与竞争者相比有哪些优势和劣势? 在此基础上,要作出以下决策:分别向学生顾客和用人单位顾客交付哪些价值? 哪些方面需要提高或加强? 哪些方面是可以进一步改善的? 为有效地提高两类顾客价值,应将资源重点投放到哪些方面? 以上这些,正是我们进行高职院校顾客价值评价的根本目的。

二、高职院校顾客价值评价体系建立的原则

(一) 顾客导向原则

对高职院校顾客价值进行评价,是为了分析两类顾客分别需要什么样的价值,顾客对高职院校所提供的价值的看法如何,因此无论是评价指标的选择还是对具体指标的评价,应以顾客调查为基础,由顾客来选择和评价。

(二) 系统性原则

高职院校顾客价值是一个综合的概念,其影响因素是多方面的,而且这些因素之间或多或少地存在着相互关联和交互作用,因此在选择评价指标时应力求全面,应以广泛的顾客调查为基础。同时,在具体评价时应对这些指标的相关性进行适当处理,要考虑评价系统的整体性和相关性。

(三)科学性原则

对高职院校顾客价值进行评价,必须建立在对顾客价值的概念正确认识的基础上,同时指标设计要科学、合理、完整,在建立数学模型和评价分析过程中要注意逻辑上的严密性,分析结果要有较高的可信度。

(四)实用性原则

要注意评价指标的可操作性,所选择的评价指标要有利于高职院校的顾客对其进行准确评价。

(五)相对性原则

高职院校顾客价值的影响因素涉及很多方面,在具体评价时,各种指标由于性质、形式等不尽相同,无法直接进行比较、计算,因此必须进行指标转换,即进行指标的无量纲化,使各指标的评价值变为可进行比较和运算的相对值。

三、高职院校顾客价值评价体系建立的基本思路

第一章我们曾介绍了盖尔、伍德鲁夫、科特勒和格朗鲁斯等人关于顾客价值评价的模型,并指出,他们的研究成果主要存在以下两点局限性:一是都是基于一定的假设或逻辑分析,事先对顾客价值的维度进行了划分,而不是从顾客角度得出的;二是在实证研究中,对顾客价值的构成要素评估不够重视,从而缺少了可操作的方法或可量化的指标。为此,罗海青、柳宏志提出了顾客价值评价模型的建构方

法,该方法从顾客角度进行研究,经过初始调研形成量表、问卷调查收集数据、因子分析、因子解释等程序,最终得到可操作和量化的顾客价值评价体系。本书将依据这一思路,探索建立高职院校顾客价值评价的模型。

四、高职院校顾客价值评价体系建立的方法

(一)选择初始题项,编制预试问卷

要对高职院校顾客价值进行评价,必须弄清顾客究竟需要哪些价值。为此,首先必须在对相关文献和资料研究的基础上,进行顾客调查,搜寻最初的题项,编制预试问卷,以进一步调查顾客的价值取向。

1. 文献和资料研究

顾客的看法通常是模糊的、不系统的,需要研究者去启发、引导,并对顾客的看法进行分析、整理。为此,研究者必须对此首先做深入的研究。有关方面的资料可为我们提供借鉴和方法指导,从而使得对顾客的调查更具系统性和目的性。

首先,关于顾客价值评价的理论文献。顾客价值是一个崭新的概念,关于顾客价值的实证研究还相当缺乏,特别是对高职院校顾客价值的研究至今仍是一个空白。但我们可以从前人的一些研究中得到启发。例如,在第一章述及的盖尔的顾客价值图、伍德鲁夫的顾客价值层级模型、科特勒的顾客让渡价值模型、格朗鲁斯的关系价值模型,以及一些国内学者提出的实证模型和方法等,为我们研究高职院校顾客价值的构成要素提供了基本的搜索平台和理论与方法上的

指导。

其次,关于高职院校评估的相关资料。虽然目前无论是理论层面还是实践层面,都缺乏对高职院校顾客价值的系统研究,然而,关于高职院校评估的一些文献和操作方法能为我们的研究提供一定的借鉴,如教育部高职高专院校人才培养工作水平评估方案等。

2. 顾客调查

顾客价值研究应主要从顾客角度出发,分析顾客真正需要什么。从对顾客的调查研究中所获取的第一手资料,是我们对顾客价值进行研究的主要依据。在上述相关文献和资料研究的基础上,我们可采用不同的研究方法,如焦点小组访谈、深度访谈、书面问卷调查等方法,对高职院校的顾客进行调查研究。

(1)焦点小组访谈的理论依据是"群体动力",其假设是一个人的反应会成为对其他人的刺激,从而可以观察到受访者的相互作用,这种相互作用会产生比同样数量的人做单独陈述更多的信息。焦点小组一般由 8~12 人组成,在一名主持人的引导下对某一主题进行充分、详尽和深入的讨论。在本研究中,可事先准备好一些与高职院校顾客价值相关的问题,组织高职院校的学生或用人单位代表进行小组访谈。

(2)深度访谈是一种一对一交谈的方法,访谈者通过与单一受访者的深入交谈,利用详细的诱导性问题,来揭示受访者内心深处隐藏的动机。较之焦点小组访谈法,深度访谈能揭示出顾客内心不易察觉的价值观,但需要耗费较多的精力和时间。在本研究中,可适当地组织一些学生或用人单位顾客代表,就事先准备好的有关问题进行深度访谈。在访谈过程中,可借鉴伍德鲁夫的阶梯法和全程法。

(3)书面问卷调查是事先设计好有关的问题,形成调查问卷,由高职院校的学生顾客或用人单位顾客代表进行书面回答。为尽可能全面地搜集高职院校顾客价值的评价指标,事先应精心设计好要调查的问题,问题要带有启发性,要便于被调查者回答,同时要留有足够的时间让他们去思考、回答。这样的书面调查可根据调查的进展情况反复进行多次,层层深入,层层细化。

通过上述过程,选择初始题项后,应编制预试问卷,以便作进一步的调查研究。问卷的编制可采用量表法,将顾客对各题项的态度予以量化。

(二) 预试并进行项目分析

预试问卷拟完后,应实施预试。预试对象的人数通常原则上应达到题项数的 5 倍以上。

通过预试收集到相关数据后,应进行项目分析。项目分析的主要目的是求出问卷每一题项的"决断值"(Critical Ratio,简称 CR 值),其求法是将所有受试者在预试量表的得分总和按高低次序排列,得分前 25% 至 33% 者为高分组,得分后 25% 至 33% 者为低分组,求出高低二组受试者在每个题项上得分平均数差异的显著性检验值。如果题项的 CR 值达到显著水准(通常取 $\alpha < 0.05$ 或 $\alpha < 0.01$),即表示这个题项能鉴别不同受试者的反应程度,此为题项是否删除首先应考虑的。

(三) 因子分析构建层级模型

经过预试并对量表进行项目分析后,可根据调整后的量表设计问卷,对研究对象进行实际调查。并根据调查所得的数据进行因子分析,构建高职院校顾客价值评价的层级模型。因子分析的目的是要找出量表潜在的结构,减少题项的数目,使之变成数量较少、组内彼此相关较大的一组组变量,主要过程如下。

1. 问题定义

因子分析是用较少个数的公共因子的线性函数与特定因子之和来表达原观察变量 X 的每一个分量,以得到合适的解释变量并降低其维数。在对高职院校顾客价值的研究中所涉及的就是一个多指标问题。

设题项集为 $X = (x_1, x_2, \cdots, x_m)^{\mathrm{T}}$。各题项的数据矩阵为

$$X = \begin{bmatrix} x_{11} & x_{12} & \cdots & x_{1n} \\ x_{21} & x_{22} & \cdots & x_{2n} \\ \vdots & \vdots & & \vdots \\ x_{m1} & x_{m2} & \cdots & x_{mn} \end{bmatrix}$$

以这些数据为基础,我们通过因子分析,可获得 $l(l \leqslant m)$ 个变量 $f_i(i = 1, 2, \cdots, l)$,使得

$$X = \begin{bmatrix} x_1 \\ x_2 \\ \vdots \\ x_m \end{bmatrix} = \begin{bmatrix} a_{11} & a_{21} & \cdots & a_{l1} \\ a_{12} & a_{22} & \cdots & a_{l2} \\ \vdots & \vdots & & \vdots \\ a_{1m} & a_{2m} & \cdots & a_{lm} \end{bmatrix} \begin{bmatrix} f_1 \\ f_2 \\ \vdots \\ f_l \end{bmatrix} + \begin{bmatrix} \varepsilon_1 \\ \varepsilon_2 \\ \vdots \\ \varepsilon_m \end{bmatrix}$$

简写为

$$X = Af + \varepsilon$$

其中,$f_1, f_2, \cdots, f_l$ 为 X 各分量的公共因子,各 f_i 的均值为 0,方差为 1,相互独立;ε_i 为 x_i 的特定因子,只对 x_i 起作用。各 ε_i 均值为 0,方差为 b_i^2,且各 ε_i 相互独立。f 与 ε 独立,X 均值为 0,协方差阵 $\sum = (\delta_{ij})_{m \times m}$,矩阵 A 称为因子载荷阵。

2. 计算并检验协方差(相关)矩阵

因子分析基于变量间的协方差矩阵。换言之,因子分析中的原

观察变量必须具有一定的相关性,如果变量间不存在相关,或者相关性很小,则不适合做因子分析。对于变量间的相关性是否达到适合进行因子分析的程度,我们可用巴特利特球体检验和 KMO 测度来进行判断。

巴特利特球体检验(Bartlett's Test of Sphericity)可以用来检验变量间是否存在相关。它是一种建立在协方差阵是单位阵(即变量间不相关)的假设基础之上的检验。一个大的检验值通常意味着检验结果的显著性,因此可以拒绝原假设,即可以进行因子分析,否则应慎重考虑。

KMO 测度(Kaiser-Meyer-Olkin Measure of Sampling Adequacy)是比较观测到的变量间的相关系数和偏相关系数的大小。一个大的 KMO 测度值同样支持我们进行因子分析。一般而言,KMO 测度在 0.7 以上就是令人满意的值。

在获得初始指标的观测数据后,我们可首先对这些初始指标进行巴特利特球体检验和计算相应的 KMO 测度值,以判别是否适合作因子分析。

3. 利用主成分分析法提取因子

在经过巴特利特球体检验和计算 KMO 测度值确认可进行因子分析后,可采用主成分分析法提取公共因子。

对原始数据矩阵进行标准化处理

$$x_{ij}' = \frac{x_{ij} - \bar{x}_i}{S_i} \qquad i = 1, 2, \cdots, m; j = 1, 2, \cdots, n$$

其中

$$\bar{x}_i \frac{1}{n} \sum_{j=1}^{n} x_{ij} \qquad i = 1, 2, \cdots, m$$

$$S_i^2 = \frac{1}{n-1} \sum_{j=1}^{n} (x_{ij} - \bar{x}_i)^2 \qquad i = 1, 2, \cdots, m$$

根据标准化处理后的数据得相关系数

$$r_{ij} = \frac{\sum\limits_{k=1}^{n} x_{ki}{'} x_{kj}{'}}{n-1} \qquad i,j=1,2,\cdots,m$$

得相关系数矩阵 $\boldsymbol{R}$

$$\boldsymbol{R} = \begin{bmatrix} r_{11} & r_{12} & \cdots & r_{1m} \\ r_{21} & r_{22} & \cdots & r_{2m} \\ \vdots & \vdots & & \vdots \\ r_{m1} & r_{m2} & \cdots & r_{mm} \end{bmatrix}_{m \times m}$$

对应于相关系数矩阵 $\boldsymbol{R}$,求得特征方程

$$|\boldsymbol{R} - \lambda \boldsymbol{I}| = 0$$

的 m 个非负特征值 $\lambda_i(i=1,2,\cdots,m)$,且使 λ_i 满足

$$\lambda_1 \geqslant \lambda_2 \geqslant \cdots \geqslant \lambda_m \geqslant 0$$

对应于 λ_i 的特征向量为

$$a_i = (a_{1i}, a_{2i}, \cdots, a_{mi}) \qquad i=1,2,\cdots,m$$

且满足

$$a_i a_j = \sum_{k=1}^{m} a_{ki} a_{kj} = \begin{cases} 1 & i=j \\ 0 & i \neq j \end{cases}$$

可求得由特征向量组成的 m 个新因子 f_i

$$f_i = a_{1i}x_1{'} + a_{2i}x_2{'} + \cdots + a_{mi}x_m{'} \qquad i=1,2,\cdots,m$$

新因子 $f_1, f_2, \cdots, f_m$ 之间正交且方差递减。

计算前 k 个新因子的方差占总体方差的比例

$$\eta_k = \frac{\sum\limits_{i=1}^{k} \lambda_i}{\sum\limits_{i=1}^{m} \lambda_i} \qquad k=1,2,\cdots,m$$

若要求选取 l 个主成分,使其所反映的信息量占总信息量的比例为 α(一般 α 取 70% 以上),则 l 须满足

$$\begin{cases} \eta_{l-1} < \alpha \\ \eta_l \geq \alpha \end{cases}$$

这样即可求得 $l(l < m)$。

因此,可选用前 l 个主成分来代替原有的 m 个指标,且该 l 个主成分基本上保留了原 m 个指标的信息。同时,这 l 个主成分之间互不相关。这样起到了筛选指标、简化分析以及保证结果的可信度的作用。

4. 因子旋转

在建立了因子分析模型后,更重要的是通过模型对公共因子与原变量中哪些变量关系密切作出明确的解释,为此,希望载荷阵

$$A = \begin{bmatrix} a_{11} & a_{21} & \cdots & a_{l1} \\ a_{12} & a_{22} & \cdots & a_{l2} \\ \vdots & \vdots & & \vdots \\ a_{1m} & a_{2m} & \cdots & a_{lm} \end{bmatrix}$$

的结构能变得更加简单。

因子负载给出了观测变量和提取的因子之间的相关程度的大小,这意味着在某一因子上的负载大的变量对该因子的影响较大,因子的实际意义较大地取决于这些变量,这可以帮助我们来解释因子的实际意义。但是,实际中可能会出现所有变量在一个因子上负载都比较大的情形,这为因子解释带来了困难。对此,我们可利用因子旋转来进行处理。

因子旋转的目的是使某些变量在某个因子上的负载高,而在其他因子上的负载低,这事实上是依据因子对变量进行更好的"聚类"。同时,一个合理的要求是这种旋转应并不影响共同度和全部能解释的方差比例。因子旋转通常有正交旋转和斜交旋转等方法。正交旋转由于保持了标轴的正交性(成直角),即因子之间的不相关

性,因此使用最多。在正交旋转中,又以方差最大化法最为常用。

5. 因子解释

因子分析的重要一步应是对所提取的公共因子给出合理的解释。因子解释可以通过考虑在因子上具有较高负载的变量的意义进行。经过因子旋转后的因子负载阵可以大大提高因子的可解释性。

经过旋转后,仍有可能存在一个因子的所有负载均较高的情形,这种因子通常可以称之为一般或基础性因子,一个合理的解释是它是由于所研究的问题的共性所决定的,而并不单一地取决于问题的某一个方面。此外,对于某些负载较小、难以解释或者实际意义不合理的因子,如果其解释的方差较小,则通常予以舍弃。

6. 因子得分

因子得分就是给出各因子在每一个案例上的值。事实上,既然各观测变量可以表示为各公共因子的线性组合,那么,反之,各公共因子也可以表示为各观测变量的线性组合

$$f_i = b_{i1}x_1 + b_{i2}x_2 + \cdots + b_{im}x_m \qquad i = 1, 2, \cdots, l$$

其中,b_{ij} 为第 i 个因子在第 j 个变量处的得分系数。

通过主成分分析法,可以求得各因子的得分值,且这些值之间是不相关的。因子得分可以用来代替原来的变量用于后续的分析。由于消除了相关性,为我们的后续分析提供了较大的方便。

通过因子分析所得到的主分量即为量表的层面要素。

(四) 对各层面要素与量表进行信度分析

因子分析后,继续要分析的是量表各层面与总量表的信度检验。所谓信度(Reliability),就是量表的可靠性或稳定性。

常用的检验信度的方法为美国教育心理学家克隆巴赫(L. J.

Cronbach)所创的 α 系数,其计算公式为

$$\alpha = \frac{K}{K-1}\left(1 - \frac{\sum S_i^2}{S^2}\right)$$

其中,K 为量表包含的总题数,S^2 为测验量表总分的变异量,S_i^2 为每个测验题项总分的变异量。

α 系数值界于 0 至 1 之间。一般而言,α 系数界于 0.65 至 0.70 之间为最小接受值,α 系数值界于 0.70 至 0.80 之间较好,界于 0.80 至 0.90 之间很好,大于 0.90 非常好。

(五)各层面要素的重要性评价

通过因子分析得出高职院校顾客价值评价的层面要素后,我们可以进一步计算出各层面重要性的概率。假设调查采用的是 7 级量表,选择"4"的顾客的态度是无所谓,而"大于 4"则认为该变量是重要的,因此 $P(f_i > 4)$ 代表了顾客认为 f_i 重要的概率。

通过前述的因子分析,我们得到了 f_i 与相应解释变量的计算系数。据此,我们可以计算出 f_i 的各样本的值,再计算其均值和方差,设 f_i 的均值为 μ_i,其标准差为 σ_i,则

$$\frac{X - \mu_i}{\sigma_i} \sim N(0,1)$$

令 $z_i = (\mu_i - 4)/\sigma_i$,求得相应的 z_i 值,查标准正态分布表,可求得 $P(f_i > 4)$。通过对 $P(f_i > 4)$ 的比较,即可分析出各层面要素的重要性情况。

通过以上分析,我们可以得到高职院校两类顾客价值的评价模型。利用这一模型,我们可对某一范围内的高职院校顾客价值情况进行对比研究,如对某一地区(全国、某省等)的高职院校顾客价值进行聚类分析,以便为高等职业教育有关宏观政策的制定提供决策依据。还可对某一具体的高职院校顾客价值进行研究,以此为基础

进行顾客价值管理,如通过与竞争者顾客价值的对比,可分析本院校在顾客价值方面的状况及存在的优势与劣势,从而有效地制定竞争性战略。

第三节　高职院校顾客价值评价实证研究

一、高职院校学生顾客价值评价模型

(一) 选择初始题项,设计初始量表

1. 初始题项搜寻

　　为搜寻学生顾客价值评价的初始题项,笔者先后组织了多次焦点小组访谈。访谈中主要设计了以下几个问题:"为什么上高职院校?""在选择高职院校时主要考虑哪些因素?""在高职院校求学过程中希望获得哪些收益?""求学过程中的付出包括哪些方面?""在高职院校学习过程中对哪些方面感到满意? 哪些方面感到不满意?"并设计了调查表让参加访谈者待访谈结束后填写。整理后的有关结果如下:

　　关于"为什么上高职院校",涉及的原因有:高考成绩不理想,达不到本科分数线;害怕高考,不想再补习了;即使再补习一年,考取本

科的希望也不大;希望早点毕业,找份工作;不想上民办本科;家庭经济状况不好,而上民办本科或补习要多花钱;上高职院校可以学一点技术,有利于就业或创业;所选择的专业目前比较吃香,容易找工作;所选的专业毕业后收入较高;上高职院校还有机会"专转本";想先拿个大专文凭,以后有机会再深造;高考成绩与自己相近的同学上了高职院校,所以自己也就上了高职院校;所就读的高职院校有熟人,上学期间可以得到照顾;为所就读的高职院校的招生宣传所打动。

关于"在选择高职院校时主要考虑哪些因素",涉及的内容主要有:学校的声誉;学校的录取分数线;招生规模与在校生规模;校园环境;占地面积;学校基本建设;所选择专业的社会需求;是否有感兴趣的专业;所选择专业的特色和声誉;学校的社会地位;学校的地理位置与交通便利程度;社会特别是用人单位对毕业生的认可程度;以往毕业生的就业率;学校的师资情况;学校的办学历史;学校收费情况;教学设施情况;生活设施情况;学校的周边环境和治安情况;熟悉学校情况的人对学校的看法。

关于"在高职院校求学过程中希望获得哪些收益",涉及的方面主要有:能顺利就业;就业后能有较满意的收入;能够学到有用的知识和技能;所就读的学校为多数人认可;能有较多的接触实际工作的机会;能够对口就业;校园气派、整洁、漂亮;教室宽敞、整洁;有现代化的教学设施;有较好的实验实训条件;有校外实习基地;图书馆藏书较多、较新;图书馆和阅览室的设施较先进;有较先进的校园网且学生上网比较方便;宿舍宽敞、整洁、设施齐全;食堂伙食花色品种多、口味好、价格合理;食堂就餐条件好;师资比较充足;教师的学历、职称结构较合理;管理人员素质较高;后勤服务人员素质较高;解决学生提出的问题比较及时;组织学生参加职业技能训练和鉴定;外语教学应有外籍教师;课程设置比较合理;教材贴近实际、内容新颖;公共课、基础课、专业基础课、专业课的课时分配合理;理论教学与实践教学的课时分配合理;允许学生选择课程;允许学生选择教师;有来自企事业单位的兼职教师;教师既懂理论,又会实际操作;教职工勤业、敬业、有良好的职业道德;教职工关心学生;师生之间比较平等;有足够的体育活动场所和体育设施;有较多的课外活动时间;校园文化活动组织得好;兴趣和特长能得到发挥;能够全面发展;学校关心学生的心理健康;对学生的行为规范要求较合理;学校和企事业单位有稳定的合作关系;学校关心特困生的生活,能帮助特困生解决困难;学校收费比较合理;有较多的深造机会;教师的科研能力强、科研成果多;学生能够参与学校管理;周边环境及治安较好;教学质量检查制度健全,制度落实好,教学质量高;学校对就业指导和咨询工作重视;重视毕业生推荐工作;允许学生边学习边工作,实行学分制,最好实行弹性学制。

关于"求学过程中的付出包括哪些方面",涉及的内容主要有:学杂费;住宿费;伙食费;往返家庭与学校的交通费;参加学校组织的公益劳动等付出的时间和精力、体力;学习过程中付出的时间、精力和体力;因校内缺少必要的设施需到校外去邮局、商场、银行等花费的交通费及时间、体力等。

对所就读的高职院校感到满意或不满意涉及的方面主要有:学校占地面积;校园环境;教室数量、面积与设施;学生宿舍面积与设施;教学设施;校内实验实训设施的开放情况;校外实训基地的数量及利用率;职业技能培训及获取证书的情况;毕业实习;就业率;对口就业情况;学校的知名度;学校参加社会活动情况;学校的地理位置与交通;学校办学经费;学费;住宿费;伙食费;伙食质量;食堂就餐条件;浴室条件及冷热水供应、电力供应;宿舍管制;后勤人员服务态度;教师对待学生的态度;学校对待学生意见的态度;日常学生管理;师生之间的沟通情况;专业设置合理与否;教学内容与实际相符程度;教学内容的新颖程度;思想政治教育的形式与效果;理论课教学的形式与效果；课时分配；教材；教师的教学水平；教师的数量；管理人员的数量和素质；企业参与办学情况；学校服务企业情况；学校的广告与招生宣传；教师的普通话水平；课程的可选择性；自由安排的时间；体育场所与设施；文化娱乐活动设施；校内邮政、通讯、储蓄、购物等设施。

在本研究中，笔者还先后与十多位同学就上述问题进行了深度访谈。深度访谈中所涉及的内容也基本上涵盖在焦点小组访谈所涉及的内容之中。

综合以上的调查结果，经过分析、归纳、整理，得到涉及高职院校学生顾客价值的所有题项76个：学校知名度；学校地位；学校录取分数线；学校规模；学校办学历史；专业声誉；学校参加社会活动情况；广告与宣传；学校位置与交通；学校占地面积；校园环境；基本建设；办学经费；周边环境；教室条件；教学设备；校内实训条件；校外实训基地；图书馆；校园网；专业设置；教学计划；课程设置；教材；教学质量监控；理论课教学；专业实训；毕业实习；知识技能总量；知识技能的实用性；知识技能的新颖性；职业技能鉴定；选择性学习；学分制；自主时间；兴趣和特长发挥；全面发展；企业参与办学情况；学校服务企业情况；思想政治教育；日常学生管理；学生自我管理；对待学生意见；师生沟通；心理健康咨询；特困生工作；学费；住宿费；伙食费；在校学习过程中付出的时间、精力和体力；参加学校活动时付出的时间、精力和体力；住宿条件；食堂条件；伙食质量；宿舍管制；其他生活服务；体育设施；文化娱乐设施；就业指导与咨询；毕业生推荐；深造机会；就业率；对口就业情况；预期就业收入；毕业生被认可程度；生师比；专任教师职称学历；双师素质师资；教师教学水平；教师科研水平；兼职教师队伍；外籍师资；教师的普通话水平；管理人员队伍；后勤服务人员队伍；教职工职业道德。

2. 初始题项筛选

根据在焦点小组访谈和深度访谈基础上所搜寻到的 76 个题项，笔者设计了调查问卷，在 9 所高职院校对在校学生进行了抽样调查，要求被调查者从中选出自己认为重要的题项，以便对搜寻到的 76 个题项进行筛选。对收回的 664 份有效问卷的统计结果如表 7-1 所示。

表 7-1 高职院校学生顾客价值评价题项选择调查结果

题项序号	题项	选择人数	选择人数占总人数的比例
1	学校知名度	627	94.43%
2	学校地位	611	92.02%
3	学校录取分数线	83	12.50%
4	学校规模	65	9.79%
5	学校办学历史	51	7.68%
6	专业声誉	632	95.18%
7	学校参加社会活动情况	504	75.90%
8	广告与宣传	482	72.59%
9	学校位置与交通	517	77.86%
10	学校占地面积	664	100%
11	校园环境	659	99.25%
12	基本建设	664	100%
13	办学经费	664	100%
14	周边环境	586	88.25%
15	教室条件	664	100%
16	教学设备	664	100%

题项序号	题　　项	选择人数	选择人数占总人数的比例
17	校内实训条件	664	100%
18	校外实训基地	631	95.03%
19	图书馆	664	100%
20	校园网	607	91.42%
21	专业设置	664	100%
22	教学计划	625	94.13%
23	课程	661	99.55%
24	教材	644	96.99%
25	教学质量监控	659	99.25%
26	理论课教学	663	99.85%
27	专业实训	664	100%
28	毕业实习	593	89.31%
29	知识技能总量	664	100%
30	知识技能的实用性	664	100%
31	知识技能的新颖性	623	93.83%
32	职业技能鉴定	606	91.27%
33	选择性学习	563	84.79%
34	学分制	502	75.60%
35	自主时间	440	66.27%
36	兴趣和特长发挥	117	17.62%
37	全面发展	558	84.04%
38	企业参与办学情况	498	75%
39	学校服务企业情况	484	72.89%

续表

题项序号	题　项	选择人数	选择人数占总人数的比例
40	思想政治教育	432	65.06%
41	日常学生管理	563	84.79%
42	学生自我管理	475	71.54%
43	对待学生意见	572	86.14%
44	师生沟通	560	84.34%
45	心理健康咨询	523	78.77%
46	特困生工作	477	71.84%
47	学费	664	100%
48	住宿费	664	100%
49	伙食费	664	100%
50	在校学习过程中付出的时间、精力和体力	36	5.42%
51	参加学校活动时付出的时间、精力和体力	21	3.16%
52	住宿条件	664	100%
53	食堂条件	664	100%
54	伙食质量	664	100%
55	宿舍管制	17	2.56%
56	其他生活服务	638	96.08%
57	体育设施	622	93.67%
58	文化娱乐设施	569	85.69%
59	就业指导	615	92.62%
60	毕业生推荐	664	100%
61	深造机会	581	87.5%

题项序号	题 项	选择人数	选择人数占 总人数的比例
62	就业率	664	100%
63	对口就业情况	605	91.11%
64	预期就业收入	586	88.25%
65	毕业生被认可程度	664	100%
66	生师比	639	96.23%
67	专任教师职称学历	634	95.48%
68	双师素质师资	601	90.51%
69	教师教学水平	664	100%
70	教师科研水平	533	80.27%
71	兼职教师队伍	570	85.84%
72	外籍师资	49	7.38%
73	教师的普通话水平	37	5.57%
74	管理人员队伍	628	94.58%
75	后勤服务人员队伍	636	95.78%
76	教职工职业道德	660	99.40%

从表 7-1 可以看出,在最初搜索到的 76 个题项中,学校录取分数线、学校规模、学校办学历史、兴趣和特长发挥、在校学习过程中付出的时间及精力和体力、参加学校活动时付出的时间及精力和体力、宿舍管制、外籍师资、教师的普通话水平这 9 个题项的选择人数占总人数的比例均不足 20%,而其余 67 个题项的相应比例均在 60% 以上。因此,为尽可能简化评价体系,可将这 9 个题项剔除。

3. 初始题项解释

根据上述调查和分析,得到学生顾客价值评价的初始题项如下:

学校知名度 X_1，指学校在社会公众心目中的形象以及社会公众对学校的知晓度。

学校地位 X_2，指学校在其所属行业或所在地区所占据的地位。

专业声誉 X_3，指高职院校的特色专业、优势专业、品牌专业等情况。

学校参加社会活动情况 X_4，指学校参与地方经济建设、社会发展、科技进步以及公益活动的情况。

广告与宣传 X_5，指学校对广告宣传的重视程度及其效果。

学校位置和交通 X_6，指高职院校所处的地理位置以及交通的便利程度。

学校占地面积 X_7，指高职院校的生均校园面积。生均校园面积无疑是衡量一所高职院校所提供的教育服务质量的一个重要指标。教育部就对高职院校的生均校园面积有明确的要求，《普通高等学校办学条件指标（试行）》中规定的高职（专科）院校生均校园占地面积的合格标准分别为：综合、师范、民族院校及语文、财经、政法院校，$54m^2$/生；工科、农、林院校和医学院校，$59m^2$/生；体育院校和艺术院校，$88m^2$/生。这一标准可作为学生顾客进行评价时的参照。

校园环境 X_8，指校园的整洁、美化、绿化等情况，整体布局的合理程度以及校风等校园的人文环境。

基本建设 X_9，指校舍的生均面积及其新旧程度。《普通高等学校办学条件指标（试行）》中规定的高职（专科）院校生均教学行政用房的合格标准分别为：综合、师范、民族院校，$14m^2$/生；工科、农、林院校和医学院校，$16m^2$/生；语文、财经、政法院校，$9m^2$/生；体育院校，$22m^2$/生；艺术院校，$18m^2$/生。这一标准可作为学生顾客对高职院校这一指标进行评价时的参考依据。

办学经费 X_{10}，办学经费的充裕程度，可用生均办学经费来衡量。

周边环境 X_{11}，指高职院校周边的自然环境和人文环境。

教室条件 X_{12}，指教室的宽敞、整洁程度及基础设施的装备情况等。

教学设备 X_{13}，指教学仪器设备情况，可用生均教学仪器设备值来评价。教育部高职高专院校人才培养工作水平评估方案中规定的合格标准是生均教学仪器设备值达到 3 000 元，平均每 8 人拥有一台计算机，语音室座位数达到每千人 30 座；优秀标准是理工农医类院校的生均教学仪器设备值≥5 000 元，文史财经管等院校的生均教学仪器设备值≥4 000 元，且教学设备利用率高，能广泛应用现代教学技术。这些标准均可作为学生顾客对高职院校该项指标进行评价时的参考依据。

校内实训条件 X_{14}，指校内实验室、实训场所的数量以及实验、实训设施的先进程度和利用程度。

校外实训基地 X_{15}，指校外实训基地的数量、规模及其利用率。

图书馆 X_{16}，指图书馆、阅览室所藏书刊的品种、数量、新旧程度以及图书馆、阅览室的设施条件、开放时间、借阅便利程度等。教育部《普通高等学校办学条件指标(试行)》中规定的高职(专科)院校图书馆藏书量的合格标准为：综合、师范、民族院校和语文、财经、政法院校，生均藏书 80 册；工科、农、林、医学院校及艺术院校，生均藏书 60 册；体育院校，生均藏书 50 册。教育部高职高专院校人才培养工作水平评估方案中规定的图书馆藏合格标准为：理工农医类为 15万册，文史财经管类 16 万册；优秀标准为：理工农医类为 25 万册，文史财经管类 30 万册。这些标准在学生顾客评价时均可作为参照。

校园网 X_{17}，指高职院校校园网的覆盖面、传输速率、便利程度等。

专业设置 X_{18}，指专业设置的合理程度及与人才市场需求的适应程度。

教学计划 X_{19}，指教学计划的合理程度。

课程 X_{20}，指课程体系的合理程度，课程内容的新颖性及与实际贴近程度,课程体系的改革情况。

教材 X_{21},指教材符合教学计划要求、贴近实际的程度及新颖性。

教学质量监控 X_{22},指各教学环节质量标准和监控措施健全情况及教学规章制度的建设与执行情况。

理论课教学 X_{23},指公共课、基础课及专业理论课的教学内容、教学形式、教学效果等。

专业实训 X_{24},专业实训的次数、时间安排、实训内容、组织形式、实训效果等。

毕业实习 X_{25},指毕业实习的时间安排、组织形式、实习内容、实习效果等。

知识技能总量 X_{26},学生在校期间能够获得的知识和掌握的技能情况。

知识技能的实用性 X_{27},学生在校期间习得的知识和技能与相应职业或岗位要求的适应程度。

知识技能的新颖性 X_{28},学生在校期间掌握新知识、新技术、新方法的情况,习得的知识和掌握的技能适应相应职业或岗位未来几年的发展要求的程度。

职业技能鉴定 X_{29},学生在校期间接受的职业技能鉴定的种类、数量、通过率及其与相应职业或岗位的需要的一致程度。

选择性学习 X_{30},指学生在校期间在自主选择课程、学习方式等方面的情况。

学分制 X_{31},指学分制的实行情况。

自主时间 X_{32},指学生在校期间有多少可自主安排的时间。

全面发展 X_{33},指学生在校学习期间兴趣、爱好、特长等得到发挥和拓展的程度,以及全面素质得到发展与提高的情况。

企业参与办学情况 X_{34},指企业等用人单位在与高职院校共同确定培养目标、共同组织教学与实习、共建"双师"素质教师队伍、共同承担培养人才所需资金、共同开展科研等方面的参与程度。

学校服务企业情况 X_{35}，指高职院校结合专业设置面向企业等用人单位开展科学研究、开发相关产品，为企业提供技术咨询和技术服务，面向企业开展理论和技术培训，研究成果向企业转化等情况。

思想政治教育 X_{36}，指学校对学生的政治思想、世界观、人生观、价值观、职业道德、社会公德、法律法规等方面教育的重视程度及教育效果。

日常学生管理 X_{37}，指学校有无健全的学生管理制度，对学生日常行为规范等方面要求的合理程度，操行评比、奖惩等的客观、公正性，学生管理工作的效果等。

学生自我管理 X_{38}，指学生自我管理制度和机构的健全情况及参与学校管理的程度。

对待学生意见 X_{39}，指学校对学生意见的关注和重视程度。

师生沟通 X_{40}，指教职员工与学生平等相处和进行有效沟通的情况。

心理健康咨询 X_{41}，指学校对学生心理健康的重视程度。

特困生工作 X_{42}，指学校对贫困学生的学习和生活问题的关心和重视程度。

学费 X_{43}，指学校学费的高低与合理程度。

住宿费 X_{44}，指学生在校住宿的有关费用的高低与合理程度。

伙食费 X_{45}，指学生在校就餐的伙食价格的高低与合理程度。

住宿条件 X_{46}，指生均学生宿舍面积及宿舍的生活设施状况。关于生均宿舍面积，教育部《普通高等学校办学条件指标（试行）》中规定的高职（专科）院校的合格标准为 $6.5\text{m}^2/$ 生。这一标准可作为评价该指标的参照。

食堂条件 X_{47}，指学生食堂的面积、设施等条件。

伙食质量 X_{48}，指学生食堂饭菜的花色品种、口味、质量、供应等方面的情况。

其他生活服务 X_{49}，指学生浴室、冷热水供应、电力供应、邮电通讯、储蓄、校内购物等方面的服务质量与价格。

体育设施 X_{50}，指学校的运动场地、体育运动设施等情况。

文化娱乐设施 X_{51}，指校内供学生使用的文化娱乐设施情况及其利用率。

就业指导 X_{52}，对学生就业指导、咨询等工作的重视程度及其工作效果。

毕业生推荐 X_{53}，指学校对毕业生推荐工作的重视程度及其效果。

深造机会 X_{54}，指专转本、专升本、专接本、考取研究生及出国留学等学生所占的比例。

就业率 X_{55}，指毕业生的当年就业率。教育部高职高专院校人才培养工作水平评估方案中规定的合格标准是：近三年毕业生当年年底平均就业率达到70%；优秀标准是：近三年毕业生当年年底平均就业率≥90%。这可作为评价时的参照标准。

对口就业情况 X_{56}，指毕业生就业岗位与所学专业一致或相近的情况，可用对口岗位就业及相近岗位就业的学生占就业毕业生的比例来衡量。

预期就业收入 X_{57}，指毕业生在就业后的预期收入水平的高低程度。

毕业生被认可程度 X_{58}，社会公众特别是用人单位对毕业生的认可程度和评价情况。

生师比 X_{59}，指在校生与专任教师的比，该比值反映平均每个教师要承担多少学生的教学任务。教育部高职高专院校人才培养工作水平评估方案中规定高职院校生师比的合格标准是要达到《普通高等学校办学条件指标（试行）》的要求，即：综合、师范、民族院校和工科、农、林、医学院校，22：1；语文、财经、政法院校，23：1；体育院校和艺术院校，17：1。而优秀标准则是：除体育、艺术院校外，生师比≤16：1，且50％的专任教师周课时≤12。这些标准可作为学生顾客评价时的参照。

专任教师职称学历 X_{60}，指专任教师中高职称、高学历人数所占的比例。教育部高职高专院校人才培养工作水平评估方案中规定的合格标准为：青年教师中研究生学历或硕士以上学位的比例达到15％，专任教师中高级职称比例达到20％；优秀标准为：青年教师中研究生学历或硕士以上学位的比例达到35％，专任教师中高级职称（不含高级讲师）比例达到30％以上。这可作为学生顾客评价时的参照。

双师素质师资 X_{61}，指高职院校的专业基础课和专业课教师中既具备合格的教学业务能力又具有该领域丰富的实际工作经验和较强的实际工作能力的"双师"素质教师占专任教师的比例。教育部高职高专院校人才培养工作水平评估方案中对"双师"素质教师所下的定义是具有讲师（或以上）教师职称，又具备下列条件之一的专任教师：① 有本专业实际工作的中级（或以上）技术职称（含行业特许的资格证书及其有专业资格或专业技能考评员资格者）；② 近五年中有两年以上（可累计计算）在企业第一线本专业实际工作经历，或参加教育部组织的教师专业技能培训获得合格证书，能全面指导学生专业实践实训活动；③ 近五年主持（或主要参与）两项应用技术研究，成果已被企业使用，效益良好；④ 近五年主持（或主要参与）两项校内实践教学设施建设或提升技术水平的设计安装工作，使用效果好，在省内同类院校中居先进水平。这一方案规定的高职院校的合格标准为：专业基础课和专业课教师中双师素质教师比例达到50％；而优秀标准中这一比例则要求达到70％以上。这可作为学生顾客评价时的参考。

教师教学水平 X_{62}，指专任教师的业务能力、教学水平、教学效果等。

教师科研水平 X_{63}，指专任教师的科研能力、科研成果等。

兼职教师队伍 X_{64}，指高职院校从企事业单位聘请的担任专业课教学与实训指导任务的有关专业技术人员的数量、业务能力等。教育部高职高专院校人才培养工作水平评估方案中对"兼职教师"所下的定义是：兼职教师是指学校正式聘任的，已独立承担某一门专业课教学或实践教学任务的校外企业及社会中实践经验丰富的名师专家、高级技术人员或技师及能工巧匠。这一方案中规定的高职院校兼职教师队伍的数量标准是：兼职教师数占专业课与实践指导教师合计数之比达到 10% 为合格；兼职教师数占专业课与实践指导教师合计数之比达 20% 以上为优秀。这可作为评价时的参考依据。

管理人员队伍 X_{65}，指学校管理人员的数量、结构、素质等。

后勤服务人员队伍 X_{66}，指学校后勤服务人员的数量、素质。

教职工职业道德 X_{67}，指学校教职员工的工作态度、敬业精神、职业道德以及教书育人、管理育人、服务育人的情况。

4. 初始量表设计

根据上述 67 个初始题项，笔者设计了初始量表。采用 7 级量表，要求被调查者对 67 个初始题项在高职院校学生顾客价值构成中的重要性作出评价，评价值越大，表明该题项的重要程度越高，其中"1"表示该题项最不重要，"7"表示该题项重要程度最高。

(二) 预试，并对初始量表进行项目分析和信度检验

为对初始题项进行项目分析，笔者根据所建立的初始量表进行了预试。在本研究中，为使被调查者尽可能在"全程体验"高职教育后接受调查，因此调查对象选择的是在高职院校的学习即将结束、正处于毕业实习和寻找就业岗位阶段的毕业班学生。因此，笔者在 4

所高职院校中选择了符合上述条件的学生顾客进行了预试,共收回
478 份有效问卷。以此为基础,借助于 SPSS 软件,进行项目分析。
分析发现,除少数几个题项外,其余各题项的 F 检验值都显著,而各
题项的 t 检验值均显著。因此,该 67 个题项均具有鉴别度。

对量表作信度分析,得 Cronbach's alpha 系数为 $\alpha = 0.9683$。从
信度检验的结果看,量表的可靠性和有效性是可以接受的。

因此,初始量表的题项可全部保留。

(三)实测,通过因子分析建立层级模型

为作进一步的分析,笔者根据预试分析所得到的 67 个题项,设
计了调查问卷,在 22 所高职院校中选择了即将毕业的学生作为调查
对象。调查共收回有效问卷 1 743 份。为构建高职院校学生顾客价
值评价的层级模型,根据调查获得的数据,进行了因子分析。

1. KMO 测度和巴特利特球体检验

根据这 1 743 份调查问卷的数据,计算 KMO 测度和进行巴特利
特球体检验,有关数据如表 7-2 所示。

表7-2　高职院校学生顾客价值评价量表的 KMO 测试及巴特利特球体检验结果

Kaiser-Meyer-Olkin Measure of Sampling Adequacy		0.944
Bartlett's Test of Sphericity	Approx. Chi-Square	102 974.4
	df	2 211
	Sig.	0.000

表 7-2 中,KMO 测度值为 0.944,非常接近于 1,且巴特利特球体
检验值很大,说明非常适合作因子分析。

2. 主分量的提取

采用主成分分析法,对初步选定的 67 个题项进行统计分析,根

据特征值大于 1 的要求选取主分量,并用最大方差正交旋转法进行因子旋转,方差表如表 7-3 所示。

表 7-3　高职院校学生顾客价值评价量表的因子分析方差表

Component	Rotation Sums of Squared Loadings		
	Total	% of Variance	Cumulative %
1	5.634	8.409	8.409
2	5.293	7.900	16.308
3	4.831	7.210	23.518
4	4.530	6.761	30.279
5	4.154	6.200	36.479
6	4.068	6.072	42.551
7	3.846	5.740	48.291
8	3.609	5.386	53.677
9	3.369	5.029	58.706
10	2.813	4.198	62.904
11	2.514	3.752	66.656
12	2.417	3.608	70.264
13	1.585	2.366	72.630

Extraction Method: Principal Component Analysis.

通过上述分析,选取了 13 个主分量,这 13 个主分量反映了 72.63% 的总方差,这一比例是可以接受的。

3. 主分量(层面要素)解释

上述主分量即为学生顾客价值评价的层面要素,从层面要素与相应解释变量的关系可以看出:

第 1 个层面要素 f_1 主要反映的是与 X_{59}(生师比)、X_{60}(专任教师职称学历)、X_{61}(双师素质师资)、X_{62}(教师教学水平)、X_{63}(教师科研水平)、X_{64}(兼职教师队伍)、X_{65}(管理人员队伍)、X_{66}(后勤服务人员队伍)、X_{67}(教职工职业道德)等有关的信息,因此可将f_1定义为"人员"要素;

第2个层面要素f_2主要反映的是X_{52}(就业指导)、X_{53}(毕业生推荐)、X_{54}(深造机会)、X_{55}(就业率)、X_{56}(对口就业情况)、X_{57}(预期就业收入)、X_{58}(毕业生被认可程度)等有关的信息,因此可将f_2定义为"就业"要素;

第3个层面要素f_3主要反映的是与X_6(学校位置与交通)、X_7(学校占地面积)、X_8(校园环境)、X_9(基本建设)、X_{10}(办学经费)、X_{11}(周边环境)等有关的信息,因此可将f_3定义为"办学基本条件"要素;

第4个层面要素f_4主要反映的是与X_{46}(住宿条件)、X_{47}(食堂条件)、X_{48}(伙食质量)、X_{49}(其他生活服务)、X_{50}(体育设施)、X_{51}(文化娱乐设施)等有关的信息,因此可将f_4定义为"服务"要素;

第5个层面要素f_5主要反映的是与X_1(学校知名度)、X_2(学校地位)、X_3(专业声誉)、X_4(学校参加社会活动情况)、X_5(广告与宣传)等有关的信息,因此可将f_5定义为"形象"要素;

第6个层面要素f_6主要反映的是与X_{12}(教室条件)、X_{13}(教学设备)、X_{14}(校内实训条件)、X_{15}(校外实训基地)、X_{16}(图书馆)、X_{17}(校园网)等有关的信息,因此可将f_6定义为"教学设施"要素;

第7个层面要素f_7主要反映的是与X_{23}(理论课教学)、X_{24}(实验实训)、X_{25}(毕业实习)、X_{26}(知识技能总量)、X_{27}(知识技能的实用性)、X_{28}(知识技能的新颖性)、X_{29}(职业技能鉴定)等有关的信息,因此可将f_7定义为"教学质量"要素;

第8个层面要素f_8主要反映的是与X_{18}(专业设置)、X_{19}(教学计划)、X_{20}(课程)、X_{21}(教材)、X_{22}(教学质量监控)等有关的信息,因此可将f_8定义为"教学管理"要素；

第9个层面要素f_9主要反映的是与X_{30}（选择性学习）、X_{31}（学分制）、X_{32}（自主时间）、X_{33}（全面发展）等有关的信息，因此可将f_9定义为"个性发展"要素；

第10个层面要素f_{10}主要反映的是与X_{36}（思想政治教育）、X_{37}（日常学生管理）、X_{38}（学生自我管理）等有关的信息，因此将X_{10}定义为"学生管理"要素；

第11个层面要素f_{11}主要反映的是与X_{39}（对待学生意见）、X_{40}（师生沟通）、X_{41}（心理健康咨询）、X_{42}（特困生工作）等有关的信息，因此可将f_{11}定义为"关系与沟通"要素；

第12个层面要素f_{12}主要反映的是与X_{43}（学费）、X_{44}（住宿费）、X_{45}（伙食费）等有关的信息，因此可将f_{12}定义为"价格"要素；

第13个层面要素f_{13}主要反映的是与X_{34}（企业参与办学情况）、X_{35}（学校服务企业情况）等有关的信息，因此可将f_{13}定义为"校企合作"要素。

（四）层级模型的信度检验

对量表各层面要素及总量表进行信度分析，得总量表的Cronbach's alpha系数α和各层面要素f_i的Cronbach's alpha系数$\alpha_i(i=1,2,\cdots,13)$分别为：$\alpha=0.9706$；$\alpha_1=0.8937$，$\alpha_2=0.9283$，$\alpha_3=0.9122$，$\alpha_4=0.9212$，$\alpha_5=0.9119$，$\alpha_6=0.9339$，$\alpha_7=0.8554$，$\alpha_8=0.9100$，$\alpha_9=0.8950$，$\alpha_{10}=0.8785$，$\alpha_{11}=0.9260$，$\alpha_{12}=0.8479$，$\alpha_{13}=0.6905$。从信度检验的结果看，量表和层面要素的可靠性和有效性都是可以接受的。

（五）层面要素的重要性评价

通过因子分析得出高职院校顾客价值评价的层面要素后，我们可以进一步计算出各层面要素重要性的概率 $P(f_i > 4)$。

通过前述的因子分析,我们可以求得 f_i 的各样本的值及其均值 μ_i 和标准差 σ_i,根据 $z_i = (\mu_i - 4)/\sigma_i$,求得 13 个 z_i 的值分别为 $z_1 = 5.62$,$z_2 = 3.81$,$z_3 = 3.16$,$z_4 = 2.97$,$z_5 = 1.37$,$z_6 = 3.37$,$z_7 = 6.07$,$z_8 = 3.83$,$z_9 = 2.31$,$z_{10} = 1.89$,$z_{11} = 1.66$,$z_{12} = 3.45$,$z_{13} = 4.05$,查标准正态分布表,得

$$P(f_1 > 4) = 1$$

$$P(f_2 > 4) = 1$$

$$P(f_3 > 4) = 1$$

$$P(f_4 > 4) = 0.998\,5$$

$$P(f_5 > 4) = 0.914\,7$$

$$P(f_6 > 4) = 1$$

$$P(f_7 > 4) = 1$$

$$P(f_8 > 4) = 1$$

$$P(f_9 > 4) = 0.989\,6$$

$$P(f_{10} > 4) = 0.970\,6$$

$$P(f_{11} > 4) = 0.951\,5$$

$$P(f_{12} > 4) = 1$$

$$P(f_{13} > 4) = 1$$

从上可见,从高职院校学生顾客角度来看,在 13 类层面要素中,f_1(人员)、f_2(就业)、f_3(办学基本条件)、f_6(教学设施)、f_7(教学质量)、f_8(教学管理)、f_{12}(价格)、f_{13}(校企合作)等 8 个方面最为重要,然后依次是 f_4(服务)、f_9(个性发展)、f_{10}(学生管理)、f_{11}(关系与沟通)、f_5(形象)。

通过以上分析,可得到高职院校学生顾客价值评价指标的层级结构如表 7-4 所示。

表7-4 高职院校学生顾客价值评价指标层级结构

要素(层面)	变量(题项)
人员(f_1)	生师比(X_{59})
	专任教师职称学历(X_{60})
	双师素质师资(X_{61})
	教师教学水平(X_{62})
	教师科研水平(X_{63})
	兼职教师队伍(X_{64})
	管理人员队伍(X_{65})
	后勤服务人员队伍(X_{66})
	教职工职业道德(X_{67})
就业(f_2)	就业指导(X_{52})
	毕业生推荐(X_{53})
	深造机会(X_{54})
	就业率(X_{55})
	对口就业情况(X_{56})
	预期就业收入(X_{57})
	毕业生被认可程度(X_{58})
办学基本条件(f_3)	学校位置和交通(X_6)
	学校占地面积(X_7)
	校园环境(X_8)
	基本建设(X_9)
	办学经费(X_{10})
	周边环境(X_{11})

要素(层面)	变量(题项)
服务(f_4)	住宿条件(X_{46})
	食堂条件(X_{47})
	伙食质量(X_{48})
	其他生活服务(X_{49})
	体育设施(X_{50})
	文化娱乐设施(X_{51})
形象(f_5)	学校知名度(X_1)
	学校地位(X_2)
	专业声誉(X_3)
	学校参加社会活动情况(X_4)
	广告与宣传(X_5)
教学设施(f_6)	教室条件(X_{12})
	教学设备(X_{13})
	校内实训条件(X_{14})
	校外实训基地(X_{15})
	图书馆(X_{16})
	校园网(X_{17})
教学质量(f_7)	理论课教学(X_{23})
	专业实训(X_{24})
	毕业实习(X_{25})
	知识技能总量(X_{26})
	知识技能的实用性(X_{27})
	知识技能的新颖性(X_{28})
	职业技能鉴定(X_{29})

续表

要素(层面)	变量(题项)
教学管理(f_8)	专业设置(X_{18})
	教学计划(X_{19})
	课程(X_{20})
	教材(X_{21})
	教学质量监控(X_{22})
个性发展(f_9)	选择性学习(X_{30})
	学分制(X_{31})
	自主时间(X_{32})
	全面发展(X_{33})
学生管理(f_{10})	思想政治教育(X_{36})
	日常学生管理(X_{37})
	学生自我管理(X_{38})
关系与沟通(f_{11})	对待学生意见(X_{39})
	师生沟通(X_{40})
	心理健康咨询(X_{41})
	特困生工作(X_{42})
价格(f_{12})	学费(X_{43})
	住宿费(X_{44})
	伙食费(X_{45})
校企合作(f_{13})	企业参与办学情况(X_{34})
	学校服务企业情况(X_{35})

二、高职院校用人单位顾客价值评价模型

参照上述高职院校学生顾客评价模型的构建方法,我们同样可以构建高职院校用人单位顾客价值的评价模型。

(一)题项选择和量表设计

为分析高职院校用人单位顾客价值的构成要素,我们设计了"贵单位在录用高职院校毕业生时最看重毕业生的哪些素质"、"你认为高职院校的学生应在哪些方面来提高自己的素质"等一系列问题,通过焦点小组访谈、深度访谈、问卷调查等方法,对企业在录用高职院校毕业生方面所关注的问题进行了搜集,经过整理和分析,并利用统计方法进行筛选,最后选定了 22 个初始题项:Y_1(文化知识)、Y_2(专业理论)、Y_3(专业实践)、Y_4(基本工艺技能)、Y_5(专业技能)、Y_6(计算机应用能力)、Y_7(外语能力)、Y_8(语言能力)、Y_9(文字能力)、Y_{10}(自学能力)、Y_{11}(身体素质)、Y_{12}(心理素质)、Y_{13}(思想道德素质)、Y_{14}(社会活动能力)、Y_{15}(社交礼仪)、Y_{16}(艺术素养)、Y_{17}(业余爱好)、Y_{18}(创新能力)、Y_{19}(适应能力)、Y_{20}(组织能力)、Y_{21}(合作能力)、Y_{22}(沟通能力)。

利用这 22 个题项,编制了调查问卷,要求被调查对象就其在选择、录用高职院校毕业生时对这些题项的关注程度进行评价。评价采用 7 级量表,即:"1"表示该题项最不重要;"4"表示该题项重要性一般;"7"表示该题项最重要。

(二)问卷调查及数据分析

根据所设计的量表,对苏南、上海等地的近百家企业进行了随机

问卷调查,经过分析、整理,收回的有效问卷共 63 份。

根据调查所获得的数据,对量表进行了项目分析,所得的 F 检验值和 t 检验值表明这 22 个题项均具有鉴别度。对量表进一步作信度分析,得 Cronbach's alpha 系数为 $\alpha = 0.9494$,表明量表的可靠性和有效性是可以接受的。因此,量表所列的 22 个题项均可看成是对高职院校用人单位顾客价值评价的观察变量。

(三) 检验观察变量间的相关性

根据调研数据,进行 KMO 测度分析和巴特利特球体检验,结果如表 7-5 所示。

表 7-5　高职院校用人单位顾客价值量表的 KMO 测试及巴特利特检验结果

Kaiser-Meyer-Olkin Measure of Sampling Adequacy		.827
Bartlett's Test of Sphericity	Approx. Chi-Square	1631.635
	df	231
	Sig.	.000

从表 7-5 可见,KMO 测度值为 0.827,比较接近于 1,且巴特利特球体检验值很大(1631.635),说明适合作因子分析。

(三) 利用主成分分析法选取主分量

对原 22 个观察变量采用主成分分析法,根据特征值大于 1 的要求选取主分量,并用最大方差正交旋转法进行因子旋转,方差情况如表 7- 6 所示。

表 7-6　高职院校用人单位顾客价值评价量表的因子分析方差表

Component	Rotation Sums of Squared Loadings		
	Total	Component	Total
1	8.477	38.531	38.531
2	3.171	14.414	52.945
3	2.611	11.868	64.813
4	2.114	9.610	74.422
5	1.971	8.957	83.380

Extraction Method: Principal Component Analysis.

通过上述分析,得到 5 个主分量 $\varphi_1, \varphi_2, \varphi_3, \varphi_4, \varphi_5$。这 5 个主分量反映了 83.38% 的总方差,这一比例是可以接受的。

(四) 主分量(层面要素)解释

从主分量与相应解释变量的关系可以看出:

第 1 个主分量 φ_1 主要反映的是与 Y_{11} (身体素质)、Y_{12} (心理素质)、Y_{13} (思想道德素质)、Y_{14} (社会活动能力)、Y_{15} (社交礼仪)、Y_{16} (艺术素养)、Y_{17} (业余爱好)、Y_{19} (适应能力)、Y_{20} (组织能力)、Y_{21} (合作能力)、Y_{22} (沟通能力)等有关的信息,因此,可将其定义为"身心素质"层面要素;

第 2 个主分量 φ_2 反映的是与 Y_6 (计算机应用能力)、Y_7 (外语能力)、Y_8 (语言能力)、Y_9 (文字能力)等有关的信息,因此,可将其定义为"通用能力"层面要素;

第 3 个主分量 φ_3 反映的是与 Y_3 (专业实践)、Y_4 (基本工艺技能)、Y_5 (专业技能)等有关的信息,可将其定义为"专业能力"层面要素;

第 4 个主分量 φ_4 反映的是与 Y_1 (文化知识)、Y_2 (专业理论)等

有关的信息,可将其定义为"理论知识"层面要素;

第 5 个主分量 φ_5 反映的是与 Y_{10}(自学能力)、Y_{18}(创新能力)等有关的信息,可将其定义为"发展能力"层面要素。

(五) 对各层面要素进行信度分析

对各个主分量(即层面要素)作信度分析,得 Cronbach's alpha 系数分别为 $\alpha_1 = 0.9736, \alpha_2 = 0.8781, \alpha_3 = 0.8534, \alpha_4 = 0.9682, \alpha_5 = 0.9440$。信度检验的结果表明,各主分量的可靠性和有效性是可以接受的。

(六) 各层面要素的重要性评价

通过因子分析得出用人单位对高职院校毕业生素质要求的 5 个层面要素后,可以进一步对各层面要素的重要性进行评价。由于调查采用的是 7 级量表,而选择"大于 4"是认为该题项重要,因此,可通过计算概率 $P(\varphi_i > 4)$ 对各层面要素的重要性进行评价。

根据 φ_i 与相应解释变量的关系,可计算出 φ_i 各样本的值及其均值 μ_i 和标准差 σ_i,根据 $z_i = (\mu_i - 4)/\sigma_i$,求得 5 个 z_i 的值分别为 $z_1 = 2.56, z_2 = 2.13, z_3 = 4.09, z_4 = 0.78, z_5 = 2.04$。查标准正态分布表,得

$P(\varphi_1 > 4) = 0.9948$

$P(\varphi_2 > 4) = 0.9834$

$P(\varphi_3 > 4) = 1$

$P(\varphi_4 > 4) = 0.7823$

$P(\varphi_5 > 4) = 0.9793$

可见,在 5 个层面要素中,φ_3(专业能力)最为重要,其次为 φ_1(身心素质)、φ_2(通用能力)和 φ_5(发展能力),而 φ_4(理论知识)的重要性程度相对较低。

由此,我们得到高职院校用人单位顾客价值评价的层级模型如表 7-7 所示。

表 7-7　高职院校用人单位顾客价值评价的层级模型

层面要素	重要性描述	解释变量	因子负载
φ_1(身心素质)	重要性较强	X_{11}(身体素质)	0.817
		X_{12}(心理素质)	0.878
		X_{13}(思想道德素质)	0.842
		X_{14}(社会活动能力)	0.790
		X_{15}(社交礼仪)	0.890
		X_{16}(艺术素养)	0.753
		X_{17}(业余爱好)	0.759
		X_{19}(适应能力)	0.874
		X_{20}(组织能力)	0.859
		X_{21}(合作能力)	0.884
		X_{22}(沟通能力)	0.840
φ_2(通用能力)	重要性较强	X_6(计算机应用能力)	0.750
		X_7(外语能力)	0.780
		X_8(语言能力)	0.793
		X_9(文字能力)	0.771
φ_3(专业能力)	重要性最强	X_3(专业实践)	0.796
		X_4(基本工艺技能)	0.760
		X_5(专业技能)	0.821
φ_4(理论知识)	重要性一般	X_1(文化知识)	0.909
		X_2(专业理论)	0.920
φ_5(发展能力)	重要性较强	X_{10}(自学能力)	0.919
		X_{18}(创新能力)	0.938

三、模型应用举例——高职院校学生顾客价值聚类分析

通过上述分析,我们得到了高职院校学生顾客价值和用人单位顾客价值的评价模型。这两类顾客价值评价模型在许多方面具有应用意义。如:利用这两类顾客价值评价模型,通过对某一区域高职院校两类顾客价值的聚类分析,既可为高等职业教育宏观政策的制定提供决策参考,又有助于各高职院校了解本院校顾客价值的评价结果在该区域所处的位置,发现自身在顾客价值方面的优势和劣势,从而更有针对性地实施顾客价值管理;利用这两类顾客价值评价模型,可对不同地区、不同行业的高职院校的两类顾客价值进行对比研究,从而为不同地区、不同行业的高职院校制定发展战略提供参考;上述模型还可用于某一高职院校与特定竞争者之间两类顾客价值的比较研究,有利于高职院校制定有效的竞争策略;还可用于同一高职院校不同时期顾客价值的比较,分析在顾客价值方面的变化情况,从而更有效地进行顾客价值管理;等等。

在此,仅以学生顾客价值的聚类分析为例来说明模型的应用。

根据上述建立的学生顾客价值评价模型,我们在某区域选择了具有代表性的 22 所高职院校进行学生顾客价值的问卷调查,要求被调查者对所在高职院校的 67 个变量进行具体评价。评价采用 7 级量表,"1"代表该高职院校在相应变量上的状况最差,而"7"则代表在该项题项上的评价值最高。

根据调查结果,求得 13 个层面要素 $f_1, f_2, \cdots, f_{13}$ 的相应评价值,以此为基础,对该 22 所高职院校进行 K-Means 聚类分析。

（一）聚类结果

通过 K-Means 聚类过程,将 22 所高职院校分为五类:第一类包括 9 所高职院校;第二类包括 3 所高职院校;第三类包括 3 所高职院校;第四类包括 5 所高职院校;第五类包括 2 所高职院校。经 K-Means 迭代后得到的各类别中心值的最终数据如表 7-8 所示。

表7-8　K-Means 迭代后各类别中心值

	Cluster				
	1	2	3	4	5
f_1	6.94374	6.95804	7.56212	7.61255	7.50208
f_2	5.87822	5.87499	6.60086	5.90783	5.19494
f_3	6.79858	5.66294	7.14245	6.96872	6.15693
f_4	5.26028	4.64054	5.58169	5.62995	4.90163
f_5	4.85894	4.56423	5.83514	5.29989	5.32005
f_6	7.39774	6.20055	8.40198	7.77878	6.83446
f_7	7.43312	7.28999	8.13448	7.48931	7.32427
f_8	6.09565	5.99535	6.89133	6.50913	6.43402
f_9	4.09584	4.19204	4.29690	4.16572	4.14076
f_{10}	4.19242	3.93507	4.40080	4.34732	4.38136
f_{11}	3.96119	3.93489	4.19598	4.12582	4.23509
f_{12}	4.23343	4.18367	4.34009	4.36208	4.43609
f_{13}	4.43606	4.32384	5.03616	4.35642	3.91600

（二）方差分析

对聚类后的各类别间的距离进行方差分析,结果如表7-9 所示。从表7-9 可以看出,除 $f_1,f_7,f_9,f_{12},f_{13}$ 所对应的类别间距离差异的概率值略大于或等于 0. 001 外,其余均小于 0. 001,这表明聚类效果较好,聚类的结果是可以接受的。

表 7-9　各类别间距离方差分析结果

	Cluster		Error		F	Sig.
	Mean Square	df	Mean Square	df		
f_1	. 542	4	$1. 408E-02$	17	38. 533	. 000
f_2	. 616	4	$7. 039E-02$	17	8. 753	. 001
f_3	1. 208	4	$2. 615E-02$	17	46. 206	. 000
f_4	. 600	4	$2. 223E-02$	17	26. 987	. 000
f_5	. 825	4	$5. 358E-02$	17	15. 403	. 000
f_6	2. 171	4	$4. 128E-02$	17	52. 592	. 000
f_7	. 360	4	$7. 667E-02$	17	4. 693	. 010
f_8	. 488	4	$1. 968E-02$	17	24. 803	. 000
f_9	$2. 424E-02$	4	$4. 094E-03$	17	5. 922	. 004
f_{10}	. 119	4	$7. 010E-03$	17	16. 918	. 000
f_{11}	$6. 796E-02$	4	$7. 728E-03$	17	8. 794	. 000
f_{12}	$3. 472E-02$	4	$5. 858E-03$	17	5. 927	. 004
f_{13}	. 423	4	$8. 125E-02$	17	5. 203	. 006

(三) 各类别顾客价值分析

在由 f_1, f_2, $\cdots$, f_{13} 所构成的 13 维空间中,各类别中心值即为该组中心的坐标。因此我们可以计算出各类别中心距原点的距离:第一类中心距原点距离为 20. 372 7;第二类中心距原点距离为 19. 226 0;第三类中心距原点距离为 22. 380 0;第四类中心距原点距离为 21. 247 4;第五类中心距原点距离为 20. 113 4。

在这个 13 维空间中,原点(0,0,…,0)所代表的是 13 个层面要素均为最差的情形,假设有这样的类存在(不妨设为第0类,其中包含的高职院校个数为0),则该类别高职院校的学生顾客价值状况为最差。那么,离原点越近的类,其中的高职院校的学生顾客价值也就越差。基于这样的分析,我们可以得出如下结论,并对之作具体分析:

从分类结果及上述计算的距离分析,学生顾客价值评价情况最好的是第三类。通过对各类中心的13个层面要素值的比较可以看出,该类别中心值中除 f_1(人员要素)、f_4(服务要素)的值略低于第四类,f_{11}(关系与沟通要素)的值略低于第五类以及 f_{12}(价格要素)的值略低于第四类、第五类外,其余各层面要素的值均明显高于其他4组。

学生顾客价值评价情况处在第二位的是第四类。该类别高职院校的共同特征是:师资队伍较强,服务设施齐全,人员、服务这两个层面要素的值均居各类别之首;其余各层面要素中的大多数也仅次于第三类。

学生顾客价值评价情况处于第三位的是第一类。该类别的高职院校代表着该区域高职院校的平均发展水平。

学生顾客价值评价状况处于第四位的是第五类。该两所高职院校管理较为规范,师资队伍也较强,社会知名度较高,但由于办学经费不足,办学条件较为落后,专业设置相对老化、未能根据市场需求情况及时调整,学生就业率不高,近几年的发展已明显滞后于区域内高职院校的平均发展水平。因此,学生顾客价值的评价不高。

学生顾客价值的评价状况最差的是第二类。从该类的中心值可以看出,除 f_1(人员)的评价值略高于第一类,f_2(就业)的评价值略高于第五类、f_9(个性发展)的评价值尚可、f_{13}(校企合作)的评价值仅高于第五类外,其余层面要素的评价值均低于其他4组,特别是 f_3(办学基本条件)、f_4(服务)、f_5(形象)、f_6(教学设施)、f_{10}(学生管理)等 5 个层面要素的差距明显。

(四) 政策建议

根据上述对该区域高职院校学生顾客价值的聚类分析,我们提出如下建议:

(1) 从总体情况来看,区域内高职院校的学生顾客价值状况存在明显差距。其中,学生顾客价值状况较差的两类(第五类和第二类)高职院校中,第五类的 2 所是成立较早的高职院校,第二类的 3 所为升格成立时间不长的高职院校,这两类高职院校都面临一个共同的问题,就是办学条件较差。近几年来,整个区域内的高等职业教育发展较快,但这主要体现在高职院校数量的增加。在高职院校数量急剧增加的背后,一些高职院校的学生顾客价值状况较差,致使学生顾客满意度不高,新生入学报到率较低,这势必影响到区域高等职业教育的可持续发展。因此,在制定区域高等职业教育发展战略时,要注意不能一味地追求高职院校数量的增加,一方面要兼顾原有高职院校的发展,特别是对办学条件较差、成立时间较早的高职院校给予经费和政策上的支持,努力提高其顾客价值。另一方面对中等职业学校升格为高职院校要加强控制,确保这些学校升格后能达到高职院校的办学要求。

(2) 对学生顾客价值评价状况最好的第三类高职院校而言,其在 f_2(就业)、f_3(办学基本条件)、f_5(形象)、f_6(教学设施)、f_7(教学质量)、f_8(教学管理)、f_9(个性发展)、f_{10}(学生管理)、f_{13}(校企合作)等方面均具有优势,但在其他方面却不具有明显优势。因此,对这类高职院校而言,要想保持和进一步获得竞争优势,必须努力从 f_1(人员)、f_4(服务)、f_{11}(关系与沟通)、f_{12}(价格)等方面改善顾客价值。

(3) 对第四类高职院校而言,学生顾客价值评价状况仅次于第三类,其优势主要体现在f_1(人员)、f_4(服务)两个方面,而在其余 11 个方面均无明显的优势,尤其在f_5(形象)、f_9(个性发展)、f_{10} (学生管理)、f_{11}(关系与沟通)、f_{13}(校企合作)方面的学生顾客价值评价状况只处于中间水平,因此,这类高职院校应着重从这 5 个方面改善顾客价值。

(4)对学生顾客价值评价状况处于中间水平的第一类高职院校而言,在学生顾客价值的各个层面要素上均不具有优势,特别是在f_1 (人员)、f_9(个性发展)方面为最差,在f_5(形象)、f_8(教学管理)、 f_{10}(学生管理)、f_{11}(关系与沟通)、f_{12}(价格)方面的评价值也很低, 因此,这类高职院校应在从各方面改善顾客价值的同时,重点要改变在上述几个方面所面临的劣势。

(5)对第五类高职院校而言,其学生顾客价值的评价状况处于中下水平,其在f_{11}(关系与沟通)、f_{12}(价格)方面具有一定的优势, 在f_5(形象)、f_{10}(学生管理)方面的评价值尚可,但其余层面要素中多数处于劣势地位,特别是f_2(就业)、f_3(办学基本条件)、f_{13}(校企合作)的评价值为最低,因此重点应从这几方面改善顾客价值。

(6)对学生顾客价值评价状况最差的第二类高职院校而言,其在f_3(办学基本条件)、f_4(服务)、f_5(形象)、f_6(教学设施)、f_7(教学质量)、f_8(教学管理)、f_{10}(学生管理)、f_{11}(关系与沟通)、f_{12} (价格)方面的评价值均为最低,因此应着重从这几个方面提高顾客价值。

附录 研究中采用的部分调查问卷

"高职院校营销管理研究"调查问卷（一）
（高职院校在校生填写）

1. 你是高职院校几年级的学生？ _____

2. 你的性别是：　　　　□ 男　　　　□ 女

3. 你来自城镇还是农村？　□ 城镇　　□ 农村

4. 你属于独生子女吗？　　□ 是　　　　□ 不是

5. 你的家庭年收入大致在什么水平？

□ 10 000 元以下　　　　□ 10 000～20 000 元

□ 20 000～30 000 元

□ 30 000～50 000 元　　□ 50 000～100 000 元

□ 100 000 元以上

6. 你来自哪个地区（地级市）？ _____

7. 你目前所学专业是： _____

8. 你对高职院校的看法如何？

□ 不如普通高校，低人一等

□ 与普通高校无差别，同样有出路

□ 优于普通高校，更能学到知识和技能

9. 你选择高职院校的原因主要有：_____

_____

_____

_____

10. 你对升入高职院校是否满意？

□ 很满意　　　　　　□ 满意　　　　　　□ 一般

□ 不满意　　　　　　□ 很不满意

11. 你对所在高职院校的哪些方面感到满意？_____

_____

_____

_____

_____

12. 你对所在高职院校的哪些方面感到不满意？_____

_____

_____

_____

_____

"高职院校营销管理研究"调查问卷(二)

(高中阶段三年级学生填写)

1. 你的性别是：　　　　　□ 男　　　　□ 女
2. 你来自城镇还是农村？　□ 城镇　　□ 农村
3. 你属于独生子女吗？　　□ 是　　　　□ 不是
4. 你的家庭年收入大致在什么水平？

□ 10 000 元以下　　　　□ 10 000 ~ 20 000 元

□ 20 000 ~ 30 000 元　　□ 30 000 ~ 50 000 元

□ 50 000 ~ 100 000 元　　□ 100 000 元以上

5. 你来自哪个地区(地级市)？_____

6. 你会报考高职院校吗？

□ 报考　　　　　□ 不报考　　　　□ 不确定

7. 你对高职院校的看法如何？

□ 不如普通高校,低人一等

□ 与普通高校无差别,同样有出路

□ 优于普通高校,更能学到知识和技能

8. 在填报高考志愿选择学校时,你会考虑哪些因素？_____

_____

_____

_____

9. 如果你的高考成绩介于普通本科院校录取线与高职院校录取线之间,你将如何选择？

□ 报考高职院校　　　　□ 补习,明年再考

□ 不再升学　　　　　　□ 不确定

10. 如果你选择报考高职院校,其原因主要是:＿＿＿＿＿＿＿

＿＿＿＿＿＿＿＿＿＿＿＿＿＿＿＿＿＿＿＿＿＿＿＿＿＿＿

＿＿＿＿＿＿＿＿＿＿＿＿＿＿＿＿＿＿＿＿＿＿＿＿＿＿＿

＿＿＿＿＿＿＿＿＿＿＿＿＿＿＿＿＿＿＿＿＿＿＿＿＿＿＿

"高职院校营销管理研究"调查问卷(三)

（高职院校在校生填写）

1. 你是高职院校几年级的学生? ＿＿＿＿＿＿＿＿＿＿＿＿

2. 你的性别是：　　　　□ 男　　　　□ 女

3. 你来自城镇还是农村?　□ 城镇　　□ 农村

4. 你属于独生子女吗?　　□ 是　　　□ 不是

5. 你的家庭年收入大致在什么水平?

□ 10 000 元以下　　　□ 10 000～20 000 元

□ 20 000～30 000 元　□ 30 000～50 000 元

□ 50 000～100 000 元　□ 100 000 元以上

6. 你来自哪个地区(地级市)? ＿＿＿＿＿＿＿＿＿＿＿＿

7. 你目前所学专业是：＿＿＿＿＿＿＿＿＿＿＿＿＿＿＿

8. 在评价你在高职院校求学过程中的收益及付出时,你会考虑下列因素中的哪些因素?

□ 学校知名度　　　　　□ 学校地位

□ 学校录取分数线　　　□ 学校规模

□ 学校办学历史　　　　□ 专业声誉

□ 学校参加社会活动情况　□ 广告与宣传

□ 学校位置与交通　　　□ 学校占地面积

□ 校园环境　　　　　　□ 基本建设

□ 办学经费　　　　　　□ 周边环境

□ 教室条件　　　　　　□ 教学设备

□ 校内实训条件　　　　□ 校外实训基地

□ 图书馆　　　　　　　□ 校园网

- □ 专业设置
- □ 教学计划
- □ 课程
- □ 教材
- □ 教学质量监控
- □ 理论课教学
- □ 专业实训
- □ 毕业实习
- □ 知识技能总量
- □ 知识技能的实用性
- □ 知识技能的新颖性
- □ 职业技能鉴定
- □ 选择性学习
- □ 学分制
- □ 自主时间
- □ 兴趣和特长发挥
- □ 全面发展
- □ 企业参与办学
- □ 学校服务企业
- □ 思想政治教育
- □ 日常学生管理
- □ 学生自我管理
- □ 对待学生意见
- □ 师生沟通
- □ 心理健康咨询
- □ 特困生工作
- □ 学费
- □ 住宿费
- □ 伙食费
- □ 在校学习过程中付出的时间、精力和体力
- □ 参加学校活动时付出的时间、精力和体力
- □ 住宿条件
- □ 食堂条件
- □ 伙食质量
- □ 宿舍管制
- □ 其他生活服务
- □ 体育设施
- □ 文化娱乐设施
- □ 就业指导
- □ 毕业生推荐
- □ 深造机会
- □ 就业率
- □ 对口就业情况
- □ 预期就业收入
- □ 毕业生被认可程度
- □ 生师比
- □ 专任教师职称学历
- □ 双师素质师资
- □ 教师教学水平
- □ 教师科研水平
- □ 兼职教师队伍

□ 外籍师资　　　　　□ 教师普通话水平
□ 管理人员队伍　　　□ 服务人员队伍
□ 教职工职业道德

"高职院校营销管理研究"调查问卷(四)

(高职院校毕业班学生填写)

1. 你的性别是:　　　　　　　□ 男　　　□ 女

2. 你来自城镇还是农村?　　　□ 城镇　□ 农村

3. 你属于独生子女吗?　　　　□ 是　　　□ 不是

4. 你的家庭年收入大致在什么水平?

　□ 10 000 元以下　　　　　　□ 10 000 ~ 20 000 元

　□ 20 000 ~ 30 000 元　　　　□ 30 000 ~ 50 000 元

　□ 50 000 ~ 100 000 元　　　□ 100 000 元以上

5. 你来自哪个地区(地级市)?　_____

6. 你目前所学专业是:_____

7. 下表所列是评价高职院校学生在校学习期间收益与付出的题项,请对这些题项的重要性作出评价。其中,"1"表示最不重要,"7"表示最重要,数值越大表示重要性越大。

题　项	含　义	重要程度
学校知名度 X_1	学校在社会公众心目中的形象以及社会公众对学校的知晓度	□1　□2　□3　□4 □5　□6　□7
学校地位 X_2	学校在其所属行业或所在地区所处的地位	□1　□2　□3　□4 □5　□6　□7
专业声誉 X_3	学校拥有特色专业、优势专业、品牌专业的情况	□1　□2　□3　□4 □5　□6　□7
学校参加社会活动情况 X_4	学校参与地方经济建设、社会发展、科技进步以及公益活动的情况	□1　□2　□3　□4 □5　□6　□7

续表

题　项	含　义	重要程度			
广告与宣传 X_5	学校广告与宣传的效果	□1 □2 □3 □4 □5 □6 □7			
学校位置和交通 X_6	学校所处的地理位置以及交通的便利程度	□1 □2 □3 □4 □5 □6 □7			
学校占地面积 X_7	生均校园面积	□1 □2 □3 □4 □5 □6 □7			
校园环境 X_8	校园的整洁、美化、绿化等情况和整体布局的合理程度以及校风等校园人文环境	□1 □2 □3 □4 □5 □6 □7			
基本建设 X_9	校舍的生均面积及其新旧程度	□1 □2 □3 □4 □5 □6 □7			
办学经费 X_{10}	学校办学经费的充裕程度	□1 □2 □3 □4 □5 □6 □7			
周边环境 X_{11}	学校周边的自然环境和人文环境	□1 □2 □3 □4 □5 □6 □7			
教室条件 X_{12}	教室的宽敞、整洁程度及基础设施的装备情况等	□1 □2 □3 □4 □5 □6 □7			
教学设备 X_{13}	生均教学仪器设备情况	□1 □2 □3 □4 □5 □6 □7			
校内实训条件 X_{14}	校内实验室、实训场所的数量以及实验、实训设施的先进程度和利用程度	□1 □2 □3 □4 □5 □6 □7			
校外实训基地 X_{15}	校外实训基地的数量、规模及其利用率	□1 □2 □3 □4 □5 □6 □7			
图书馆 X_{16}	图书馆、阅览室所藏书刊的品种、数量、新旧程度以及图书馆、阅览室的设施条件、开放时间、借阅便利程度等	□1 □2 □3 □4 □5 □6 □7			

续表

题　项	含　义	重要程度
校园网 X_{17}	校园网的覆盖面、传输速率和使用便利程度	□1　□2　□3　□4 □5　□6　□7
专业设置 X_{18}	专业设置的合理程度及与人才市场需求的适应程度	□1　□2　□3　□4 □5　□6　□7
教学计划 X_{19}	教学计划的合理程度	□1　□2　□3　□4 □5　□6　□7
课程 X_{20}	课程体系的合理程度、课程内容的新颖性及与实际贴近程度	□1　□2　□3　□4 □5　□6　□7
教材 X_{21}	教材符合教学计划要求、贴近实际的程度及新颖程度	□1　□2　□3　□4 □5　□6　□7
教学质量监控 X_{22}	教学规章制度的建设与执行情况	□1　□2　□3　□4 □5　□6　□7
理论课教学 X_{23}	公共课、基础课及专业理论课的教学内容、教学形式、教学效果	□1　□2　□3　□4 □5　□6　□7
专业实训 X_{24}	专业实训的次数、时间安排、实训内容、组织形式、实训效果等	□1　□2　□3　□4 □5　□6　□7
毕业实习 X_{25}	毕业实习的时间安排、组织形式、实习内容、实习效果等	□1　□2　□3　□4 □5　□6　□7
知识技能总量 X_{26}	学生在校期间能够获得的知识和掌握的技能情况	□1　□2　□3　□4 □5　□6　□7
知识技能的实用性 X_{27}	习得的知识和技能与相应职业或岗位要求相适应的程度	□1　□2　□3　□4 □5　□6　□7
知识技能的新颖性 X_{28}	掌握新知识、新技术、新方法的情况	□1　□2　□3　□4 □5　□6　□7
职业技能鉴定 X_{29}	接受的职业技能鉴定的种类、数量、通过率及其与相应职业或岗位需要相一致的程度	□1　□2　□3　□4 □5　□6　□7

续表

题　项	含　义	重要程度			
选择性学习 X_{30}	学生能自主选择课程、学习方式的程度	□1　□2　□3　□4 □5　□6　□7			
学分制 X_{31}	学分制的实行情况	□1　□2　□3　□4 □5　□6　□7			
自主时间 X_{32}	学生有多少可自主安排的时间	□1　□2　□3　□4 □5　□6　□7			
全面发展 X_{33}	学生的全面素质的拓展程度	□1　□2　□3　□4 □5　□6　□7			
企业参与办学 X_{34}	企业在办学经费投入、专业设置、教学计划、教学与实习组织等方面的参与情况	□1　□2　□3　□4 □5　□6　□7			
学校服务企业 X_{35}	学校面向企业开展科技研究与开发、提供技术支持与服务、开展技术和理论培训等情况	□1　□2　□3　□4 □5　□6　□7			
思想政治教育 X_{36}	思想政治教育的效果	□1　□2　□3　□4 □5　□6　□7			
日常学生管理 X_{37}	对学生日常行为规范等方面要求的合理程度及日常管理的效果	□1　□2　□3　□4 □5　□6　□7			
学生自我管理 X_{38}	学生自我管理制度和机构的健全情况,学生管理机构参与学校管理的程度	□1　□2　□3　□4 □5　□6　□7			
对待学生意见 X_{39}	学校对学生意见的关注与重视程度	□1　□2　□3　□4 □5　□6　□7			
师生沟通 X_{40}	师生之间平等相处和沟通情况	□1　□2　□3　□4 □5　□6　□7			
心理健康咨询 X_{41}	学校对学生心理健康的重视程度	□1　□2　□3　□4 □5　□6　□7			

续表

题 项	含 义	重要程度			
特困生工作 X_{42}	学校对贫困学生的学习和生活问题的重视程度	□1 □2 □3 □4 □5 □6 □7			
学费 X_{43}	学费的高低与合理程度	□1 □2 □3 □4 □5 □6 □7			
住宿费 X_{44}	住宿费用的高低与合理程度	□1 □2 □3 □4 □5 □6 □7			
伙食费 X_{45}	食堂伙食价格的高低与合理程度	□1 □2 □3 □4 □5 □6 □7			
住宿条件 X_{46}	学生宿舍面积及设施状况	□1 □2 □3 □4 □5 □6 □7			
食堂条件 X_{47}	学生食堂的面积、设施等条件	□1 □2 □3 □4 □5 □6 □7			
伙食质量 X_{48}	学生食堂饭菜的花色品种、口味、质量、供应等方面的情况	□1 □2 □3 □4 □5 □6 □7			
其他生活服务 X_{49}	学生浴室、冷热水供应、电力供应、邮电通讯、储蓄、校内购物等方面的服务质量与价格	□1 □2 □3 □4 □5 □6 □7			
体育设施 X_{50}	运动场地、体育运动设施等情况	□1 □2 □3 □4 □5 □6 □7			
文化娱乐设施 X_{51}	校内供学生使用的文化娱乐设施情况及其利用率	□1 □2 □3 □4 □5 □6 □7			
就业指导工作 X_{52}	对学生就业指导、咨询等工作的重视程度及其工作效果	□1 □2 □3 □4 □5 □6 □7			
毕业生推荐 X_{53}	毕业生推荐工作的效果	□1 □2 □3 □4 □5 □6 □7			
深造机会 X_{54}	专转本、专升本、专接本及考取研究生等学生所占的比例	□1 □2 □3 □4 □5 □6 □7			

续表

题　项	含　义	重要程度
就业率 X_{55}	毕业生当年就业率的高低情况	□1　□2　□3　□4 □5　□6　□7
对口就业情况 X_{56}	毕业生就业岗位与所学专业一致或相近的情况	□1　□2　□3　□4 □5　□6　□7
预期就业收入 X_{57}	毕业生在就业后的预期收入水平的高低程度	□1　□2　□3　□4 □5　□6　□7
毕业生被认可程度 X_{58}	社会公众特别是用人单位对毕业生的认可程度和评价情况	□1　□2　□3　□4 □5　□6　□7
生师比 X_{59}	在校生与专任教师的比例	□1　□2　□3　□4 □5　□6　□7
专任教师职称学历 X_{60}	专任教师中高职称、高学历人数所占的比例	□1　□2　□3　□4 □5　□6　□7
双师素质师资 X_{61}	双师素质教师占专任教师的比例	□1　□2　□3　□4 □5　□6　□7
教师教学水平 X_{62}	专任教师的业务能力、教学水平、教学效果等	□1　□2　□3　□4 □5　□6　□7
教师科研水平 X_{63}	专任教师的科研能力、科研成果等	□1　□2　□3　□4 □5　□6　□7
兼职教师队伍 X_{64}	从企事业单位聘请的担任专业课教学与实训指导任务的有关专业技术人员的数量、业务能力等	□1　□2　□3　□4 □5　□6　□7
管理人员队伍 X_{65}	学校教学管理、学生管理人员数量、结构、素质等	□1　□2　□3　□4 □5　□6　□7
后勤服务人员队伍 X_{66}	学校后勤服务人员的数量、素质	□1　□2　□3　□4 □5　□6　□7
教职工职业道德 X_{67}	教职员工的敬业精神及教书育人、管理育人、服务育人的情况	□1　□2　□3　□4 □5　□6　□7

"高职院校营销管理研究"调查问卷(五)

(高职院校毕业班学生填写)

1. 你所在的学校是:＿＿＿＿＿＿＿＿＿＿

2. 你的性别是: □ 男　　□ 女

3. 你来自城镇还是农村? □ 城镇　□ 农村

4. 你属于独生子女吗? □ 是　　□ 不是

5. 你的家庭年收入大致在什么水平?

□ 10 000 元以下　　□ 10 000～20 000 元

□ 20 000～30 000 元　□ 30 000～50 000 元

□ 50 000～100 000 元　□ 100 000 元以上

6. 你来自哪个地区(地级市)?＿＿＿＿＿＿＿＿

7. 你目前所学专业是:＿＿＿＿＿＿＿＿＿＿

8. 下表所列是评价高职院校学生在校学习期间的收益与付出的变量,请根据这些变量对你所在的高职院校进行评价。其中,"1"表示最不好,"7"表示最好,数值越大表示在相应指标上的状况越好。

要素	变量	含义	所在院校的得分	备注
形象	学校知名度 X_1	社会公众对学校的知晓度	□1 □2 □3 □4 □5 □6 □7	
	学校地位 X_2	学校的社会地位	□1 □2 □3 □4 □5 □6 □7	
	专业声誉 X_3	特色专业、优势专业、品牌专业情况	□1 □2 □3 □4 □5 □6 □7	

续表

要素	变量	含 义	所在院校的得分	备注
形象	学校参加社会活动情况 X_4	参与地方经济建设、社会发展、科技进步以及公益活动的情况	□1　□2　□3　□4 □5　□6　□7	
	广告与宣传 X_5	学校广告与宣传的效果	□1　□2　□3　□4 □5　□6　□7	
办学基本条件	学校位置和交通 X_6	学校所处的地理位置以及交通的便利程度	□1　□2　□3　□4 □5　□6　□7	
	学校占地面积 X_7	生均校园面积	□1　□2　□3　□4 □5　□6　□7	部颁合格标准（m^2/生）：文54；工59；体艺88
办学基本条件	校园环境 X_8	校园的整洁、美化、绿化等情况及人文环境	□1　□2　□3　□4 □5　□6　□7	
	基本建设 X_9	校舍的生均面积及其新旧程度	□1　□2　□3　□4 □5　□6　□7	部颁合格标准（m^2/生）：综14；工16；文9；体22；艺18
	办学经费 X_{10}	办学经费的充裕程度	□1　□2　□3　□4 □5　□6　□7	
	周边环境 X_{11}	周边的自然环境和人文环境	□1　□2　□3　□4 □5　□6　□7	
教学设施	教室条件 X_{12}	教室的宽敞、整洁程度及基础设施情况	□1　□2　□3　□4 □5　□6　□7	

续表

要素	变量	含义	所在院校的得分				备注
教学设施	教学设备 X_{13}	生均教学仪器设备	□1 □2 □3 □4 □5 □6 □7				部颁标准(元/生):合格3 000;优秀理≥5 000,文≥4 000
	校内实训条件 X_{14}	校内实验室、实训场所的数量及先进程度	□1 □2 □3 □4 □5 □6 □7				
	校外实训基地 X_{15}	校外实训基地的数量、规模	□1 □2 □3 □4 □5 □6 □7				
	图书馆 X_{16}	图书馆阅览室所藏书刊量及设施条件、开放时间、借阅便利程度等	□1 □2 □3 □4 □5 □6 □7				部颁藏书量合格标准(册/生):文80,工60,体50
	校园网 X_{17}	校园网覆盖面、传输速率及使用便利程度	□1 □2 □3 □4 □5 □6 □7				
教学管理	专业设置 X_{18}	专业设置与人才市场需求的适应程度	□1 □2 □3 □4 □5 □6 □7				
	教学计划 X_{19}	教学计划的合理程度	□1 □2 □3 □4 □5 □6 □7				
	课程 X_{20}	课程体系的合理程度	□1 □2 □3 □4 □5 □6 □7				
教学管理	教材 X_{21}	教材符合教学计划要求及贴近实际的程度	□1 □2 □3 □4 □5 □6 □7				
	教学质量监控 X_{22}	教学质量标准和规章制度的执行情况	□1 □2 □3 □4 □5 □6 □7				

续表

要素	变量	含义	所在院校的得分	备注
教学质量	理论课教学 X_{23}	公共课、基础课及专业理论课的教学效果	□1 □2 □3 □4 □5 □6 □7	
	专业实训 X_{24}	专业实训的效果	□1 □2 □3 □4 □5 □6 □7	
	毕业实习 X_{25}	毕业实习的效果	□1 □2 □3 □4 □5 □6 □7	
	知识技能总量 X_{26}	在校期间习得的知识和掌握的技能情况	□1 □2 □3 □4 □5 □6 □7	
	知识技能的实用性 X_{27}	知识和技能与实际要求相适应的程度	□1 □2 □3 □4 □5 □6 □7	
	知识技能的新颖性 X_{28}	掌握新知识、新技术、新方法的情况	□1 □2 □3 □4 □5 □6 □7	
	职业技能鉴定 X_{29}	职业技能鉴定情况及其与相应职业或岗位需要相一致的程度	□1 □2 □3 □4 □5 □6 □7	
个性发展	选择性学习 X_{30}	学生自主选择课程、学习的情况	□1 □2 □3 □4 □5 □6 □7	
	学分制 X_{31}	学分制实行情况	□1 □2 □3 □4 □5 □6 □7	
	自主时间 X_{32}	学生在校期间有多少可自主安排的时间	□1 □2 □3 □4 □5 □6 □7	
	全面发展 X_{33}	学生的全面素质得到拓展的情况	□1 □2 □3 □4 □5 □6 □7	

要素	变 量	含 义	所在院校的得分	备注
校企合作	企业参与办学情况 X_{34}	企业在资金、专业设置、教学、师资等方面参与办学的情况	□1 □2 □3 □4 □5 □6 □7	
	学校服务企业情况 X_{35}	学校面向企业等用人单位开展科技研究与开发、技术培训与服务等的情况	□1 □2 □3 □4 □5 □6 □7	
学生管理	思想政治教育 X_{36}	思想政治教育的效果	□1 □2 □3 □4 □5 □6 □7	
	日常学生管理 X_{37}	日常学生管理的效果	□1 □2 □3 □4 □5 □6 □7	
	学生自我管理 X_{38}	学生自我管理情况及参与学校管理的程度	□1 □2 □3 □4 □5 □6 □7	
关系与沟通	对待学生意见 X_{39}	对学生意见的关注和重视程度	□1 □2 □3 □4 □5 □6 □7	
	师生沟通 X_{40}	师生平等相处与沟通情况	□1 □2 □3 □4 □5 □6 □7	
	心理健康咨询 X_{41}	对学生心理健康的重视程度	□1 □2 □3 □4 □5 □6 □7	
	特困生工作 X_{42}	对贫困学生的学习和生活问题的重视程度	□1 □2 □3 □4 □5 □6 □7	
价格	学费 X_{43}	学费高低与合理程度	□1 □2 □3 □4 □5 □6 □7	
	住宿费 X_{44}	住宿费用的高低与合理程度	□1 □2 □3 □4 □5 □6 □7	
	伙食费 X_{45}	食堂伙食价格的高低程度与合理程度	□1 □2 □3 □4 □5 □6 □7	

续表

要　素	变　量	含　义	所在院校的得分			备　注
服务	住宿条件 X_{46}	生均学生宿舍面积及宿舍设施状况	□1　□2　□3　□4 □5　□6　□7			教育部规定的合格标准为 $6.5m^2/$生
	食堂条件 X_{47}	学生食堂的面积与设施情况	□1　□2　□3　□4 □5　□6　□7			
	伙食质量 X_{48}	学生食堂饭菜的花色品种、口味、质量	□1　□2　□3　□4 □5　□6　□7			
	其他生活服务 X_{49}	浴室、冷热水供应、电力供应、邮电通讯、储蓄、校内购物等情况	□1　□2　□3　□4 □5　□6　□7			
	体育设施 X_{50}	学校的运动场地、体育运动设施情况	□1　□2　□3　□4 □5　□6　□7			
	文化娱乐设施 X_{51}	供学生使用的文化娱乐设施情况	□1　□2　□3　□4 □5　□6　□7			
就业	就业指导 X_{52}	就业指导与咨询工作的效果	□1　□2　□3　□4 □5　□6　□7			
	毕业生推荐 X_{53}	毕业生推荐工作的效果	□1　□2　□3　□4 □5　□6　□7			
	深造机会 X_{54}	专转本、专升本、专接本及考取研究生等学生所占的比例	□1　□2　□3　□4 □5　□6　□7			
	就业率 X_{55}	毕业生的当年就业率	□1　□2　□3　□4 □5　□6　□7			部颁合格标准70%；优秀标准≥90%

续表

要素	变量	含义	所在院校的得分	备注
就业	对口就业情况 X_{56}	就业岗位与所学专业一致或相近的情况	□1　□2　□3　□4 □5　□6　□7	
	预期就业收入 X_{57}	毕业生就业后预期收入的高低程度	□1　□2　□3　□4 □5　□6　□7	
	毕业生被认可程度 X_{58}	用人单位对毕业生的认可程度和评价情况	□1　□2　□3　□4 □5　□6　□7	
人员	生师比 X_{59}	在校生与专任教师的比例	□1　□2　□3　□4 □5　□6　□7	部颁合格标准:文23:1,体艺17:1,其他22:1;优秀标准≤16:1
	专任教师职称学历 X_{60}	专任教师中高职称、高学历人数所占的比例	□1　□2　□3　□4 □5　□6　□7	部颁合格标准为:研究生学历或硕士以上学位15%,高级职称20%;优秀标准分别为:35%,30%
	双师素质师资 X_{61}	双师素质教师占专业课、专业基础课教师的比例	□1　□2　□3　□4 □5　□6　□7	部颁合格标准50%;优秀标准70%
	教师教学水平 X_{62}	专任教师的业务能力、教学效果	□1　□2　□3　□4 □5　□6　□7	
	教师科研水平 X_{63}	专任教师的科研能力、科研成果情况	□1　□2　□3　□4 □5　□6　□7	

续表

要素	变量	含义	所在院校的得分				备注
人员	兼职教师队伍 X_{64}	兼职教师的数量、业务能力	□1　□2　□3　□4 □5　□6　□7				部颁合格标准10%;优秀标准20%
	管理人员队伍 X_{65}	管理人员的数量、结构、素质情况	□1　□2　□3　□4 □5　□6　□7				
	后勤服务人员队伍 X_{66}	后勤服务人员的数量、素质情况	□1　□2　□3　□4 □5　□6　□7				
	教职工职业道德 X_{67}	教职员工的敬业精神及教书育人、管理育人、服务育人的情况	□1　□2　□3　□4 □5　□6　□7				

"高职院校营销管理研究"调查问卷(六)

(用人单位填写)

1. 单位名称:_____

2. 所属行业:_____

3. 单位住所:_____省(市、区)_____市_____县(市)
_____乡(镇)。

4. 单位性质:

A. 国有企业　　　B. 民营企业　　　C. 私个企业

D. 外资企业　　　E. 合资企业　　　F. 国家机关

G. 事业单位　　　H. 其他

5. 单位人数:

A. 50 人以下　　　B. 51~100 人　　　C. 101~200 人

D. 201~500 人　　E. 501~1 000 人　F. 1 001~5 000 人

G. 5 001 人以上

6. 您的职位:

A. 高层管理者　　　　　B. 人力资源部门管理者

C. 业务部门管理者　　　D. 其他中层部门管理者

E. 其他

7. 下表所列是关于高职院校毕业生基本情况及知识、能力、素质方面的题项,您在选择、录用高职院校毕业时,对这些题项的关注程度如何?请您对这些题项的重要性给出评价。其中,"1"表示最不重要,"4"表示重要性一般,"7"表示最重要,数值越大表示该题项重要程度越高。

题　项	含　义	重要程度
学校声誉	所在院校的社会声誉	□1　□2　□3　□4 □5　□6　□7
专业声誉	所在院校该专业的社会声誉	□1　□2　□3　□4 □5　□6　□7
文化基础知识	文化基础课的课程结构及其成绩	□1　□2　□3　□4 □5　□6　□7
专业理论知识	专业基础课、专业理论课的课程结构及其成绩	□1　□2　□3　□4 □5　□6　□7
专业实践	参加专业实践、顶岗实习或顶岗工作的经历及成绩	□1　□2　□3　□4 □5　□6　□7
基本工艺技能	本专业相关的基本工艺技能的掌握情况	□1　□2　□3　□4 □5　□6　□7
专业技能	本专业关键职业技能的掌握情况	□1　□2　□3　□4 □5　□6　□7
计算机应用能力	计算机通用技能的掌握情况	□1　□2　□3　□4 □5　□6　□7
外语能力	外语阅读、会话、写作能力	□1　□2　□3　□4 □5　□6　□7
语言能力	语言组织、表达能力	□1　□2　□3　□4 □5　□6　□7
文字能力	文字组织、表达能力	□1　□2　□3　□4 □5　□6　□7
自学能力	自主获取知识、技能的能力	□1　□2　□3　□4 □5　□6　□7
身体素质	身体健康状况及体育活动能力	□1　□2　□3　□4 □5　□6　□7
心理素质	心理健康状况及综合心理素质	□1　□2　□3　□4 □5　□6　□7

续表

题　项	含　义	重要程度			
思想道德素质	思想品德及职业道德素质	□1　□2　□3　□4 □5　□6　□7			
社会活动能力	组织、参与社会活动及社会交往的能力	□1　□2　□3　□4 □5　□6　□7			
社交礼仪	对社会交往礼仪的熟悉及运用情况	□1　□2　□3　□4 □5　□6　□7			
艺术素养	艺术方面的能力及欣赏水平等	□1　□2　□3　□4 □5　□6　□7			
业余爱好	健康有益的业余爱好	□1　□2　□3　□4 □5　□6　□7			
创新能力	工作中敢于创新的精神和能力	□1　□2　□3　□4 □5　□6　□7			
适应能力	适应工作和环境的能力	□1　□2　□3　□4 □5　□6　□7			
组织能力	工作中的组织、管理能力	□1　□2　□3　□4 □5　□6　□7			
合作能力	与他人合作的意识和能力	□1　□2　□3　□4 □5　□6　□7			
沟通能力	沟通他人、化解冲突的能力	□1　□2　□3　□4 □5　□6　□7			
		□1　□2　□3　□4 □5　□6　□7			
		□1　□2　□3　□4 □5　□6　□7			
		□1　□2　□3　□4 □5　□6　□7			

续表

题　项	含　义	重要程度
		□1　□2　□3　□4 □5　□6　□7
		□1　□2　□3　□4 □5　□6　□7
		□1　□2　□3　□4 □5　□6　□7

　　如果在表中所列题项以外您还有补充,请填在表末的空白栏中,并对其重要程度给出相应评价值。

　　衷心感谢您的支持!

参 考 文 献

[1] [美]菲利普·科特勒. 营销管理——分析、计划、执行和控制 [M]. 梅汝和,梅清豪,张桁,译. 上海:上海人民出版社,2001.

[2] 兰苓. 市场营销学[M]. 北京:中央广播电视大学出版社,2001.

[3] 蒋国萍,徐艟,兰洪元. 市场营销学[M]. 成都:电子科技大学出版社,2003.

[4] 魏中龙. 营销组合理论的发展与评析[J]. 北京工商大学学报, 2006(5):57-61.

[4] 晏国祥,方征. 营销组合理论演变的内在逻辑[J]. 兰州商学院学报,2005(2):11-17.

[5] 于萍. 我国非营利大学营销管理模式研究[D]. 天津财经大学硕士学位论文,2007.

[6] 陈晓春. 市场经济与非营利组织研究[M]. 长沙:湖南人民出版社,2001.

[7] 王方华,周洁如. 非营利组织营销[M]. 上海:上海交通大学出版社,2005.

[8] Kotler P. Marketing for Nonprofit Organizations[M]. New Jersey: Prentice-Hall Inc. ,1982.

[9] 刘德智,梁工谦. 顾客满意与顾客忠诚的关系研究[J]. 现代管理科学,2006(2):16-18.

[10] 高昉,余明阳. 顾客忠诚从何而来[J]. 市场营销导刊,2008

(4):26 - 30.

［11］李大洪. 基于顾客价值的顾客满意和顾客忠诚［J］. 江苏商论，2009(5):40 -41.

［12］邓富民. 顾客忠诚影响因素及其培育管理策略［J］. 现代管理科学，2008(4):49 - 50.

［13］周连云，宋冬英. 从顾客价值到顾客忠诚［J］. 中国合作经济，2006(4):60 -61.

［14］王丹亚. 顾客满意、顾客忠诚与顾客价值三因素分析［J］. 怀化学院学报，2006(5):69 -72.

［15］马秀芳. 顾客价值探测方法研究［D］. 大连理工大学硕士学位论文，2002.

［16］白长虹. 西方的顾客价值研究及其实践启示［J］. 南开管理评论，2001(2):51 -55.

［17］Gale B. Management Customer Value：Creating Quality and Service That Customers Can See［M］. New York：The Free Press，1994.

［18］Porter M. Competitive Advantage：Creating and Sustaining Superior Performance ［M］. New York：The Free Press，1985.

［19］熊本峰. 关于顾客价值理论的述评与思考［J］. 重庆工商大学学报，2003(3):57 -59.

［20］Zeithaml V. Consumer perceptions of price，quality and value：a mean-end model and synthesis of evidence［J］. Journal of Marketing，1988，52(July):2 -22.

［21］陈颖. 关于顾客价值理论的探讨［J］. 天津工业大学学报，2003(6):49 -52.

［22］Gronroos C. Value- driven relational marketing：from products to resources and competences［J］. Journal of Marketing Management，1997(13):407 -419.

［23］Woodruff & Gardial. Customer value change in industrial marketing relationship：a call for new strategies and research［J］. Industrial Marketing Management,1997(March)：163 –175.

［24］董大海,权晓妍,曲晓飞. 顾客价值及其构成［J］. 大连理工大学学报,1999(2):47 –52.

［25］Woodruff R. Customer value：the next source for competitive advantage［J］. Journal of Academy of Marketing Science,1997(25)：139 –153.

［26］罗海青,柳宏志. 顾客价值评价实证研究［J］. 经济管理,2003(24):63 –67.

［27］谢洪明,刘跃所,蓝海林. 战略网络与企业竞争优势的关系研究［J］.科技进步与对策,2005(9):22 –24.

［28］［美］詹姆斯·科塔达. 网络时代的管理［M］. 张延,张琳,译. 北京:三联出版社,2001.

［29］姜大源. 高等职业教育的定位［J］.武汉职业技术学院学报,2008(2):5 –8.

［30］赵金昭. 我国高等职业教育体系与培养模式研究［D］. 天津大学博士学位论文,2006.

［31］杨国祥,丁钢. 高等职业教育发展的战略与实践［M］. 北京:机械工业出版社,2006.

［32］孙泽文. 论我国高等职业教育的历史发展与未来趋势［J］. 宁波职业技术学院学报,2009(1):18 –21.

［33］陈英杰. 我国高等职业教育的历史分期研究［J］.邢台职业技术学院学报,2008(2);4 –6.

［34］［美］希尔,琼斯. 战略管理［M］. 孙忠,译. 北京:中国市场出版社,2007.

［35］李志峰,赵玉林. 我国高职办学模式研究［J］. 理论月刊,2004

(5):110-112.

[36] 韩云鹏,施小蓉. 关于本科院校办高职的思考[J]. 职教论坛, 2002(23):32-34.

[37] 郭扬. 什么是高等职业教育[J]. 高中后教育与人力资源开发, 1999(1):17-19.

[38] 杨虹,韩凝春. 试论高职教育的职教属性与高教属性[J]. 职业技术教育,2002(4):18-21.

[39] United Nations Educational Scientific and Cutural Organization. International Stand and Classfication of Education(ISCED)1997 [S]. UNESCO,1997.

[40] 杨金土,等. 论高等职业教育的基本特征[J]. 高中后教育与人力资源开发,1998(4):5-8.

[41] 冯大生. 我国教育买方市场的出现与教育策略[J]. 江苏高教, 2002(1):66-68.

[42] 肖爱清,曾祥添. 试论教育"买方市场"对专科学校发展的影响和战略选择[J]. 三明高等专科学校学报,2003(1):106-108.

[43] 李建求,阮艺华. 高等教育大众化:高职教育的因应策略[J]. 高教探索,2002(2):38-41.

[44] 黄天民,陈志方. 高等职业教育与高等教育大众化进程关系的研究[J]. 常州信息职业技术学院学报,2002(2):4-7.

[45] 裴云. 普通高校与高职教育的区分标准辨析[J]. 河南职业技术师范学院学报,2003(1):15-18.

[46] 胡爱民. 我国高等职业教育法规政策的现状及思考[J]. 职教论坛,2008年2月(上):19-22.

[47] 李均. 1996—2006:中国高等职业教育政策评价[J]. 职教通讯, 2007(11):34-36.

[48] 李大洪. 高职院校营销中的 CS 战略[J]. 南京工业职业技术学

院学报,2003(3):53-56.

[49] 张庆亮.高等学校市场营销研究[M].合肥:中国科技大学出版社,2006.

[50] 袁国华.基于顾客导向的高等教育营销[M].北京:清华大学出版社,2006.

[51] [美]迈克尔·波特.竞争战略[M].陈小悦,译.北京:华夏出版社,2001.

[52] 胡英才.高校网络教育综述[J].北京教育学院学报,2009(2):71-73.

[53] 李大洪.关系竞争与企业竞争优势[J].江苏商论,2008(11):100-102.

[54] 刘春霞,李峣.当前竞争态势下高职院校发展战略选择[J].河南司法警官职业学院学报,2009(1):119-122.

[55] 樊明成.高职专科院校服务面向定位与评估方略[J].高教发展与评估,2008(5):106-110.

[56] 张子龙.突破旧模式,构建新体系——关于高职课程体系改革的思考[J].巴音职教,2007(1):40-42.

[57] 李大洪.论高职院校的营销策略[J].南通职业大学学报,2003(1):79-81.

[58] 李伟忠.工学结合的高职教学模式探讨[J].巴音郭楞职业技术学院学报,2008(3):19-20.

[59] 李大洪,唐祥金.论高职教育的"双证融通"与校企合作[J].镇江高专学报,2007(2):4-7.

[60] 颜道胜.高职专业设置与专业体系建设的理论探讨[J].职业教育研究,2005(7):63-64.

[61] 王兆才.高职院校品牌创建策略研究与实践[J].潍坊教育学院学报,2008(3):20-23.

[62] 潘天华. 论现代远程开放教育和高职教育的沟通与合作[J].
镇江高专学报,2002(4):45-49.

[63] [美]科特勒,福克斯. 教育机构的战略营销[M]. 庞隽,陈强,
译. 北京:企业管理出版社,2005.

[64] 刘礼明.4C营销理论视阈下的高校学生工作取向[J].黑龙江
高教研究,2008(12):74-77.

[65] 蔡素燕. 论4C营销理论对高校就业指导工作的启示[J]. 中国
大学生就业,2006(20):56-57.

[66] 李大洪. 论高职院校的顾客价值及其对购买者决策过程的影响
[J].镇江高专学报,2005(4):23-27.

[67] 李大洪. 高职院校顾客价值实证研究[J].辽宁教育研究,2008
(5):49-51.

[68] 陈德钊. 多元数据处理[M].北京:化学工业出版社,1998.

[69] 吴明隆.SPSS统计应用实务——问卷分析与应用统计[M].北
京:科学出版社,2003.

后 记

本书是我集近十年的研究心得而成。自 2001 年以来,我就致力于高职院校营销的理论和实践研究。在西安交通大学学习期间,完成了硕士学位论文《高职院校客户价值评价分析》。此外,先后主持完成了镇江高等专科学校校级科研课题"基于顾客导向的高职院校营销战略研究"、江苏省教育厅高校哲学社会研究计划项目"高职院校客户价值评价体系与实证研究"、江苏省教育厅高等教育教学改革立项课题"基于顾客价值的高等职业教育评价机制研究"。在此基础上,经过几年系统研究,整理而成此书,旨在抛砖引玉,以引起更多学者从营销学角度对高职院校管理进行思考和研究,并期待能为高职院校的管理实践提供借鉴。

在本书的写作及相关专题的研究过程中,西安交通大学管理学院市场营销系主任刘宽虎老师给予了悉心指导,镇江高等专科学校党委书记、江苏大学博士生导师杨国祥研究员,镇江高等专科学校唐祥金教授提供了大力帮助,杨国祥书记还在百忙之中为本书撰写了序言。镇江高等专科学校李英、杨琥老师,中共镇江市委宣传部周陪袁同志，苏州职业大学高教所所长李平研究员，泰州职业技术学院科研处施翔处长等为本书的相关调研提供了鼎力支持。本书在写作过程中，还参阅了国内外许多学者的著述，从中深受启发，得益匪浅。本书得到了江苏大学出版社的领导和老师的关心和帮助。在此，谨对各位领导、专家、老师、同仁和朋友的指导、帮助和支持致以诚挚的谢意！

由于水平所限，本书难免存在疏漏甚或错误之处，敬请各位专家和读者给予批评、指正。

李大洪

2009 年 10 月